2013年中国道路交通安全蓝皮书

交通运输部公路科学研究院　编著

内 容 提 要

全书共三篇六章。第一篇发展历程篇，回顾了新中国成立以来，特别是近十年我国道路交通安全发展历程，分析了目前我国道路交通安全形势、面临的挑战与机遇；第二篇现状热点篇，总结了2012年我国道路交通安全形势，剖析了2012年道路交通安全方面的热点问题；第三篇措施研究篇，列举了2012年我国改善道路交通安全的主要举措，介绍了道路交通安全研究的进展。另有2012年道路交通安全十大新闻、2012年一次死亡10人以上的重大道路交通事故、舆情精选、道路交通安全新技术、国外道路交通安全经验和国际道路交通安全数据。

本书另有中英文简本，请从人民交通出版社网站(http://www.ccpress.com.cn)下载。

图书在版编目(CIP)数据

2013年中国道路交通安全蓝皮书/交通运输部公路科学研究院编著.—北京：人民交通出版社，2013.12

ISBN 978-7-114-11096-2

Ⅰ.①2… Ⅱ.①交… Ⅲ.①道路—交通运输安全—白皮书—中国—2013 Ⅳ.①U491

中国版本图书馆CIP数据核字(2013)第311067号

书　　名:**2013年中国道路交通安全蓝皮书**
著 作 者:交通运输部公路科学研究院
责任编辑:周　宇　卢俊丽
出版发行:人民交通出版社
地　　址:(100011)北京市朝阳区安定门外外馆斜街3号
网　　址:http://www.ccpress.com.cn
销售电话:(010)59757973
总 经 销:人民交通出版社发行部
经　　销:各地新华书店
印　　刷:北京市密东印刷有限公司
开　　本:787×1092　1/16
印　　张:10.25
字　　数:243千
版　　次:2013年12月　第1版
印　　次:2013年12月　第1次印刷
书　　号:ISBN 978-7-114-11096-2
定　　价:38.00元

前言

自人类进入汽车社会以来，道路交通事故就如影随形，迄今已经夺去了上千万人的生命。为了遏制道路交通事故发生，降低道路交通事故危害，人类做出了不懈努力。进入21世纪，国际社会对因道路交通事故引发的道路交通安全问题越发重视，在全球范围内掀起了与道路交通事故斗争的新高潮。但是，道路交通安全仍是一个被忽略的公共健康问题，遏制道路交通事故发生、改善道路交通安全状况仍是一项长期和艰巨的任务。目前，全球每年仍有130多万人死于道路交通事故伤害，其中85%发生在发展中国家。

从世界一些发达国家和地区道路交通安全发展的历程看，道路交通事故通常与一个国家和地区的经济社会发展存在着内在的联系。经济的高速发展、机动化水平的快速提高一般伴随着道路交通事故的高发。但是，从世界一些发达国家和地区遏制道路交通事故、改善道路交通安全状况的具体历程看，道路交通事故是可以遏制的，道路交通安全状况是可以改善的。

改革开放以来，我国经济社会高速发展，机动车水平快速提高，道路交通事故频繁发生，已成为近年来影响我国公众安全感的重要因素之一。道路交通安全问题已经成为影响促进社会和谐、改善民生的基本问题之一。

近年来，我国政府高度重视道路交通安全工作，采取了一系列重要举措，道路交通安全形势已得到迅速改善，“道路交通事故六大指标”已连续8年大幅下降。2012年我国道路交通事故死亡人数已降至6万人以下。十年间，我国道路交通事故年死亡人数下降了近一半。由于我国交通安全形势的改善，十年来累计有近235万人避免了道路交通事故致死伤害，直接避免了上百万个家庭的痛苦以及和亲人的离别。

全社会重视道路交通安全问题是我国道路交通安全形势得以快速改善的根本保证。自2003年开始，我国政府首次全面部署道路交通安全工作，逐步形成了政府统一领导、有关部门各司其职、齐抓共管、综合治理、标本兼治的工作格局，采取了一系列系统性和针对性措施，在短时间内遏制了我国道路交通事故高发的态势。2012年，我国政府发布了《关于加强道路交通安全工作的意见》，修订了《机动车驾驶证申领和使用规定》，实施了《校车安全管理条例》等一批意见、规定、条例和规范，道路交通安全制度建设得到进一步加强；深入推进了实施“文明交通行动计划”，设立了“全国交通安全日”，开展了一系列交通安全宣传和教育行动，道路交通安全基础得到进一步夯实；开展了旅游包车和机动车涉牌涉证违法行为等一系列专项整治活动，道路交通安全长期存在的一些突出问题得到进一步遏制；科技改善道路交通安全的作用进一步增强。所有这些都为我国2012年道路交通安全形势的进一步改善奠定了坚实的基础。

虽然道路交通安全形势进一步好转,但由于影响我国道路交通安全的诸因素还没有发生根本性的改变,当前全国道路交通安全形势依然十分严峻,与党和人民的要求、与发达国家的情况相比还有较大差距,工作中面临的困难和挑战还很多,进一步改善道路交通安全的压力和难度仍在增大。我国道路交通安全工作仍然任重而道远!

交通运输部公路科学研究院所属道路交通安全研究中心是我国第一家全方位在道路交通安全、交通工程和交通管理领域从事研究、设计、计量检测、标准规范制定、交通事故司法鉴定和安全评价等咨询服务的单位,完成了一大批具有重大影响的国家级、省部级道路交通安全和交通工程领域科学研究、试验检测及标准规范制定工作。在道路安全评价、改造与设计,相关标准、规范制修订,道路安全设施产品及试验设备研发,道路安全监控预警系统开发与集成,道路交通事故分析与司法鉴定,道路运输和道路施工安全生产保障技术研究与推广应用等方面积累了大量的研究资料和实证数据,取得了一批重大科研成果,每年推出的《中国道路交通安全蓝皮书》就是这些劳动结晶的一个缩影。本书书名已获得国家工商行政管理总局颁发的商标注册证(第5962868号)。交通运输部公路科学研究院将每年沿用此名称,回顾我国(不包括港澳台)道路交通安全发展历程,深入透析我国道路交通安全现状,真实记述我国道路交通安全发展历史,追踪我国道路交通安全发展进程,编制并发布年度道路交通安全蓝皮书。交通运输部公路科学研究院已连续7年发布《中国道路交通安全蓝皮书》。

全书共三篇六章。第一篇为发展历程篇,回顾了新中国成立以来,特别是近十年我国道路交通安全发展历程,分析了目前我国道路交通安全形势、面临的挑战与机遇;第二篇为现状热点篇,总结了2012年道路交通安全形势,剖析了2012年道路交通安全方面的热点问题;第三篇为措施研究篇,列举了2012年我国改善道路交通安全的主要举措,介绍了道路交通安全研究的进展。另有2012年道路交通安全十大新闻、2012年一次死亡10人以上的重大道路交通事故、舆情精选、道路交通安全新技术、国外道路交通安全经验和国际道路交通安全数据。

本书由张建军、郭艳、邬洪波等编写。在编写过程中,得到了交通运输部公路科学研究院各级领导的鼎力支持和同仁的大力配合,在此表示衷心感谢!书中参阅并引用了大量国内外的文献资料,由于条件所限,未能与原作者一一取得联系,引用及理解不当之处,敬请见谅,并向这些文献资料的原作者表示衷心的感谢!由于写作时间仓促及作者水平有限,书中难免有诸多不足之处,敬请各位读者和专家批评指正。

该书兼具权威性、准确性、全面性和系统性特点,以期为我国的道路交通安全提供较为翔实的资料分析和实践指导。

交通运输部公路科学研究院

《中国道路交通安全蓝皮书》编写组

目录

发展历程篇

第一章　道路交通安全发展历程…… 3
一、道路交通事故变化历程…… 3
二、十年来我国道路交通安全发展…… 4
三、十年来我国道路交通安全状况持续改善的原因…… 10
第二章　道路交通安全面临的形势、挑战与机遇…… 21
一、我国道路安全面临的形势…… 21
二、我国道路安全面临的挑战…… 31
三、我国道路安全面临的机遇…… 36

现状热点篇

第三章　2012 年道路交通安全形势…… 41
一、2012 年道路交通事故情况…… 41
二、2012 年道路交通事故主要特点…… 46
第四章　2012 年道路交通安全热点…… 49
一、“中国式过马路”引热议…… 49
二、“闯黄灯”是否应受罚引争议…… 51
三、超远长途客运安全引关注…… 53

措施研究篇

第五章　2012 年道路交通安全行动…… 59
一、制度建设…… 59
二、重大部署…… 72
三、主要行动…… 80
四、专项整治…… 90

五、其他行动……93
六、地方行动……104
第六章 科技改善道路交通安全……111
一、科技规划……111
二、相关会议……112
三、标准规范……118
四、重要科研事件……121
五、科研成果……122
六、其他科技事件……124
参考文献……125

附 录

一、2012 年道路交通安全十大新闻……133
二、2012 年一次死亡 10 人以上的重大道路交通事故……136
三、舆情精选……141
四、道路交通安全新技术……149
五、国外道路交通安全经验……150
六、国际道路交通安全……151
七、国际道路交通安全数据……152

发展历程篇

第一章 道路交通安全发展历程

一、道路交通事故变化历程

我国道路交通事故总体上呈现先升后降的变化趋势,较明显地分为三个阶段:第一阶段从新中国成立至改革开放初期,道路交通事故总量较低,增量较小;第二阶段为改革开放初期以后,交通事故增长迅猛,增速快、增量大,2002 年道路交通事故达到历史最高峰,当年全国道路交通事故死亡人数达 109 381 人,受伤人数达 562 074 人;第三阶段为 2004 年以后,道路交通事故迅速下降。图 1-1 为我国道路交通事故变化趋势。

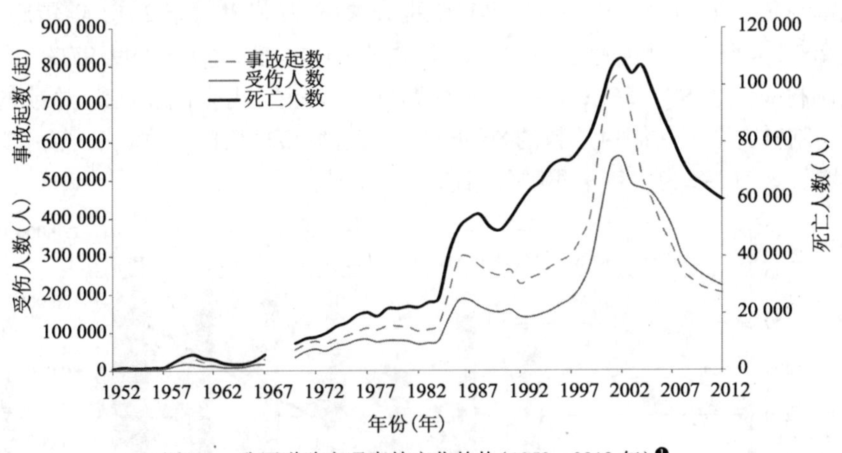

图 1-1 我国道路交通事故变化趋势(1952 ~ 2012 年)❶

根据公安部的统计数据,1951 ~ 2012 年❷,我国累计受到道路交通事故❸直接伤害的人数达到 1 130.66 万人次,其中 236.12 万人死亡,894.54 万人次受伤,相当于我国一个特大型城市消失在车轮之下。62 年间平均每年有 3.8 万人死于道路交通事故伤害、14.4 万人次受伤。

2012 年,我国共发生道路交通事故 472.7 万起。其中,涉及人员伤亡且不适用简易程序处理的道路交通事故 204 196 起,造成 59 997 人死亡、224 327 人受伤;发生适用简易程序处理

❶根据《中华人民共和国道路交通安全法》,自 2004 年起,我国道路交通事故统计范围有较大变化。

❷1949 年、1950 年、1968 年和 1969 年无道路交通事故统计数据,下同。

❸本书所指交通事故除特别注明外,均不包括适用简易程序处理的道路交通事故。

的道路交通事故4 522 672起,造成916 152人受伤。涉及人员伤亡且不适用简易程序处理的道路交通事故数量已连续十年下降,死亡人数自1993年以来首次降至6万人以下。

二、十年来我国道路交通安全发展

2002年,我国面临着有史以来最为严峻的道路交通安全形势。道路交通事故数量巨大,死亡人数约占全世界道路交通事故死亡总人数的10%,全国平均每天有300人死于道路交通事故。十年来(2003~2012年,下同),伴随着道路交通的快速发展,我国道路交通安全也取得了辉煌成就。

1. 道路交通发展

(1)道路通车里程快速增长

十年来,我国经济快速发展,国内生产总值年平均增长10.37%。经济的快速发展和道路交通需求的持续增长,需要有快速、高效、安全、便捷的道路交通网络。2003年以来,我国道路建设保持快速增长势头。

公路通车里程由2002年年底的175.84万公里增至2012年年底的423.75万公里[1],公路密度由2004年年底的18.4公里/百平方公里增至2012年年底的44.14公里/百平方公里。其中,高速公路通车里程由2002年年底的2.51万公里增至2012年年底的9.62万公里,十年间通车里程净增7.11万公里。目前,我国高速公路通车里程已位居世界第一位,国家高速公路网骨架基本形成。农村公路由2002年年底的133.69万公里增至2012年年底的367.84万公里。截至2012年年底,全国通公路的乡(镇)占全国乡(镇)总数的99.97%,通公路的建制村占全国建制村总数的99.55%;其中,通硬化路面的乡(镇)占全国乡(镇)总数的97.43%,通硬化路面的建制村占全国建制村总数的86.46%。随着城市规模的扩大,我国城市道路里程和面积也在稳步增长。图1-2为十年来我国公路通车里程图。

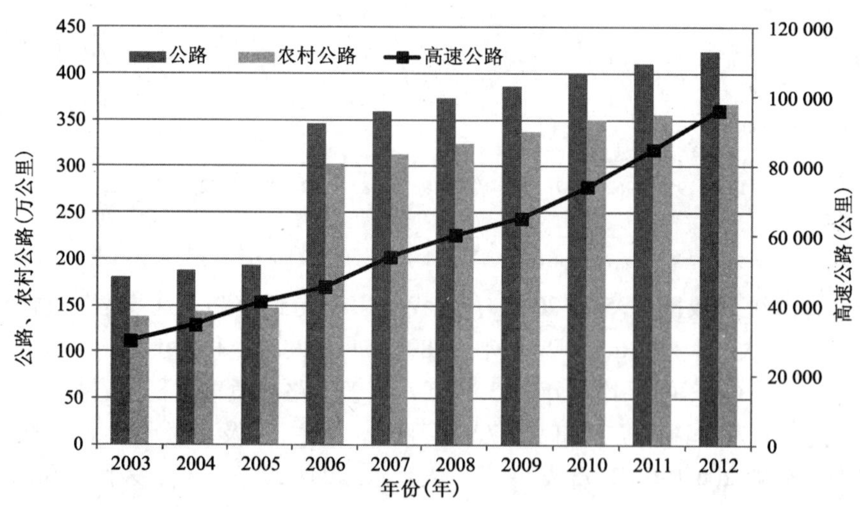

图1-2　十年来我国公路通车里程(2003~2012年)

[1]自2006年起,村道纳入公路通车里程统计,下同。

(2)机动化水平迅速提升

随着经济的快速发展和人民群众生活水平的快速提高,机动车越来越多地走进普通家庭。我国机动车保有量已从2002年年底的7 975.68万辆增至2012年年底的2.40亿辆,年均增长高达11.64%。从世界范围看,我国机动车保有量的增长速度也是少有的。特别是2009~2010年,为应对国际金融危机、确保经济平稳较快增长,国家出台了汽车摩托车下乡、小排量汽车购置税减免等一系列促进机动车消费政策,有效刺激了机动车消费市场,加上机动车刚性需求旺盛,促使机动车保有量快速增长。截至2012年年底,我国每千人拥有机动车177辆。但是,与发达国家相比,我国仍处于机动化的快速增长期。可以预见,随着我国经济的快速发展,机动车保有量仍将保持较高的增长速度。

随着机动车需求的增长,我国汽车产量也屡创新高。据中国汽车工业协会统计,我国2012年累计生产汽车1 927.18万辆,同比增长4.6%,销售汽车1 930.64万辆,同比增长4.3%,产销同比增长率较2011年分别提高了3.8%和1.8%。截至2012年年底,我国汽车保有量达到1.21亿辆,占机动车保有量的比例达到50.39%。我国汽车产销量已连续4年位居全球第一位。图1-3为十年来我国机动车保有量变化图。

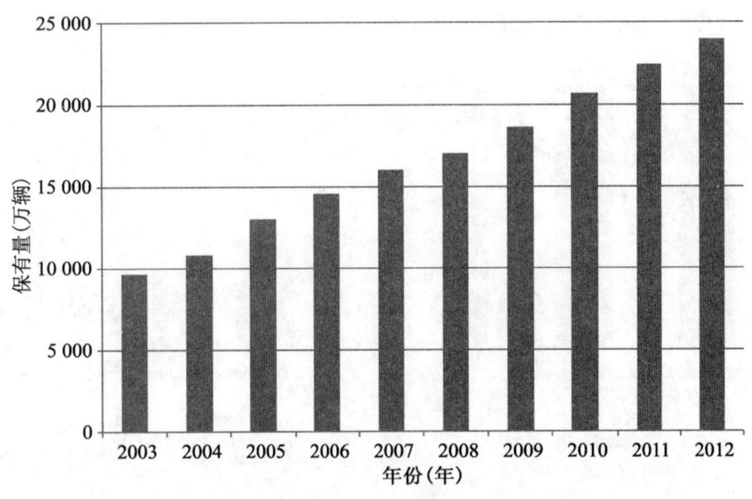

图1-3 十年来我国机动车保有量(2003~2012年)

随着机动车保有量的迅速增长,我国机动车驾驶员数量也迅猛增长。2002年年底,全国机动车驾驶员为9 147.73万人,2012年年底增长至2.61亿人。十年间,我国机动车驾驶员数量增长了185.56%。其中,汽车驾驶员数量增长更为迅猛,从2002年年底的4 871.21万人增长至2012年年底的2.00亿人,十年间增长了311.15%。汽车驾驶员占机动车驾驶员总数的比例也从2002年年底的53.25%增长至2012年年底的76.67%。与十年前相比,机动车驾驶员的组成结构已发生了较大变化,非职业驾驶员已占绝对主导地位。图1-4为十年来我国机动车驾驶员数量变化图。

(3)公路运输量迅速增长

公路运输在综合交通运输体系中一直占据着重要位置。十年来,公路货物运输量、旅客运输量、货物运输周转量和旅客运输周转量在综合交通运输中的比例逐年提高,2012年以上比例分别增至78.17%、93.48%、34.65%和55.35%。不仅公路运输在综合交通运输体系中的比例在提高,而且公路运输量也在不断增加。2012年,公路货物运输量、旅客运输量、货物运输周转量、旅客运输周转量分别达到322.10亿吨、354.30亿人、59 992.00亿吨公里和18 468.4亿人公里。图1-5为十年来我国各种运输方式运输量统计。

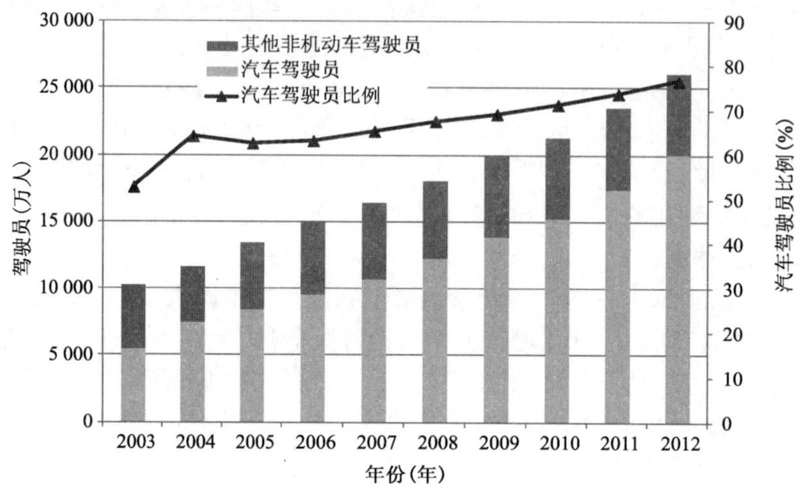

图1-4　十年来我国机动车驾驶员数量(2003～2012年)

a)

b)

c)

d)

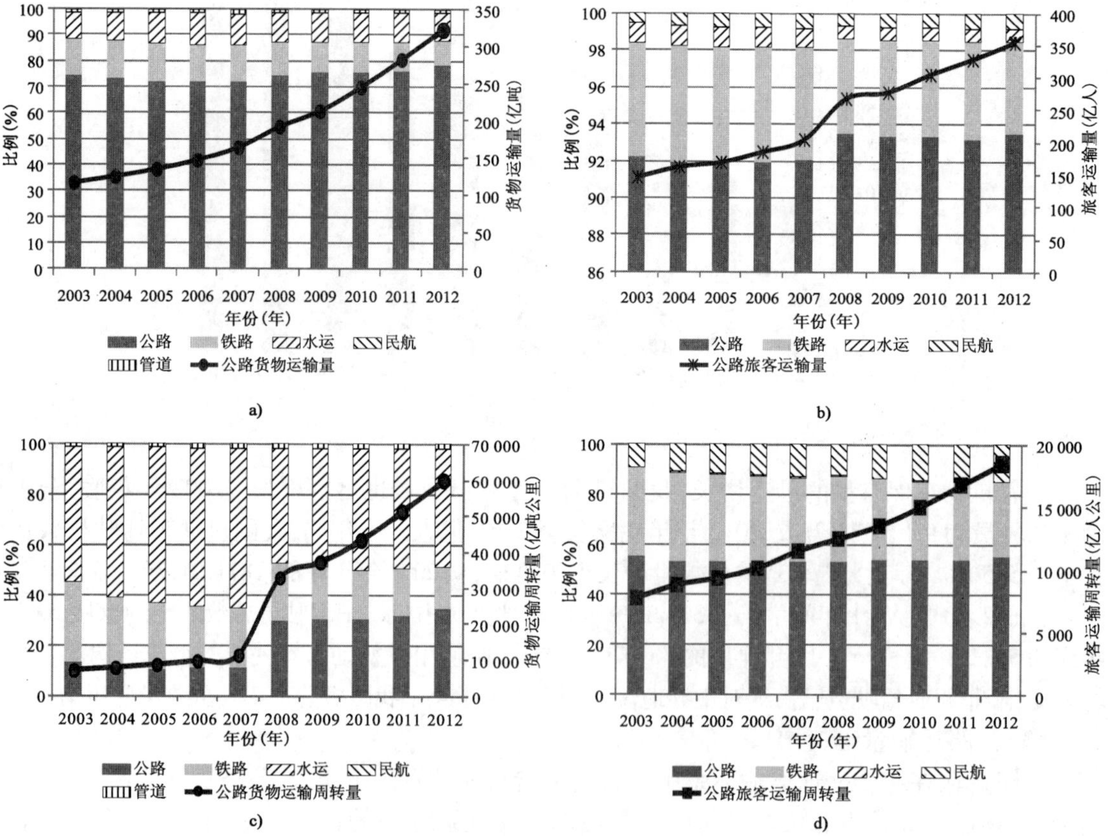

图1-5　我国各种运输方式运输量(2003～2012年)

a)货物运输量;b)旅客运输量;c)货物运输周转量;d)旅客运输周转量

与此同时,承担主要运输任务的国道网和高速公路网的交通流量和行驶量也在迅速增长。与2002年相比,2012年国道网、高速公路交通流量分别增长113.10%和33.26%,国道网车辆行驶量增长189.34%。2012年,高速公路车辆行驶量比2003年增长351.69%。图1-6为十年来我国国道网和高速公路网行驶量统计。

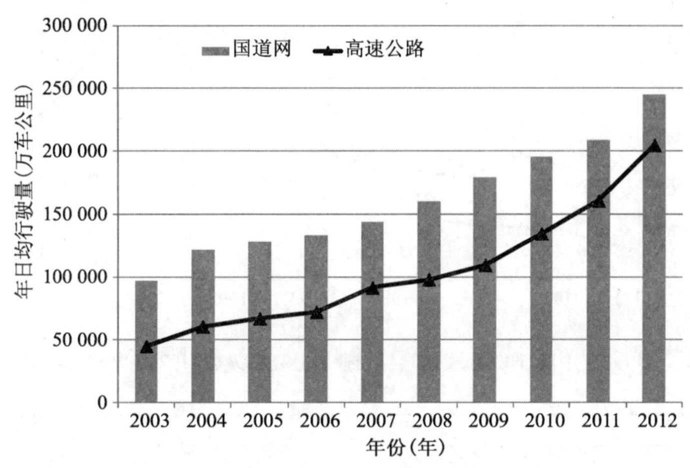

图1-6 十年来我国国道网和高速公路网行驶量(2003~2012年)

2. 道路交通安全发展

(1)事故总量持续快速增长

近年来,随着经济的快速发展和机动化水平的快速提升以及车流、人流、物流的高度叠加,我国道路交通事故总量(包括适用简易程序处理的事故)持续快速增长。2012年全国道路交通事故总量比2008年增长了95.72%,这主要是适用简易程序处理的道路交通事故的数量增长导致的。2008年,全国发生适用简易程序处理的交通事故数量为214.99万起,2012年增至452.27万起,4年间增长了110.37%,年平均增长59.32万起。

与此同时,涉及人员伤亡且不适用简易程序处理的道路交通事故持续下降。与2002年相比,2012年全国涉及人员伤亡且不适用简易程序处理的道路交通事故起数下降了73.59%,占各类安全生产事故的比例从2002年的70.02%下降到2012年的60.60%。

(2)事故伤害持续迅猛减少

涉及人员伤亡且不适用简易程序处理的道路交通事故持续下降,道路交通事故死亡人数和受伤人数持续迅猛减少。与2002年相比,2012年我国道路交通事故死亡人数下降45.15%,受伤人数下降60.09%。十年间,我国道路交通事故年死亡人数下降了近一半,2012年的道路交通事故死亡人数与1992年相当。这是在我国经济快速发展、机动车保有量快速增加的情况下实现的,成绩来之不易。自2006年以来,我国道路交通事故年死亡人数已降至世界第二位,与美国的差距也在迅速减小。图1-7为中国、印度和美国道路交通事故死亡人数统计。

假设交通事故死亡人数与2002年死亡人数一致,那么从2003~2012年十年间,我国道路交通事故累计少死亡283 667人、少受伤2 068 343万人。也就是说,由于我国道路交通安全状况的改善,十年来累计有近235万人避免了道路交通事故致死伤害,直接避免了上百万个家庭的痛苦以及和亲人的离别。图1-8为十年来我国避免的道路交通事故伤害。

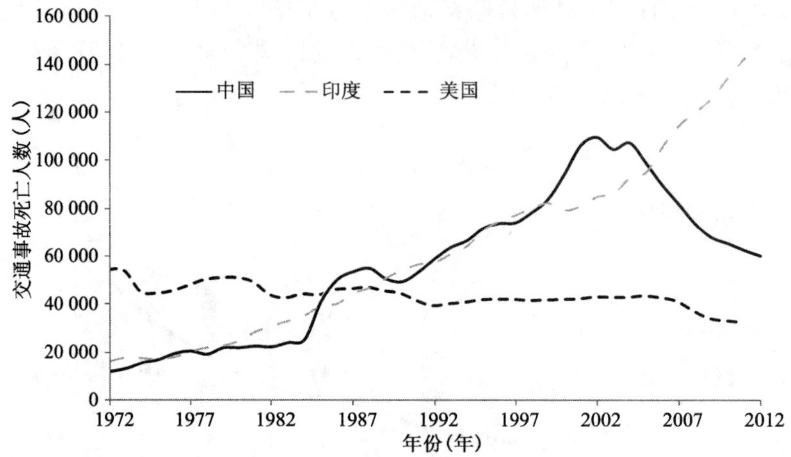

图1-7　中国、印度和美国道路交通事故死亡人数(1972～2012年)

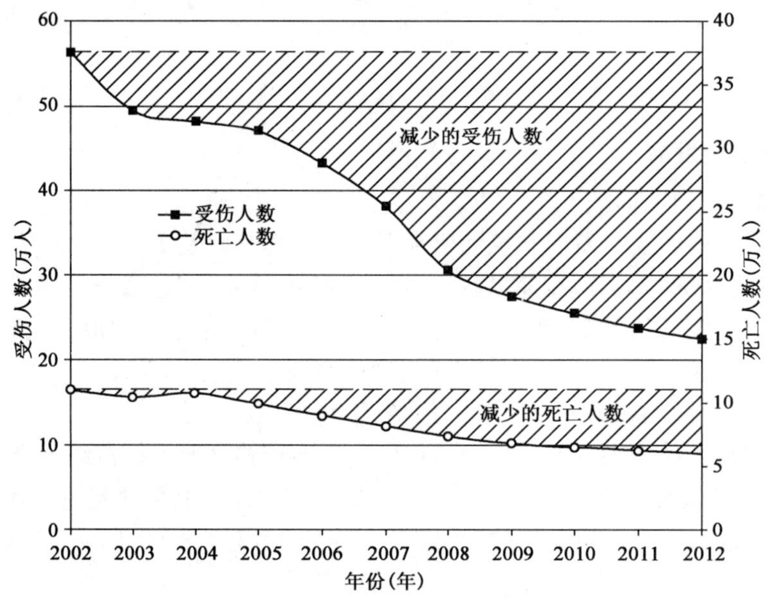

图1-8　十年来我国避免的道路交通事故伤害(2002～2012年)

值得注意的是,道路交通事故死亡人数一直是各类安全生产事故死亡总人数的主体。虽然近年来道路交通事故起数占各类安全生产事故的比例大幅降低,但是道路交通事故死亡人数占各类安全生产事故死亡总人数的比例持续增长,2012年达到83.35%,比2002年增加了4.88%。因此,遏制道路交通事故高发,对于减少我国安全生产事故死亡人数具有重要意义。

十年来,我国发生的一次死亡10人以上的特大道路交通事故虽有起伏,但总体上呈下降趋势。2012年,我国共发生一次死亡10人以上的特大道路交通事故25起,造成361人死亡、367人受伤,分别比2002年降低39.02%、38.29%和42.39%。图1-9为十年来我国一次死亡10人以上的特大道路交通事故数量。

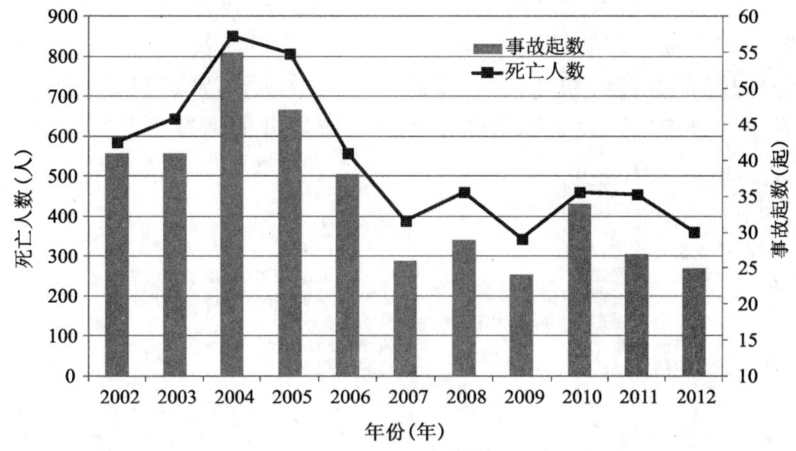

图 1-9 十年来我国一次死亡 10 人以上的特大道路交通事故(2002 ~ 2012 年)

(3)交通安全水平持续提升

虽然我国道路交通事故总数持续快速增长,但是由于涉及人员伤亡且不适用简易程序处理的道路交通事故和交通事故伤害持续减少,我国道路交通安全水平持续提升。道路交通事故万车死亡率已从 2002 年的 13.71 降至 2012 年的 2.50,下降 81.76%;十万人口死亡率已从 2002 年的 8.52 降至 2012 年的 4.43,下降 47.96%。

亿车公里事故率和亿车公里死亡率更能客观地反映道路交通安全水平。以承担主要运输任务的全国国道网(包含部分高速公路)和高速公路网为例,近年来全国国道网、高速公路亿车公里事故率和死亡率均呈明显的下降趋势。2012 年全国国道网、高速公路亿车公里事故率分别降至 3.4 和 1.2,亿车公里死亡率分别降至 1.5 和 0.8。与 2005 年相比,2012 年全国国道网亿车公里事故率和亿车公里死亡率分别下降 80.65% 和 73.36%;与 2003 年相比,2012 年全国高速公路网亿车公里事故率和亿车公里死亡率分别下降 94.57% 和 74.19%。图 1-10 为我国国道网和高速公路事故率及死亡率情况。

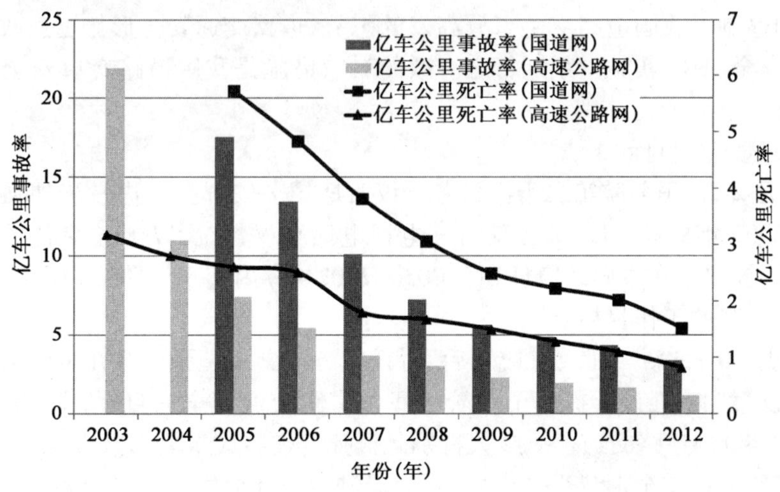

图 1-10 我国国道网和高速公路事故率及死亡率情况(2003 ~ 2012 年)

十年来,我国在道路交通安全方面取得了巨大成绩。在道路通车里程、机动车保有量、公路交通量和行驶量均大幅增加的情况下,道路交通事故(指涉及人员伤亡且不适用简易程序处理的道路交通事故)起数持续快速减少、道路交通事故伤害持续迅猛减少、道路交通安全水平持续快速提升。在经济快速发展和机动化水平快速提升的情况下,道路交通安全形势持续保持稳定并改善。图1-11为十年来我国道路交通和交通事故变化情况。

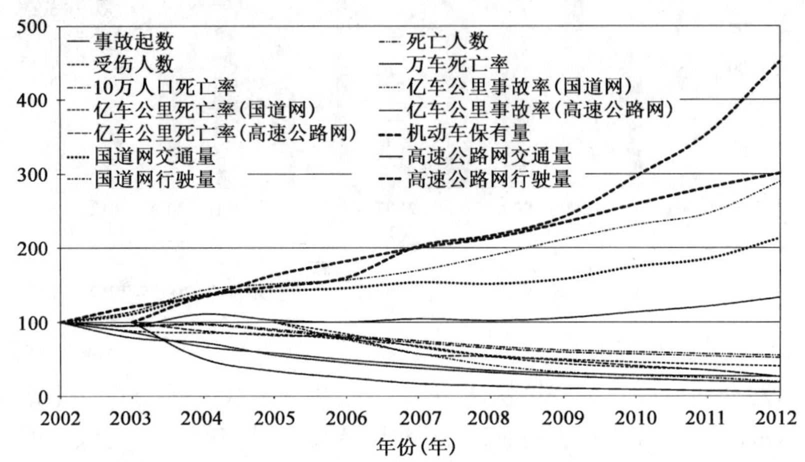

图1-11　我国道路交通和交通事故变化情况

注:假设亿车公里事故率(国道网)和亿车公里死亡率(国道网)指标以2005年指标为100,亿车公里事故率(高速公路网)、亿车公里死亡率(高速公路网)和高速公路网行驶量指标以2003年指标为100,其他指标以2002年指标为100。

三、十年来我国道路交通安全状况持续改善的原因

1.我国政府积极应对道路交通安全问题是根本原因

交通安全形势的迅速好转与我国政府全面应对道路交通安全所做出的不懈努力是分不开的。自2003年开始,我国政府首次全面部署道路交通安全工作,逐步形成了政府统一领导、有关部门各司其职、齐抓共管、综合治理、标本兼治的工作格局,采取了一系列系统性和针对性措施,在短时间内遏制了我国道路交通事故高发的态势,道路交通安全形势迅速改善。党和政府高度重视交通安全工作,实施一系列行之有效的对策措施是我国道路交通安全形势迅速好转的根本性原因。

(1)设定交通安全目标

2003年9月2日,国务院第二十次常务会议听取了公安部关于进一步加强道路交通安全的情况汇报。2003年9月5日,国务院召开电视电话会议,首次以国务院名义部署道路交通安全工作。会议提出了在本届政府任期(2003～2007年)内实现道路交通事故从高发到基本遏制,直至逐年下降的工作目标。

2008年4月30日,新一届政府成立后,时任国务院副总理张德江在全国道路交通安全工作部际联席会议第四次会议上提出了新阶段我国道路交通安全的目标,即"确保本届政府任期(2008～2012年)内道路交通事故起数特别是群死群伤特大事故起数进一步下降,伤亡人数进一步减少,道路交通安全形势进一步好转,为促进经济社会发展和社会和谐稳定做出更大的贡献"。

2010 年 4 月 28 日，时任国务委员、公安部部长孟建柱代表国务院在第十一届全国人民代表大会常务委员会第十四次会议上所作的《国务院关于贯彻实施道路交通安全法加强道路交通安全工作情况的报告》中提出，要“坚持安全发展理念”，“确保道路交通安全形势继续保持平稳，特大道路交通事故进一步减少”。

2011 年 11 月 1 日，国务院办公厅印发《安全生产“十二五”规划》。规划中提出，道路交通安全方面的目标是到 2015 年道路交通万车死亡率下降 32% 以上。

2011 年 12 月 31 日，国务院安全生产委员会办公室印发了《道路交通安全“十二五”规划》。规划确定的目标是，到 2015 年道路交通安全工作机制健全，责任体系完善，法规规章进一步完善，基础条件明显改善，监管能力和保障能力明显提升，全民交通安全意识明显增强，道路交通安全形势总体平稳，道路交通事故死伤人数有所减少，重特大交通事故和万车死亡率明显下降。力争实现全国道路交通事故万车死亡率不超过 2.2，下降 1.0 以上；营运车辆肇事导致的一次死亡 10 人以上特大交通事故下降 15% 以上的目标。

(2) 建立道路交通安全工作联席会议制度

为切实加强对全国道路交通安全工作的组织领导，协调、整合部门力量，形成政府统一领导，有关部门各司其职、齐抓共管、综合治理、标本兼治的工作格局，促进道路交通安全与经济社会协调发展，2003 年 10 月 22 日，经国务院批准（国函[2003]110 号），全国道路交通安全工作部际联席会议（以下简称“联席会议”）成立。联席会议在国务院领导下，掌握全国道路交通安全情况，分析道路交通安全形势，研究政策，制订中长期战略规划；统筹研究全国道路交通安全工作，对全国道路交通安全工作进行部署，指导和监督各省、自治区、直辖市人民政府及其职能部门的道路交通安全工作；协调解决涉及相关部门的道路交通安全问题，促进部门协作配合，实现信息共享，建立长效机制，预防和减少道路交通事故，全面推进道路交通安全工作。目前，我国已建立了国家、省（自治区、直辖市）、市、县、乡（镇）五级道路交通安全工作联席会议制度。

(3) 专门制订加强道路交通安全工作意见

为适应我国道路通车里程、机动车和驾驶员数量、道路交通运量持续大幅度增长的形势，进一步加强道路交通安全工作，保障人民群众生命财产安全，2012 年 7 月 22 日，国务院下发了《关于加强道路交通安全工作的意见》（国发[2012]30 号），明确了当前和今后一个时期道路交通安全工作的发展方向，提出了有效防范和坚决遏制重特大道路交通事故，促进全国安全生产形势持续稳定好转，为经济社会发展、人民平安出行创造良好环境的总体目标，明确了当前和今后一个时期道路交通安全工作的发展政策，从 10 个方面提出了加强道路交通安全工作的 28 项重大政策措施。

2. 建立健全道路交通安全法律体系是重要经验

建立健全道路交通安全法律体系是我国成功应对道路交通安全问题的重要经验。

(1) 制订并实施《中华人民共和国道路交通安全法》为龙头的法律体系

2003 年 10 月 28 日，十届全国人大五次会议审议通过了《中华人民共和国道路交通安全法》，自 2004 年 5 月 1 日起施行。2004 年 4 月 30 日，国务院颁布了《道路交通安全法实施条例》，明确了贯彻落实道路交通安全法的实施细则。2006 年 3 月 21 日，国务院颁布了《机动车交通事故责任强制保险条例》，建立了机动车交通事故强制保险制度。各地区、各部门围绕实施《中华人民共和国道路交通安全法》,先后制订、修订了50多个地方法规、规章,60多个部门规章,150多个国家和行业技术标准。如公安部颁布了《机动车登记规定》《机动车驾驶证申领和使用规定》《道路交通安全违法行为处理程序规定》《交通事故处理程序规定》等多个部门规章;财政部等部门联合发布了《道路交通事故社会救助基金管理试行办法》,加大交通事故受伤人员的应急救治力度。目前,全国基本建立了以《中华人民共和国道路交通安全法》为龙头、一个行政法规和多个部门规章为主体、地方性法规及政府规章为补充的较为完善的道路交通管理法律法规体系。

(2)及时修法加大违法行为惩治力度

为了有效惩处人民群众反响强烈的饮酒后驾驶机动车违法行为,2011年2月25日,十一届全国人大常委会第十九次会议表决通过了《中华人民共和国刑法修正案(八)》。其中明确规定,在道路上驾驶机动车追逐竞驶,情节恶劣的,或者在道路上醉酒驾驶机动车的,处拘役,并处罚金。有前款行为,同时构成其他犯罪的,依照处罚较重的规定定罪处罚。2011年4月22日十一届全国人大常委会第二十次会议表决通过的《关于修改中华人民共和国道路交通安全法的决定》中也加大了对饮酒后驾驶机动车违法行为的行政处罚力度。两部法律的修改及施行,有效遏制了饮酒后驾驶车辆的行为。

3.提升道路交通参与者文明素质是重要基础

道路交通是由人、车、路、环境和管理等要素构成的一个具有特定功能的系统。国内外研究均显示,道路交通事故是以上诸要素相互作用的结果,是多因素联合效应的产物。其中,作为道路交通参与者的人是影响道路交通安全诸因素中最活跃的因素,人的不安全行为是引发道路交通事故的主要原因。提升道路交通参与者的文明交通素质是改善道路交通安全的重要基础。

(1)加强公众交通安全宣传教育

为充分发挥交通安全宣传在预防和减少道路交通事故中的重要作用,自2003年以来,公安部等部门在全国陆续开展了"关爱生命,安全出行"交通安全宣传进农村、进社区、进企业、进学校、进家庭的"五进"活动(2004年10月20日~2005年2月底)、"保护生命、平安出行"交通安全宣传教育工程(2006~2008年)等交通安全宣传与教育活动,充分利用社会力量和现代传媒,大力开展交通安全宣传教育,使交通安全宣传深入人心,进一步提高全民交通法治意识、交通安全意识和交通文明意识,打造安全、畅通、和谐的交通环境。近几年来,各地又开展了文明交通主题宣传月、"文明交通进企业"主题宣传周和中小学交通安全教育等活动。

(2)提高驾驶员文明交通素质

加强道路交通安全管理基础性工作,尤其是培养驾驶员的安全意识、普及安全知识是交通部门多年一直努力的方向。交通部门以培养驾驶员"安全第一、珍爱生命"的职业素质为总体目标,从提高驾驶员安全意识和操作技能入手,通过开展市场整顿、改革培训方法、提高培训效能、完善监管机制、加强舆论宣传等综合措施,深入实施了驾驶员素质教育工程。先后取消了1 900多所不符合条件的机动车和拖拉机驾驶培训学校,清退9 700多位不符合条件的教练员,驾驶员培训市场环境得到明显改善。在大量借鉴国外先进经验、充分调研基层实际的基础上,交通部门组织专家制订了驾驶员素质教育大纲,修订了机动车驾驶员培训教学大纲,着力提高驾驶员的安全意识和紧急情况下的操作技能。2003~2009年,3年以下驾龄机动车驾驶员交通肇事率年均下降5.5%。

(3)增加驾驶证申领难度

《机动车驾驶证申领和使用规定》(公安部第71号令)自2004年5月1日施行以来,迄今已历经2007年、2009年和2012年三次修订,驾驶证申领难度逐步加大。2007年修订,考试内容方面增加了临危处理,考试难度加大,增加了文明驾驶考试,调整了违法记分,扩充场地驾驶技能考试科目。2009年修订,针对严重影响交通安全的违法行为记分分值偏低、恶意补领驾驶证突出等问题,进一步完善了交通违法记分制度,严格驾驶证补领程序,改进驾驶证审验方式,加强对驾驶员主观过错大、后果严重等交通违法行为的处罚力度。2012年修订,针对大中型客货车驾驶员肇事率较高的情况,严格限制有严重危险驾驶行为的驾驶员申请大中型客货车驾驶证;针对吸毒后驾驶机动车问题,对吸毒人员申请驾驶证或者驾驶机动车采取"零容忍"措施,严格限制吸毒人员申请机动车驾驶证;为增强考试的针对性和实用性,对小型汽车、大中型客货车的考试项目进行了调整,增加模拟高速公路、雨雾天、湿滑路、紧急情况处置等考试项目,提高了考试针对性和考试难度;明确大中型客货车驾驶员和实习期驾驶员作为重点管理对象,进一步完善了驾驶证审验和实习期管理制度;规定大中型客货车驾驶员每年参加审验,但没有记分的可以免于审验;对校车、大中型客货车等重点车型驾驶员的严重交通违法行为提高了记分分值。

4. 提高机动车安全技术性能是必然要求

机动车是道路交通运输的重要载体,其安全性能的好坏直接影响道路交通安全。提高机动车安全性能,对于保障道路交通安全具有重要意义。

(1)机动车组成结构发生积极变化

2002年,我国机动车保有量为7 975.68万辆。其中摩托车保有量达到5 037.14万辆,占机动车保有总量的63.16%;汽车保有量仅为2 141.73万辆,占机动车保有总量的26.85%,仅为摩托车保有量的42.52%。摩托车由于自身安全防护差、驾乘人员安全意识差、交通违法行为突出、执法难度大等原因,一直是我国道路交通事故的主要肇事车型之一。我国大部分摩托车在中小城市和农村地区行驶。但数量庞大的摩托车已成为农村地区的交通安全隐患,突出表现在:违法上路行驶多、无牌无证多、无证驾驶多、交通事故多、治安隐患多。加之农村地区存在大量违法改装的摩托车,其安全性能得不到任何保障,这些都使摩托车安全隐患日益突出。

十年来,随着越来越多的人选择购买汽车作为出行代步工具以及电动自行车的迅速普及,汽车保有量比例不断提高,摩托车保有量比例不断下降。截至2011年年底,我国汽车保有量达1.06亿辆,首次超过摩托车保有量。截至2012年年底,我国汽车保有量已超过1.2亿辆,摩托车保有量超过1亿辆,分别占机动车保有量的50.39%和42.59%。我国机动车保有量结构正由以摩托车为主向以汽车为主过渡和转变,这将对我国道路交通安全的持续改善产生积极影响。图1-12为我国汽车和摩托车保有量比例变化。

(2)建立缺陷汽车产品召回制度和"三包"制度

为消除缺陷汽车产品对使用者及公众人身、财产安全造成的危险,维护公共安全、公众利益和社会经济秩序,2004年3月12日,国家质量监督检验检疫总局、国家发展和改革委员会、商务部和海关总署联合发布《缺陷汽车产品召回管理规定》,标志着我国缺陷汽车召回制度正式建立。据统计,2004年以来,全国共召回了超过320万辆存在隐患的机动车。2012年10月

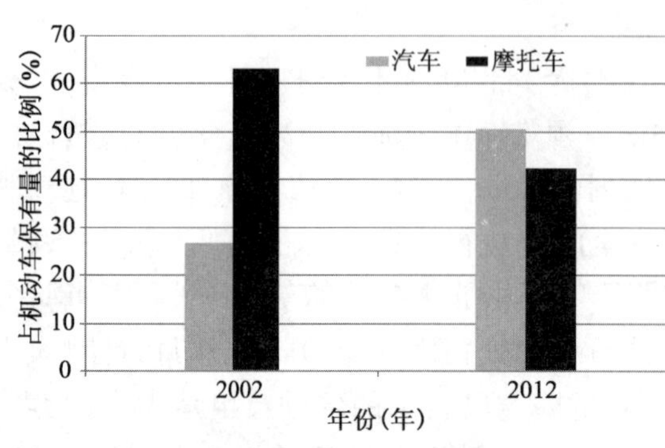

图1-12　我国汽车和摩托车保有量比例变化（2002年与2012年）

22日，为了规范缺陷汽车产品召回，加强监督管理，保障人身、财产安全，国务院发布了《缺陷汽车产品召回管理条例》。

为了保护家用汽车产品消费者的合法权益，明确家用汽车产品修理、更换、退货（即“三包”）责任，2012年12月29日，国家质量监督检验检疫总局发布了《家用汽车产品修理、更换、退货责任规定》。其规定了家用汽车产品生产者、销售者和修理者义务以及三包责任，自2013年10月1日起施行，标志着我国家用汽车产品“三包”制度的正式确立。

（3）修订机动车强制报废标准

我国实施机动车强制报废制度已有多年。1997年7月15日发布的《汽车报废标准》中对于私家车的强制报废标准为期限10年，行驶10万公里。在2000年的《汽车报废标准规定》中，规定私家车可通过年检将标准延长为15年。2006年，商务部就《机动车强制报废标准规定》征求意见。2012年12月27日，商务部、国家发展和改革委员会、公安部、环境保护部共同发布了《机动车强制报废标准规定》，规定国家根据机动车使用和安全技术、排放检验状况对达到报废标准的机动车实施强制报废。

（4）提高大中型客货车安全技术性能

针对近年来大中型客货车自身存在车身结构强度不高，乘员保护设施不完善，抗侧倾稳定性能不强，部分卧铺车车内易燃品多，逃生通道狭窄，大型货车及挂车超载、超长、超宽，违法改装商品运输车、低平板车等问题，工业和信息化部、公安部对提高大中型客货车安全技术性能提出了具体要求。如要求公路客车、旅游客车装备具有卫星定位功能的行驶记录仪，所有座椅均应设置汽车安全带。针对卧铺客车事故高发问题，两部要求暂停受理卧铺客车新产品申报《车辆生产企业及产品公告》，自2012年3月1日起，相关企业应暂停生产、销售卧铺客车产品，公安机关交通管理部门暂停办理卧铺客车注册登记。

（5）强化校车安全

为加强校车安全管理，保障乘坐校车学生的人身安全，2012年4月5日，国务院公布了《校车安全管理条例》。《校车安全管理条例》规定接送小学生的校车应按照专用校车标准设计和制造，并规定国务院标准化主管部门会同国务院工业和信息化部、公安部、交通运输部等部门，按照保障安全、经济适用的要求，制定并及时修订校车安全国家标准。目前已有《校车标识》（GB 24315—2009）、《专用校车安全技术条件》（GB 24407—2012）、《专用校车学生座椅系统及其车辆固定件的强度》（GB 24407—2012）等一批校车标准颁布施行，促进了校车安全技术性能的提高。

5. 提升公路基础设施行车安全保障能力是重要保障

公路是道路运输的重要基础设施，公路基础设施行车安全保障能力对于保障道路交通安全至关重要。十年来，随着公路交通事业的快速发展，我国公路基础设施行车安全保障能力有了质的飞跃，为道路交通安全提升提供了重要保障。

(1)高速公路重要性日益显现

安全和高速是高速公路的本质属性。相比于其他类型公路,高速公路因其快速和舒适的行车感受、完善的安全设施和服务设施而受到公路使用者垂青,其安全保障能力是最强的,总体上看事故率和死亡率远远低于其他类型公路(图 1-10)。

我国已建成世界上规模最大的高速公路网。根据交通运输部评估,目前高速公路通车里程仅占公路通车总里程的 2.27%,但承担了全国 70% 的客运量和 40% 的货运量。2012 年,全国国道网日平均行驶量为 244 883 万车公里(当量标准小客车,下同),全国高速公路日平均行驶量为 204 717 万车公里,占国道网日平均行驶量的 83.60%,而同期高速公路通车里程仅占国道网通车里程的 55.49%。高速公路对于我国经济快速健康发展和人民群众日常出行的重要性日益显现。虽然 2012 年我国高速公路交通事故死亡人数绝对数量已占道路交通事故总数的 10.24%,但是由于高速公路的本质安全性,如果高速公路所承担车辆行驶量改由其他类型公路承担,其道路交通事故人数将更高。因此,高速公路十年来的快速发展已在客观上起到了降低我国道路交通事故的作用。

(2)实施公路安全保障工程

2004 年初,交通部[1]在国省干线公路上启动实施以"消除隐患、珍视生命"为主题的公路安全保障工程。2004 年以来,全国交通运输部门累计投入资金 253.4 亿元,88 条国道、1 051 条省道及 200 余条县道共 36.6 万余公里行车安全隐患路段得到处治。公路行车安全保障能力得到有效提升,促进了我国道路交通安全形势的持续好转。

二、三级公路事故降幅明显高于其他类型公路。在公路安全保障工程实施重点的二、三级公路上,死亡人数和死亡人数所占比例呈逐年下降趋势。与公路安全保障工程实施前的 2003 年相比,2012 年我国二级公路交通事故、死亡人数、受伤人数分别下降 72.38%、52.54% 和 64.58%,三级公路交通事故、死亡人数、受伤人数分别下降 76.36%、65.54% 和 69.35%。除高速公路事故起数外,二、三级公路交通事故降低幅度明显高于高速公路和其他类型公路。图 1-13为我国二、三级公路与其他类型公路交通事故变化情况。

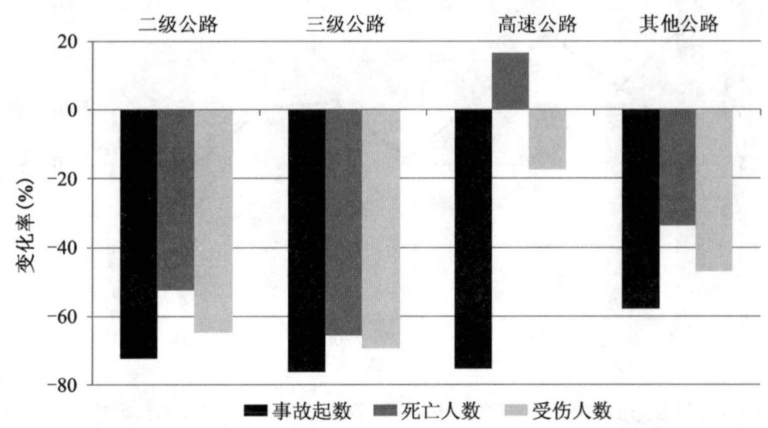

图 1-13 二、三级公路与其他类型公路交通事故变化率(2012 年与 2003 年相比)

[1]现为交通运输部,全书同。

一次死亡10人以上的特大公路交通事故得到明显遏制。虽然一次死亡10人以上的特大公路交通事故仍时有发生,但自公路安全保障工程实施以来,事故数量已大幅降低。2012年,发生在普通公路上的一次死亡10人以上的特大交通事故数量仅为2004年的34.78%。公路安全保障工程实施前,坠车(包括坠谷、坠崖、坠河、坠桥等)事故一直占据一次死亡10人以上的特大交通事故主体地位。2004年,发生在普通公路上一次死亡10人以上特大交通事故中,坠车事故比例高达58.18%。公路安全保障工程实施后,普通公路路侧防护能力得到较大提高和改善,坠车事故数量虽有起伏,但总体呈下降趋势,事故比例也呈现总体下降趋势。2012年,发生在普通公路上的一次死亡10人以上特大交通事故中,坠车事故比例已降至44.00%。公路安全保障工程对遏制坠车事故发生作出了重要贡献。图1-14为不同类型道路上发生的一次死亡10人以上交通事故统计,图1-15为普通公路上发生的一次死亡10人以上坠车交通事故及其比例。

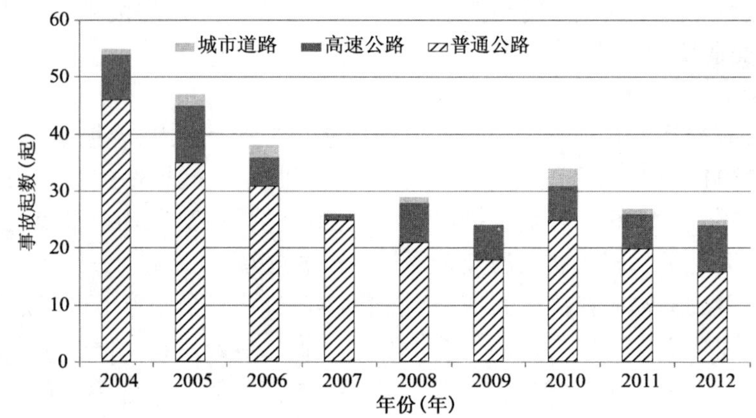

图1-14　不同类型道路上发生的一次死亡10人以上交通事故(2004~2012年)

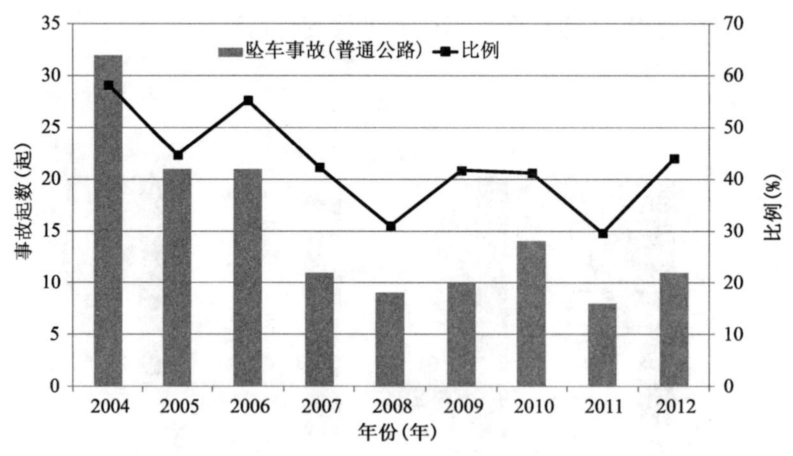

图1-15　普通公路上发生的一次死亡10人以上坠车交通事故及其比例(2004~2012年)

国道网行车安全改善速度显著快于高速公路。虽然近年来我国高速公路行车安全性呈逐年改善的趋势,且高速公路行车安全性明显好于国道网,但国道网行车安全改善速度快于高速公路(图1-10)。与2005年相比,2012年全国国道网亿车公里事故率和死亡率分别降低14.16

起和4.21人,降幅分别高达80.65%和83.93%。从数量看,国道网亿车公里事故率和死亡率降低量均高于高速公路网;从降幅看,高速公路网亿车公里事故率稍高于国道网,但死亡率远小于国道网。而且,我国国道网亿车公里死亡率降低量和降幅也高于同期美国、英国。图1-16为国道网与高速公路网亿车公里事故率变化情况,图1-17为国道网与高速公路网亿车公里死亡率变化情况。

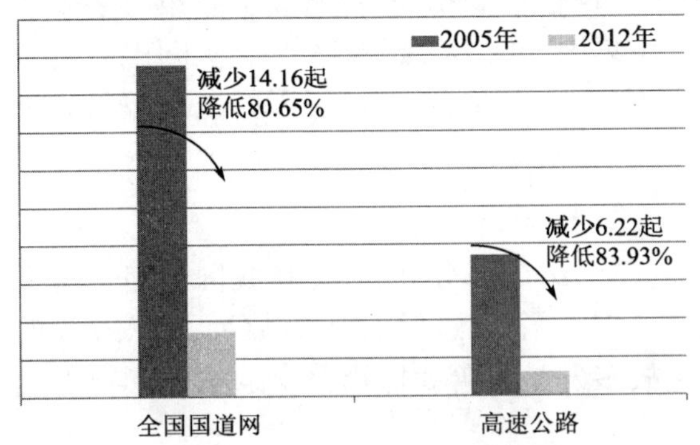

图1-16 国道网与高速公路网亿车公里事故率变化(2012年与2005年相比)

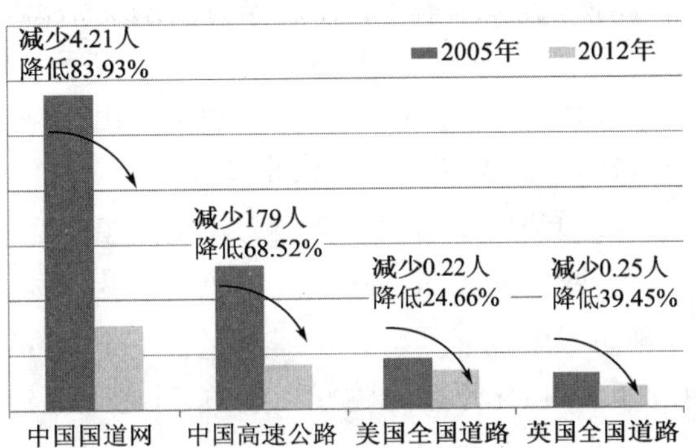

图1-17 国道网与高速公路网亿车公里死亡率变化(2012年与2005年相比)

(3)开展公路危桥改造工程

截至2012年年底,我国公路桥梁达71.34万座,其中大部分是在最近10~20年内建造的。由于桥梁的老化、结构性损伤以及过去相对较低的设计标准,部分桥梁变为危桥,存在较大的交通安全隐患。2011年,交通运输部启动了危桥改造工程。“十五”期间,交通运输部已投入了150亿元,改造了7 000多座危桥。“十一五”期间,全国共完成11 296座/87万延米危桥改造任务。根据交通运输部《“十二五”公路养护管理发展纲要》,“十二五”期间危桥改造的主要任务是:国省干线公路现有危桥改造率100%,当年新发现危桥处治率100%;基本完成县乡公路中桥及以上现有危桥改造任务;农村公路危桥数量呈逐年下降趋势。截至2012年年底,全国共累计投入440亿元,改造危桥2.2万座。目前,我国公路四五类桥梁仍有9.03万余座,其中国省干线公路四五类桥梁总数仍有5 054座。公路危桥改造工程的实施,确保了我国公路桥梁技术状况和安全水平的稳步提升,并促进了公路行车安全保障能力的稳步提升。

(4)实施干线公路灾害防治工程

为提高干线公路抗灾能力,交通运输部于2006年启动了干线公路灾害防护工程实施工程。公路灾害防治工程是通过增设和完善公路的灾害防护设施,对公路边坡、路基、桥梁构造物和排(防)水设施进行综合整治,以提高公路抗灾能力的专项工程。“十一五”期间,全国共处治公路灾害路段10 283公里。根据交通运输部《“十二五”公路养护管理发展纲要》,“十二五”期间干线公路灾害防治工程的主要任务是:加大国省干线公路灾害防治工程实施力度,基本完成国道、省道公路中抗灾能力明显不足路段的改造任务,力争同一路段灾害损毁重复发生率控制在5%以内。在自然灾害频发地区按每个县拥有两条抗灾能力较高公路的标准推广和实施“生命线”工程,提高公路网的抗灾能力。干线公路灾害防治工程的实施,提高了我国干线公路抗灾能力,确保了国省干线公路技术状况和安全水平稳步提升,并促进了公路行车安全保障能力的稳步提升。

(5)开展超载超限治理工程

从20世纪90年代以来,我国运输车辆超限超载现象十分普遍和严重,车辆超限超载引发了大量的交通事故,成为道路交通安全的重大隐患。同时,由于超限超载车辆和荷载远超公路和桥梁的设计承受荷载,致使公路基础设施正常使用年限大大缩短,不得不提前大中修。根据国务院的统一部署,从2004年6月起,交通部、公安部、国家发展改革委等八个部委,从宣传教育、路面执法、车辆生产和改装、吨位标定和牌照发放、运输市场秩序、公路收费政策等多个环节入手,综合采取经济、行政、法律、科技手段,在全国集中开展车辆超限超载治理工作,取得了明显成绩。全国干线公路货车超限率由80%以上下降到6%左右,车辆超限超载现象得到有效遏制,道路交通安全形势也明显好转。

6. 加强道路运输安全能力建设是重中之重

道路运输交通事故一直是我国道路交通事故的重要组成部分,同时也是我国道路交通事故预防工作的重点。2004年,道路运输事故死亡人数占全国道路交通事故死亡总人数的42.35%。强化道路运输安全能力、遏制道路运输事故多发是改善我国道路交通安全形势的重中之重。

(1)推动道路运输安全长效机制建设

各级道路运输管理部门狠抓源头管理,按照"三关一监督"的工作要求,严把运输经营者市场准入关,不符合许可条件特别是安全生产不符合要求的运输企业,要责令其退出道路运输市场;严把营运车辆技术关,对客运车辆进行定期维护、检测,对行车记录进行全面检查,不符合技术标准的客运车辆要强制其退出道路运输市场;严把客运驾驶员资格关,对所有客运车辆驾驶员要进行安全教育,并进行严格考试,不符合资格的客运车辆驾驶一律不得进入道路运输市场,驾照已被交警部门记满12分或在重大交通事故中负有主要责任的驾驶员,不得从事客运车辆驾驶;严格按照客运车辆排班制度发车,严禁售超员票,发超员车,确保客车不超员、不超速,确保客运车辆行驶400公里以上必须配备两名以上驾驶员,做好汽车客运站安全监督。交通运输部同时会同有关部门联合开展了"道路客运安全年"活动,努力解决道路客运安全工作中长期存在的薄弱环节和突出问题,提高道路客运安全生产水平。

(2)加强交通运输企业安全生产标准化建设

为全面提升交通运输企业的安全生产水平,交通运输部组织开展了交通运输企业安全生产标准化建设,制定印发了《道路旅客运输企业安全管理规范(试行)》、《交通运输企业安全生产标准化建设实施方案》、《交通运输企业安全生产标准化考评发证实施办法》、《交通运输企业安全生产标准化考评机构管理实施办法》、《交通运输企业安全生产标准化考评员管理实施办法》等多个文件,有力保障了安全生产标准化建设的顺利开展,推动企业本质安全水平不断提高。目前,交通运输企业安全生产标准化建设工作已在全国展开。根据交通运输部《交通运输企业安全生产标准化建设实施方案》,从事客运、危险化学品和烟花爆竹等重点运输企业要在2013年年底前达标,其他交通运输企业要在2015年前达标。

(3)注重依靠科技进步防范事故

在道路运输车辆上,交通运输部会同有关部门开展了在"两客一危"车辆(指从事旅游的包车、三类以上班线客车和运输危险化学品、烟花爆竹、民用爆炸物品的道路专用车辆)上安装动态监管系统工作,联合制订印发了《关于加强道路运输营运车辆动态监管工作的通知》、

《道路运输车辆卫星定位动态监管系统》平台技术要求、平台数据交换、终端技术要求和终端数据协议及数据格式等标准，加强了对车辆和驾驶员的动态监控。目前，已建立省级平台31个，149.4万辆车安装并上线使用动态监控设备。

(4)强化道路运输驾驶员安全意识和提升操纵技能

强化对驾驶员的培训教育，不断提高其安全意识和操作技能。针对客货车辆驾驶员，交通运输部会同公安部制订下发了《关于进一步加强客货运驾驶员安全管理工作的意见》，从驾驶员的培训、考试、从业准入、日常教育管理、违规问题责任追究等方面提出了具体严格的要求，切实提高驾驶员的安全意识、驾驶技能和应急处置能力。此外，交通运输部还开展了"安全带—生命带"专项行动，在高速公路客运上全面推广使用安全带，提高了道路客运上企业和旅客对佩戴安全带预防交通事故伤害的认识，有效减少了事故伤亡人数。

7. 开展针对性集中整治是必要行动

2003年以来，各地先后组织开展了"预防特大道路交通事故百日竞赛"、"预防重特大道路交通事故专项行动"、"双超(超速、客车超员)专项整治"、"公路客运交通安全集中整治行动"、"高速公路交通秩序集中整治行动、交通安全宣传集中统一行动"、"农村道路交通安全集中整治行动"、"道路危险化学品运输车辆集中整治行动"、"涉牌涉证违法行为集中整治行动"、"中小学幼儿园校车交通安全集中整治行动"、"预防特大道路交通事故百日会战"等一系列全国范围的统一专项治理行动。与此同时，各地公安机关还会同有关部门联合开展了针对三轮汽车、低速载货汽车、拖拉机违法载人以及客运车专项整治等行动。另外，各地还针对本辖区道路交通违法行为和道路交通事故的特点及暴露出的突出问题，组织开展区域性整治，对严重交通违法行为形成了长期严管严控的态势，有效遏制了严重交通违法行为多发的势头。

2004～2009年，年均查处超速行驶1 900万起、酒后驾驶100万起、无证驾驶320万起，因超速行驶、酒后驾驶等交通违法行为导致的交通事故年均下降10%以上；深入开展校园周边及校车交通安全专项整治行动，校车和涉及学生的道路交通事故年均下降17%；集中开展了交通肇事逃逸案件专项侦破工作。积极实施城市交通管理畅通工程，有效缓解城市交通拥堵问题，全国660个城市已有29个达到畅通工程一等管理水平，166个达到二等管理水平。

8. 科技研发应用及推广是重要支撑

为了遏制我国道路交通事故多发的态势和为道路交通安全保障提供技术支持，交通运输部组织实施了一系列交通安全基础性研究。针对我国低等级公路交通安全现状以及建设、管理养护的需求，为公路安全保障工程提供技术支持，2004年交通部立项开展了"公路交通安全应用技术研究"项目的研究工作，旨在解决目前我国公路交通安全中亟待解决的部分重大技术问题。2008年2月28日，科技部、公安部、交通运输部共同启动了"国家道路交通安全科技行动计划"。国家道路交通安全科技行动计划打破了行业壁垒，第一次将交通安全的两个主要责任部门，即公安部和交通运输部的资源整合起来，建立数据和资源共享机制，以科技创新为突破点，互相配合，群策群力，共同致力于提升我国公路系统的交通安全水平。目前，一期项目已顺利完成，一大批交通安全研究成果已成功应用于工程实践，并取得了较好的效果，为我国道路交通安全的持续改善起到了重要的技术支撑作用。二期项目即将启动实施。

9. 加强出行安全服务是必要补充

(1)提升事故应急处理和救援服务能力

2003 年以来,各地针对影响道路交通安全的不同情况,分级分类制订了应急工作预案。据不完全统计,全国所有省(区、市)、97.9%的市(地)和 92.8%的县已制订了交通管理应急预案 1 813 项,并纳入地方政府统一管理,最大限度地降低了恶劣天气和突发事件对道路交通安全的影响。公安、卫生部门建立了道路交通事故救援绿色通道,完善了道路交通事故快速抢救机制。公安部制订了高速公路交通应急管理规定,建立了以消防、交警为主的应急救援队伍,完善了部门、警种联动协作机制和应急救援预案。据不完全统计,仅 2008 年全国因及时实施道路交通事故现场救援,共挽回 2.5 万人的生命。

(2)提升路网出行信息服务能力

交通运输部已成立路网监测与应急处置中心,主要承担路网运行监测、应急处置、出行服务三项核心职能。目前,路网中心基本建立了覆盖重要干线通道、易堵路段、省界收费站、特大桥梁、长大隧道、重要服务区和治超站的路网运行监测网络,可以初步掌握全国干线路网路况运行信息;积极推进部、省两级全国公路网管理与应急处置平台系统建设,相继开通了中国公路信息服务网、《公路服务站》直播栏目、中国高速公路交通广播(FM99.6)等平台,全面开展全国干线公路网运行监测、突发事件应急处置与出行信息服务工作。每年春运、重大节假日期间,路网中心都及时通过新闻媒体发布路况信息,为公路出行者提供及时、便捷、有效的信息服务。

雾、冰雪、暴雨等不利气象条件,泥石流、滑坡、水毁等自然灾害和各类危险品运输泄漏事件对公路交通运输安全和通畅的影响正日趋强烈。交通运输部和我国气象局共同开展了公路交通气象预报工作,根据水毁、雾害等我国公路影响最普遍的气象灾害形式,结合汛期大范围强降雨预报和公路沿线雾监测工作,及时发布相关气象信息,建立相关的应急处置、信息反馈与评估等制度。公安部和我国气象局也建立了道路交通气象信息交换和发布制度。

第二章 道路交通安全面临的形势、挑战与机遇

一、我国道路安全面临的形势

虽然道路交通事故死亡人数呈现大幅下降的趋势，交通安全形势保持了总体平稳态势，但是当前我国仍然处于道路交通事故高发期，影响道路交通安全的因素依然很多，道路交通安全形势依然严峻。

1. 道路交通事故依然高发

虽然近年来我国道路交通事故降幅明显，但是依然高发。如果把适用简易程序处理的交通事故计算在内，那么近几年我国道路交通事故总数量呈现快速增长态势。近4年来，我国道路交通事故平均增长近58万起。2012年，我国道路交通事故总数量已增至472.69万起。目前，我国道路交通事故死亡率仍高居世界第二位，遏制道路交通事故高发、降低交通事故伤害仍然任重道远。图2-1为我国近五年来道路交通事故总数量。

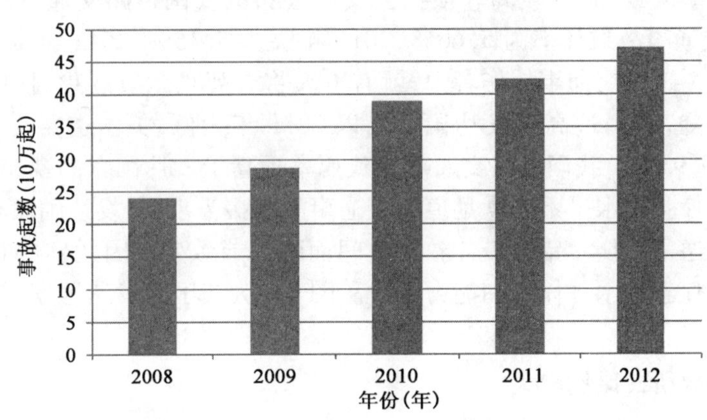

图2-1 我国道路交通事故总数量（包括适用简易程序处理的交通事故）

此外，我国仍处于机动化初期阶段，机动化的快速发展和交通需求的日益增长与道路交通基础设施承受能力之间的矛盾依然没有改变，道路交通的不安全因素依然存在。从发达国家经验看，人均GDP大约为8 600美元（以1985年美元国际价格为准）时，道路交通事故人口死亡率将达到顶峰。2012年我国人均GDP仅为6 100美元，从发达国家的经验看，我国道路交通事故人口死亡率仍存在较大的上升空间。人、车、路等方面存在的影响道路交通安全的现实

问题还没有得到根本解决,国民整体文化素质和道路交通安全意识等仍处于较低水平,促使道路交通安全改善的基础仍比较薄弱。由于影响和制约道路交通安全的一些问题尚未得到全面解决,随着我国社会经济的快速发展,人流、车流、物流的高速增长,在交通事故历经多年快速下降之后,遏制道路交通事故高发的压力将增大,工作上稍有放松,道路交通事故极有可能强力反弹。

2. 交通事故率、致死率仍然偏高

虽然近年来我国道路交通安全取得了巨大成绩,国道网、高速公路亿车公里事故率和死亡率均呈明显的下降趋势(图1-10),但不可否认的是与发达国家相比,我国道路交通事故率仍然偏高,如万车死亡率、亿车公里死亡率仍远高于美国、日本、英国、瑞典、荷兰等发达国家。因此,虽然从纵向看我国道路交通安全工作取得了巨大成绩,但从横向看,我国道路交通安全形势仍不容乐观。图2-2为中国与其他国家道路交通事故率的比较。

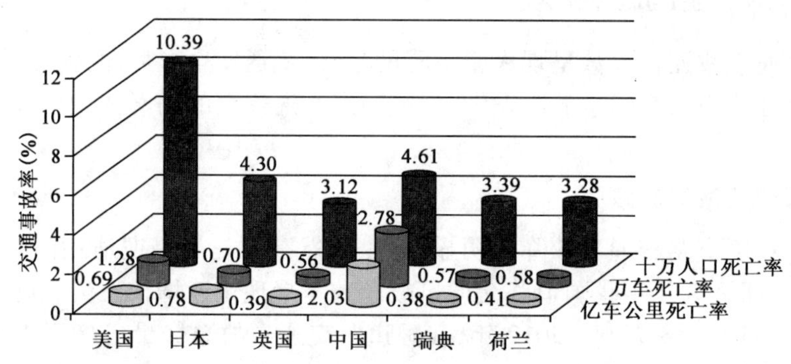

图2-2 中国与其他国家道路交通事故率比较(2011年)❶

我国道路交通事故致死率❷较高。根据公安部公布的我国道路交通事故统计数据计算,2010年我国道路交通事故致死率为5.60%,2011年降为5.15%,2012年降为5.00%。这意味着,在我国每20个道路交通事故伤者中,就有1人将会死亡。虽然我国道路交通事故致死率近3年来明显下降,但仍远高于发达国家。以2011年为例,美国道路交通事故致死率为1.44%,英国仅为0.93%。我国道路交通事故致死率远高于发达国家的现实反映出我国交通事故应急救援与医疗救护水平不能满足道路交通事故救援需求,与发达国家相比差距较大,其结果直接导致了交通事故伤者错过最佳救治时间而致死或致残。因此,应加快我国道路交通事故应急救援和医疗救护水平体系和能力建设。图2-3为我国与发达国家道路交通事故致死率的比较。

3. 高速公路事故所占比例较大

随着高速公路通车里程的增长及其对我国经济快速健康发展和人民群众日常出行重要性的日益显现,高速公路事故占比逐年增加。目前,高速公路交通事故死亡人数占道路交通事故死亡总数的比例已超过10%。可以预见,随着高速公路的进一步发展及其重要性的进一步显

---

❶我国亿车公里死亡率为全国国道网亿车公里死亡率。数据来源:经济发展与合作组织(OECD):Road Safety Annual Report 2011。

❷道路交通事故致死率=道路交通事故死亡人数/道路交通事故伤亡总数。

现,高速公路交通事故占比将会进一步提高。虽然高速公路拥有相对较高的行车安全性,但为了进一步预防高速公路交通事故,遏制事故占比的提高,应加强高速公路交通事故特点的分析研究,并采取相应对策措施。图 2-4 为高速公路交通事故占道路交通事故比例。

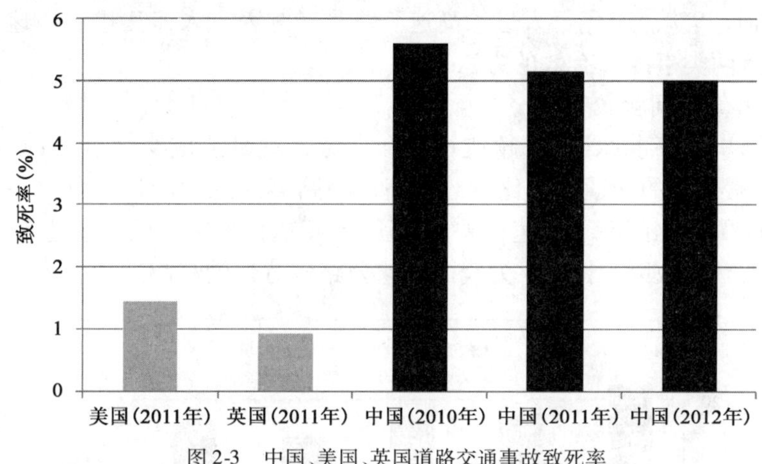

图 2-3 中国、美国、英国道路交通事故致死率

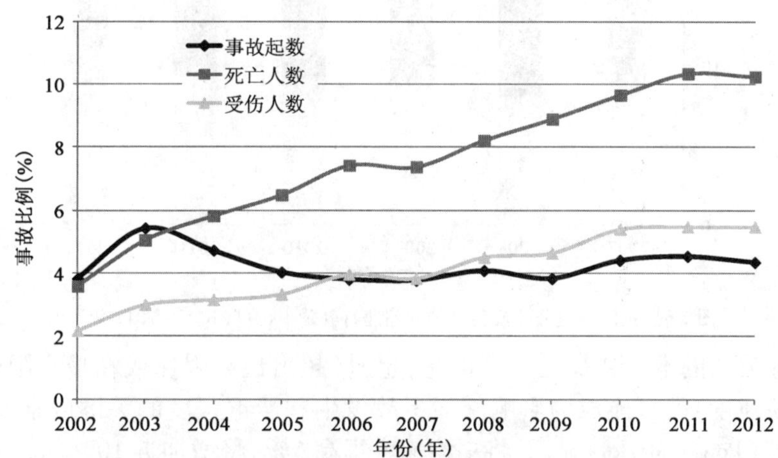

图 2-4 高速公路交通事故占道路交通事故比例(2002 ~ 2012 年)

高速公路作为公路网的组成部分之一,与其他公路类型相比,其道路交通事故既有共性,又有其自身的特点。

(1)追尾、刮撞行人事故多发

高速公路行车速度快,不同车型车辆速度差异大。车辆间如果未保持足够的安全间距,极易造成追尾事故。追尾事故是我国高速公路最为常见的事故形态,导致的死亡人数和受伤人数比例也较大。2012 年,高速公路共发生追尾事故 2 841 起,造成 1 903 人死亡、4 173 人受伤,分别占高速公路事故总数的 31.94%、30.97% 和 33.93%。

除追尾事故外,刮撞行人事故高发也是我国高速公路交通事故的一个重点特点。2012 年,我国高速公路共发生刮撞行人事故 946 起,造成 705 人死亡、357 人受伤,分别占高速公路事故总数的 10.63%、11.48% 和 2.90%。高速公路上发生车辆与行人相撞事故是完全可以避免的,因为高速公路全线封闭,行人是不允许进入高速公路的,但是部分高速公路沿线居民因各种原因进入高速公路，甚至横穿高速公路，给高速公路行车安全造成了极大威胁，也将自身安全置于危险境地。这是造成高速公路刮撞行人事故的主要原因。2012 年，因行人违法进入高速公路导致交通事故 659 起，造成 531 人死亡、171 人受伤，分别占高速公路事故总数的 7.41%、8.64% 和 1.39%。避免行人进入高速公路是遏制因行人违法进入高速公路而导致的事故和刮撞行人这两类事故最有效的方法。

(2)超速、疲劳驾驶问题较突出

高速公路交通事故肇事原因中，超速行驶和疲劳驾驶是造成交通事故最多的两个因素。近年来，这两个因素导致的交通事故比例约占高速公路事故总数的近五分之一。其中前 3 年高速公路疲劳驾驶肇事比例高于超速行驶，而近 3 年超速行驶肇事比例超越疲劳驾驶，成为高速公路交通事故的首要致因。图 2-5 为我国高速公路疲劳驾驶和超速行驶肇事比例。

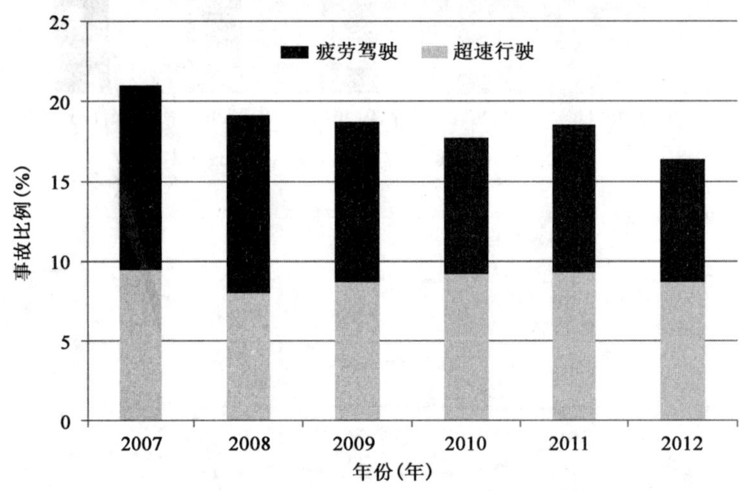

图 2-5　我国高速公路疲劳驾驶和超速行驶肇事比例(2007 ~ 2012 年)

高速是高速公路的本质特征之一。但是，超速(超出最高限速或在最高限速之下但在所处环境中属过快速度)就可能成为影响交通事故发生和严重程度的关键因素。尼尔森(Nilsson)“功耗模型”(Power Model)显示，将平均速度提高 5%，将增加近 10% 的人身事故和 20% 的死亡事故；将平均速度降低 5%，将减少近 10% 的人身事故和 20% 的死亡事故。超速问题已成为包括我国在内的很多国家影响道路安全的头号问题。高速公路行车速度快，行车过程单调，驾驶员更容易产生疲劳。如果长时间连续驾驶得不到及时休息，将会导致道路交通事故。近几年，我国连续开展了针对疲劳驾驶等严重交通违法行为的专项整治，在一定程度上遏制了疲劳驾驶的高发态势，但因疲劳驾驶引发的高速公路交通事故所占比例仍然较高。

(3)重特大事故频发

高速公路已成为我国道路交通运输的主动脉，但近年来高速公路重特大事故频发。2010 年以来 4 起特别重大的道路交通事故均发生在高速公路，2012 年将近 1/3 的重大以上事故发生在高速公路。表 2-1 为 2010 年以来发生的特别重大道路交通事故统计。

以高速公路一次死亡 10 人以上的特大道路交通事故为例，2005 ~ 2012 年，我国高速公路上共发生一次死亡 10 人以上的特大道路交通事故 48 起，共造成 861 人死亡、959 人受伤，分别占一次死亡 10 人以上特大道路交通事故总数的 19.20%、22.45% 和 27.26%。2012 年，我国高速公路发生6起一次死亡10人以上的特大交通事故。图2-6为我国高速公路一次死亡10人以上的特大道路交通事故。

2010年以来发生的特别重大道路交通事故 表2-1

年份(年)	日期	时间	地点	死亡人数(人)	受伤人数(人)	道路行政等级	道路技术等级	事故形态	涉事车辆
2010	5月23日	2:50	长深高速公路辽宁阜新段	33	24	国道	高速公路	碰撞起火	半挂牵引车、大型卧铺客车
2011	7月22日	3:43	京港澳高速公路河南信阳段	41	6	国道		失火	大型卧铺客车
	10月7日	15:46	滨保高速公路天津武清段	35	19	国道		刮蹭后侧翻切割	大型普通客车
2012	8月26日	2:31	包茂高速公路陕西延安段	36	3	国道		追尾碰撞后起火	大型卧铺客车、小型普通客车

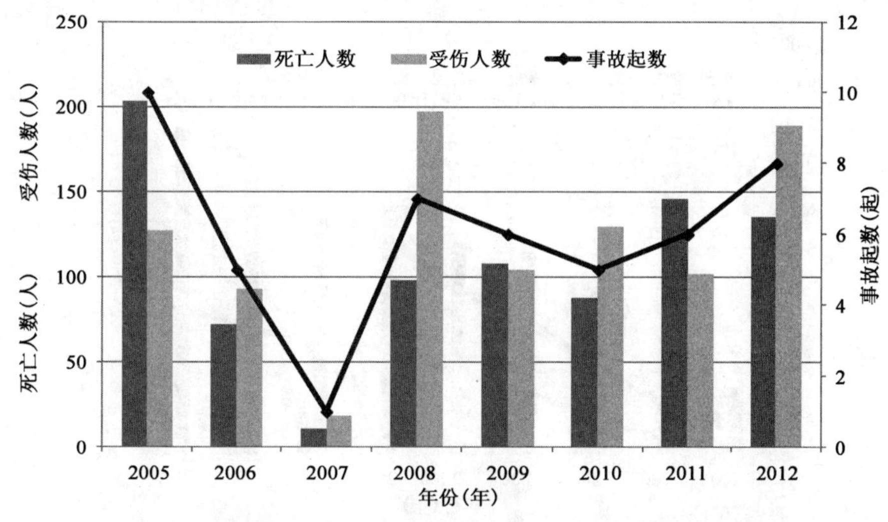

图2-6 我国高速公路一次死亡10人以上的特大道路交通事故(2005~2012年)

高速公路一次死亡10人以上的特大道路交通事故形态有翻车、起火、爆炸、正面碰撞、撞固定物、追尾碰撞、坠车等。其中追尾碰撞、坠车和正面碰撞为主要事故形态。在48起一次死亡10人以上的特大道路交通事故中,追尾碰撞事故18起、坠车事故19起、正面碰撞事故12起。其中,追尾事故多发与高速公路交通事故特点相一致。我国高速公路多为高路基、高边坡,坠车事故加剧了事故严重程度。正面碰撞事故主要由肇事车辆因各种原因进入对向车道引发,与对向车道正常行驶的车辆发生碰撞。

4. 电动自行车交通安全问题突出

电动自行车因其节省体力、价格适中、操作简便、速度快、效率高、使用成本低(无需获取驾驶资格、无需办理车辆行驶证、无需支付高价油费)和无污染等优点,近年来在我国城乡得到迅速普及。特别是在公共交通欠发达的中小城市、农村和大城市非中心区,普及率极高。我国已连续多年成为电动自行车世界第一产销国。截至2012年年底,我国电动自行车保有量约为1.5 亿辆。我国已从自行车大国快速转变为电动自行车大国。

(1)涉及电动自行车交通事故激增

近年来,在我国交通安全形势快速好转的背景下,电动自行车肇事数量(指不适用于简易程序处理的交通事故)及比例呈现快速增长趋势。2012 年,全国共发生电动自行车肇事 7 917 起,造成 971 人死亡,9 101 人受伤,分别占道路交通事故总数的 3.88%、1.62% 和 4.062%,分别占非机动车肇事交通事故总数的 70.07%、59.64% 和 72.57%。可见,电动自行车肇事已经成为非机动车肇事的主体。如果将适用于简易事故处理的道路交通事故计算在内,2012 年电动自行车肇事 168 928 起,造成 971 人死亡、80 625 人受伤,分别占道路交通事故总数的 3.57%、1.62% 和 7.07%,肇事起数虽然比 2011 年同期下降 4.58%,但死亡人数和受伤人数分别比 2011 年同期增长 8.25% 和 19.16%。相比于 2004 年,2012 年涉及电动自行车道路交通事故导致的死亡人数增加了 8.02 倍,受伤人数增加了 4.09 倍。因此,虽然电动自行车肇事比例相对较小,但是增长幅度明显、增长速度较大,需要引起高度关注。图 2-7 为我国电动自行车肇事情况。

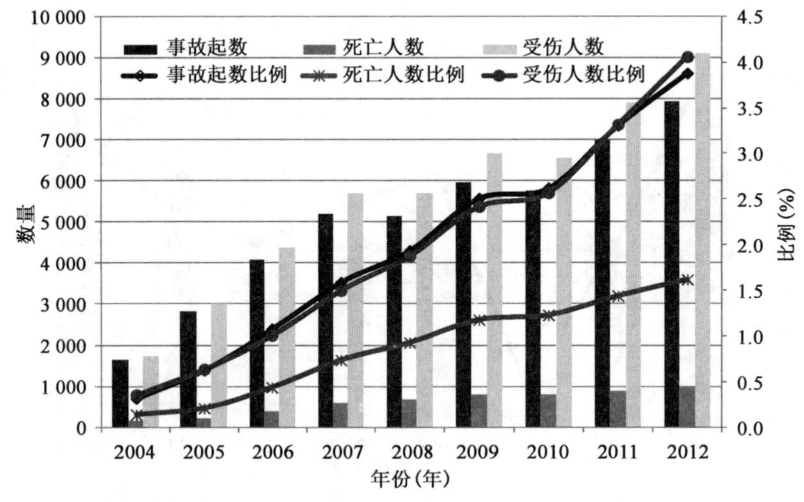

图 2-7 我国电动自行车肇事情况(2004 ~ 2012 年)

(2)电动自行车驾驶员伤亡占比激增

在交通事故(不包括适用于简易程序处理的交通事故)伤亡人员中,电动自行车驾驶员伤亡数量快速增长,死伤人员所占比例显著上升。2012 年,道路交通事故死伤人员中,电动自行车驾驶员分别达到 5 314 人和 26 966 人,分别占死伤总数的 8.86% 和 12.02%,分别占驾驶非机动车死伤总人数的 49.63% 和 61.42%。也就是说,目前我国道路交通事故死亡人员中近 1/10 是电动自行车驾驶员,道路交通事故驾驶非机动车死亡总人数的一半是电动自行车驾驶员,且这一比例仍在快速增长。因此,电动自行车的交通安全问题的确需要引起高度关注。图 2-8为我国交通事故伤亡人员中电动自行车驾驶员情况。

5. 农村公路安全形势依然严峻

当前,我国农村公路正从大规模建设为主转向更加注重质量、安全和效益。安全发展已成为农村公路发展的重要组成部分。农村公路安全发展应是使农村公路发展建立在安全保障能力不断提升、农村群众出行安全不断得到保障的基础上，使农民群众能够平安、幸福地享用农村公路发展成果，能够享受到安全、便捷的公路运输基本公共服务。但是，我国农村公路交通安全形势依然严峻。

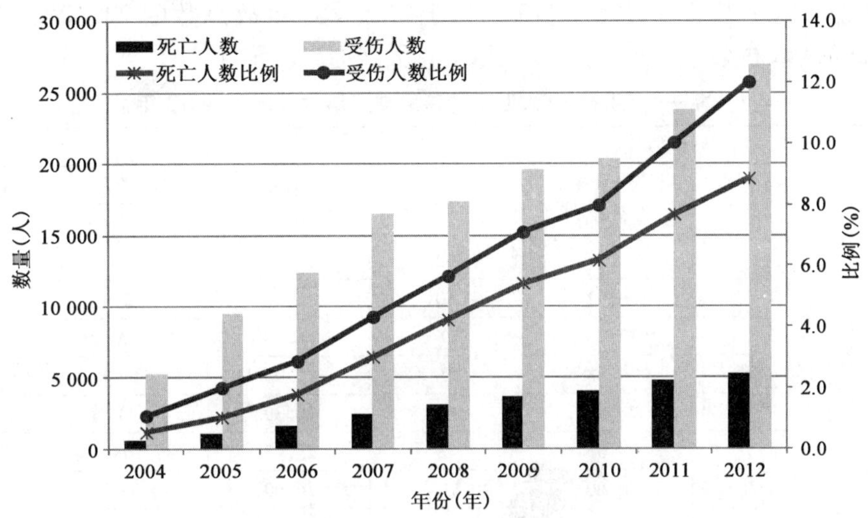

图 2-8　我国交通事故伤亡人员中电动自行车驾驶员情况(2004～2012 年)

(1)农村公路交通事故所占比例高

近年来，随着我国道路交通事故的下降，农村公路交通事故整体上呈下降趋势。2012 年，农村公路上共发生道路交通事故 48 426 起，造成 14 655 人死亡，53 681 人受伤。与 2005 年相比，2012 年农村公路道路交通事故起数、死亡人数和受伤人数分别下降 47.94%、32.68% 和 48.32%。虽然近年来农村公路交通事故整体上呈下降趋势，但其所占公路交通事故的比例整体呈上升态势(2010 年比 2009 年有所降低)。2012 年，农村公路交通事故起数、死亡人数和受伤人数分别占公路交通事故总数的 40.76%、33.91% 和 39.98%，也就是说，公路交通事故中每死亡 3 人就有 1 人死于农村公路交通事故。图 2-9 为农村公路交通事故死亡人数占公路交通死亡总数的比例。

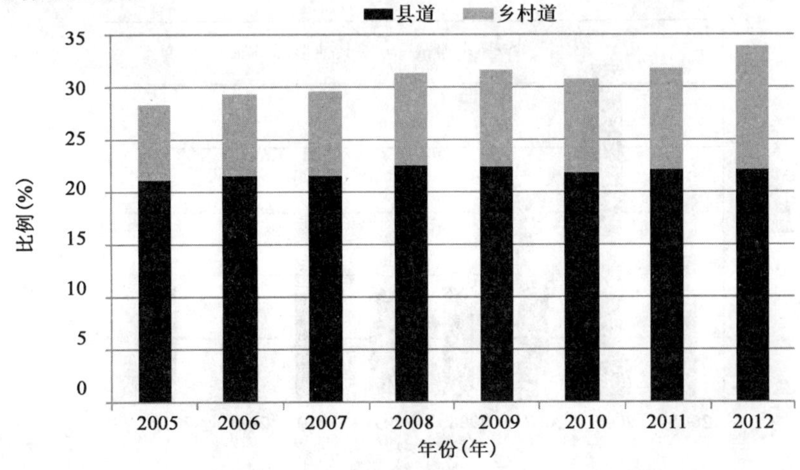

图 2-9　农村公路交通事故死亡人数占公路交通事故死亡总数的比例(2005～2012 年)

(2)农村公路群死群伤事故时有发生

2005~2012年,农村公路上共发生一次死亡10人以上的特大交通事故56起,共造成765人死亡、711人受伤。近8年来,农村公路上发生的一次死亡10人以上的特大交通事故起数、死亡人数、受伤人数平均占一次死亡10人以上特大交通事故总数的22.40%、19.94%和19.38%。表2-2为农村公路一次死亡10人以上特大交通事故统计。

农村公路一次死亡10人以上的特大交通事故(2005~2012年)　　表2-2

年份(年)	事故起数		死亡人数		受伤人数	
	数量(起)	百分比(%)	数量(人)	百分比(%)	数量(人)	百分比(%)
2005	7	14.89	82	10.16	115	16.31
2006	11	28.95	162	29.03	136	29.37
2007	7	26.92	110	28.28	121	26.95
2008	5	17.24	79	16.60	43	8.53
2009	5	20.83	59	17.93	64	18.55
2010	8	23.53	94	20.39	53	12.27
2011	8	29.63	118	25.93	108	26.73
2012	5	20.00	61	16.90	71	19.35
合计	56	22.40	765	19.94	711	19.38

农村公路上发生的一次死亡10人以上的特大交通事故中,坠车(包括坠崖、坠河、坠沟、坠桥)事故最为常见。2005~2012年,农村公路上发生的一次死亡10人以上的56起特大交通事故中,坠车事故共40起,比例高达71.43%。坠车进一步加重了事故的严重程度,应把预防坠车事故作为农村公路上事故预防工作的重要内容。

我国农村公路坠车特大道路交通事故高发,与农村公路交通安全设施缺乏有较大关系。近年来我国农村公路建设取得了辉煌的成就,通车里程大幅增加,路面等级和质量大幅改善,但由于建设资金和发展理念等局限,相当一部分农村公路缺乏必要的交通安全设施。在农村公路路况大幅改善、行车速度大幅增加的情况下,在没有路侧防护设施有效拦阻的情况下,极易发生车辆坠车事故。图2-10为农村公路一次死亡10人以上特大交通事故形态。

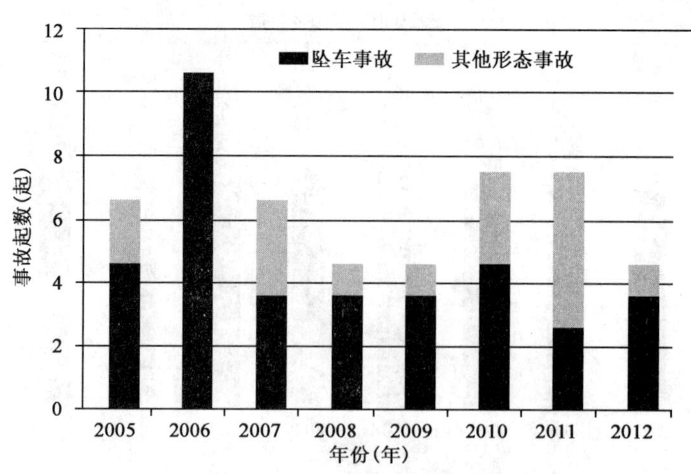

图2-10　农村公路一次死亡10人以上特大交通事故形态(2005~2012年)

(3)农民成为道路交通事故最大受害群体

伴随着农村经济的发展和农村公路建设的深入推进,农民接触机动车、拥有和驾驶机动车的机会大大增加,涉及农民的交通事故逐渐增多。随着我国道路交通事故的降低,近年来道路交通事故伤亡人员中农民的数量也大幅下降。与2006年相比,2012年道路交通事故中农民伤亡人数分别下降39.82%和52.21%。但从道路交通事故伤亡人员行业类型看,农民伤亡的比例依旧是最高的,2010年分别占道路交通事故伤亡总数的39.73%和33.77%,远高于其他行业人员。图2-11为农民在道路交通事故中的伤亡情况。

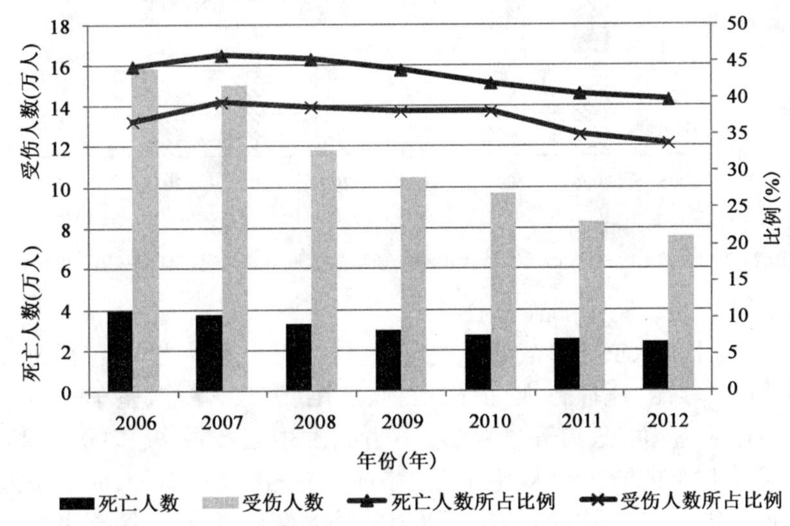

图2-11 农民在道路交通事故中的伤亡情况(2006~2012年)

6. 群死群伤特大事故仍然频发

群死群伤事故死伤人数多、社会影响和危害大,因此遏制包括一次死亡10人以上事故在内的群死群伤事故一直是我国道路交通安全工作的重要内容之一。虽然近年来我国群死群伤特大道路交通事故总体上已呈现下降趋势(图1-9),但仍然频发。以一次死亡10人以上的特大道路交通事故为例,2012年,此类事故已降至25起,造成361人死亡、367人受伤,分别比2004年下降54.55%、57.63%和58.15%。群死群伤特大道路交通事故频发也说明了我国道路交通事故仍处于高发期,交通安全形势进一步好转的基础并不巩固,仍需要加倍努力,才能实现我国交通安全的持续好转。

(1)群死群伤事故呈现明显的地域性特征

西部地区发生的一次死亡10人以上的特大道路交通事故数量远高于东部地区和中部地区。2005~2012年,西部地区发生一次死亡10人以上的特大道路交通事故112起,东部地区67起,中部地区71起,分别占总数的44.80%、26.80%和28.40%。而且,西南地区是我国一次死亡10人以上事故的高发地区,尤其以云南省、贵州省和西藏自治区最为严重。2005~2012年,三省(区)共发生56起一次死亡10人以上的特大道路交通事故,造成828人死亡、771人受伤,分别占全国一次死亡10人以上特大道路交通事故总数的22.40%、21.58%和21.01%。图2-12为一次死亡10人以上的特大道路交通事故地域分布情况。

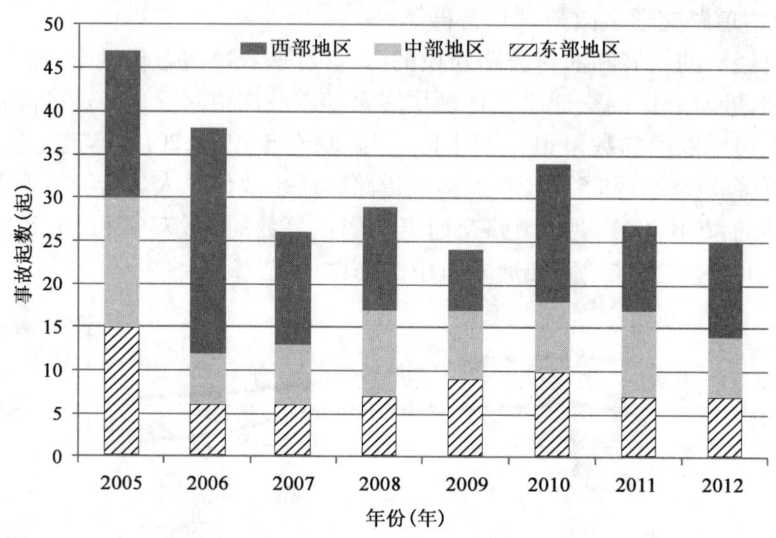

图2-12　一次死亡10人以上的特大道路交通事故地域分布情况(2005～2012年)

(2)事故形态多样,但以坠车事故为主

一次死亡10人以上特大交通事故的事故形态多样,有十余种之多,包括:正面碰撞、侧面碰撞、对向刮擦、翻车、碾压、碰撞行人、撞固定物、追尾、失火、爆炸、坠车等。其中尤以坠车(包括坠崖、坠谷、坠河、坠桥、坠沟等事故形态)事故发生起数最多。2005～2012年共发生125起一次死亡10人以上的坠车特大道路交通事故,占一次死亡10人以上特大道路交通事故总数的一半。近3年来,在一次死亡10人以上的特大交通事故中,坠车事故比例呈上升趋势。2012年,坠车事故比例已上升至56.00%。图2-13为一次死亡10人以上的特大道路交通事故中坠车事故情况。

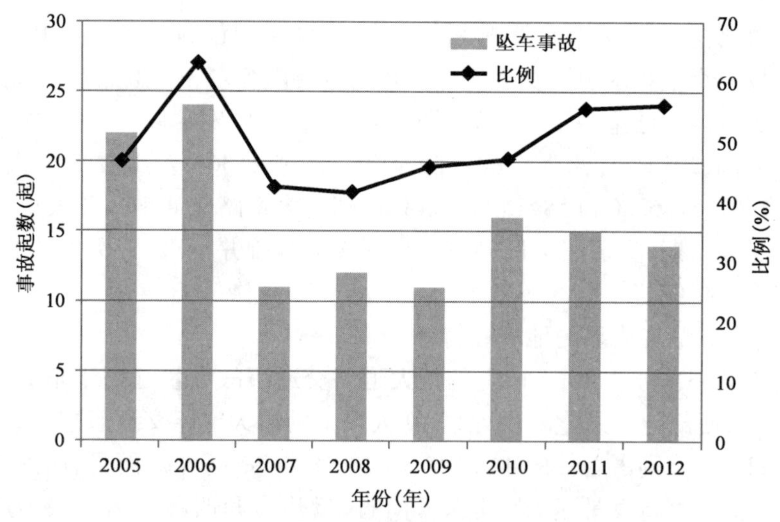

图2-13　一次死亡10人以上的特大道路交通事故中坠车事故情况(2005～2012年)

坠车加重了道路交通事故的严重程度,极易导致人员群死群伤。因此,在遏制群死群伤事故工作中,应把预防坠车事故作为其中一项重要内容。同时,坠车事故高发也从一个侧面说明了部分路段路侧防护设施缺乏或防护等级不足。因此,应重点加强山区公路事故多发路段的路侧防护设施建设,补齐路侧防护设施并适当提高路侧防护设施的防护等级。

二、我国道路安全面临的挑战

1. 安全隐患仍比较突出

(1)机动化水平快速提升带来的隐患

近十年来,我国机动化水平快速提升,年均增长11.64%。截至2012年年底,我国机动车保有量已增至2.40亿辆,比上年增加1 510万辆,机动车增长量超过1999年我国汽车保有量。千人机动车保有量已从2002年年底的62辆增至2012年年底的177辆。机动车驾驶员人数增至2.6亿人,比上年增长2 467万人,相当于1993年驾驶员总量。机动化程度的快速提高必然对道路交通安全带来不利影响。

我国机动化水平仍有较大提高空间。与发达国家相比,我国机动化程度仍然较低,仍处于机动化初级阶段。2011年,我国千人机动车保有量为167辆,美国为826辆,日本为707辆,英国为562辆,瑞典为597辆,荷兰为567辆。随着我国经济的快速发展,机动化水平仍将在很长时期内快速提升。这必将对我国道路交通安全带来长期影响。我国与发达国家机动化程度见表2-3。

我国与发达国家机动化程度(2011年)❶ 表2-3

国 家	机动车保有量(万辆)	人口数(百万)	机动化水平(辆/千人)
美国	25 751	311.6	826
日本	—	—	707
英国	3 420	60.9	562
瑞典	—	—	597
荷兰	—	—	567
中国	22 478	1 354.0	167

(2)摩托车数量庞大带来的隐患

摩托车一直占据我国机动车的主体地位。2004年,我国机动车保有量中,摩托车保有量比例高达62.63%,而同期汽车保有量比例仅占33.28%。图2-14为我国机动车组成情况(2004~2012年)。摩托车由于自身安全防护差、驾乘人员安全意识差、交通违法行为突出、执法难度大等原因,一直是我国道路交通事故的重要肇事车型之一,造成的死伤人数所占比例也较高。2012年,摩托车肇事数量占事故总数的21.04%,造成的死亡人数和受伤人数分别占总数的17.74%和23.79%。摩托车肇事数量仅次于客车肇事数量。我国大部分摩托车在中小城市和农村地区行驶,在农村已成为农民代步、赶集、载运生产生活资料的重要交通运输工具。但数量庞大的摩托车已成为农村地区的交通安全隐患,突出表现在:违法上路行驶多、无牌无证的多、无证驾驶的多、交通事故多、治安隐患多。加之农村地区存在大量违法改装的摩托车,其安全性能得不到任何保障,这些都造成了摩托车安全隐患日益突出。

❶数据来源:经济发展与合作组织(OECD):Road Safety Annual Report 2013。

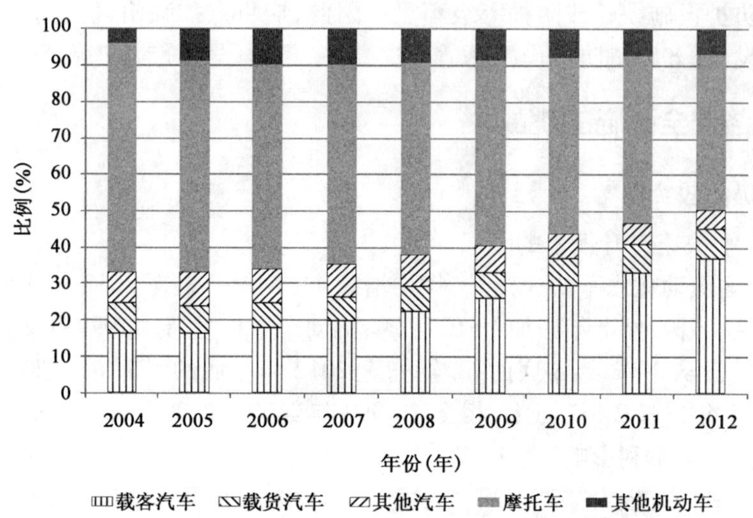

图2-14 我国机动车组成情况(2004~2012年)

随着我国经济社会的快速发展和人民生活水平的提高,近年来越来越多的人选择购买汽车作为出行代步工具,汽车保有量比例不断提高。同时,随着近年来电动自行车的迅速普及,摩托车增长速度迅速回落。不仅增长速度远低于机动车增长速度,而且在2012年首次出现负增长。受上述因素影响,近年来我国摩托车保有量比例不断下降。截至2010年年底,我国摩托车保有量比例降至48.30%,摩托车保有量比例首次降至50%,但绝对数量上仍多于汽车保有量。2011年年底,我国汽车保有量达1.06亿辆,首次超过摩托车保有量。我国机动车保有量结构正由以摩托车为主向以汽车为主过渡和转变,这将对我国道路交通安全的持续改善带来积极影响。但是,由于摩托车保有量依然庞大,对我国道路交通安全持续改善的影响仍然不可忽视。图2-15为我国机动车和摩托车保有量增长情况(2005~2012年)。

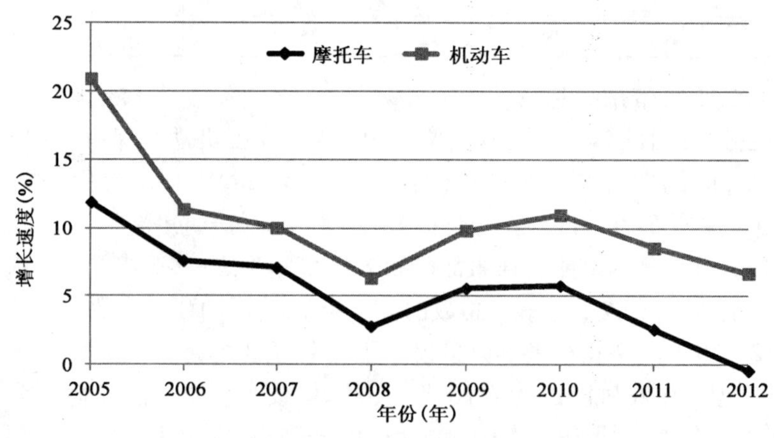

图2-15 我国机动车和摩托车保有量增长速度(2005~2012年)

(3)电动自行车快速增长带来的隐患

由于电动自行车被界定为"非机动车",电动自行车驾驶员无需经过相关交通安全知识和电动自行车驾驶技术的相关培训和考核,也不需要获得相应的驾驶资格。部分电动自行车驾驶员无视道路交通安全法规，交通违法行为突出。随着电动自行车保有量的快速增长，涉及电动自行车的道路交通事故也迅速增长。从全国范围看，虽然目前电动自行车的肇事比例较低，但我国道路交通事故死亡人员中电动自行车驾驶员已占近1/10，道路交通事故非机动车驾驶员死亡人员中有一半是电动自行车驾驶员。在部分城市，电动自行车已成为道路交通事故的肇事主体。随着电动自行车保有量的进一步快速增长，涉及电动自行车的交通安全问题愈发凸显，电动自行车正在成为我国道路交通安全的一个重要隐患。

电动自行车本身安全风险较大。首先，相比于自行车，电动自行车质量大，行驶稳定性差。与摩托车、自行车一样，电动摩托车自身无任何防护设施，不能给驾驶员和乘客提供有效保护。发生交通事故后极易造成严重伤害。其次，电动自行车速度高、整车质量大，动能大，发生交通事故后也会加重事故伤害。再次，电动自行车市场繁荣，生产厂家众多，品牌繁杂，产品质量不能得到有效保证。主要表现在制动性能差，制动可靠率低。部分生产厂家为迎合用户需求，肆意生产销售不符合电动自行车安全技术标准的车辆。此外，还有大量经过改装的电动自行车上路行驶。这就导致了很多本身存在安全隐患、不符合安全技术标准的电动自行车上路行驶，加大了道路安全风险。

电动自行车轻摩化趋势严重，机非界定实施困难，难以形成有效管理。1999 年 10 月 1 日施行的国家标准《电动自行车通用技术条件》(GB 17761—1999)对电动自行车整车提出了多项技术性能要求。其中规定电动自行车最高车速应不大于 20km/h，整车质量应不大于 40kg。但是，部分企业为了迎合某些购车族的需要，置国家标准、消费者的安全于不顾，擅自提高了车辆的最高时速和整车质量。车速超标越来越多，外观造型越来越豪华，电动自行车"轻摩化"现象严重。2009 年 6 月 25 日国家标准化管理委员会批准了《电动摩托车和电动轻便摩托车通用技术条件》(GB/T 24157—2009)国家标准。此标准规定 40kg 以上、时速 20km/h 以上的电动自行车称为轻便电动摩托车或电动摩托车，这意味着这些车辆将被划入机动车范畴。此规定在社会上引发了重大争议。考虑到标准引发的争议，国家标准化管理委员会暂缓了标准中涉及电动轻便摩托车内容的实施。目前，由于电动自行车界定模糊，导致社会上现存的大部分电动自行车已超出《电动自行车通用技术条件》(GB 17761—1999)中关于电动自行车的界定，实际上已不属于电动自行车。但这些车辆又没有按照机动车来管理，处于一种缺乏有效管理的状态，加大了道路安全风险。

此外，由于电动自行车车主基本没有购买保险，交通事故产生的赔偿费用、医疗费用都需要电动自行车车主承担。如果电动自行车车主无力承担，就可能导致交通事故受害人的医疗费用、赔偿费用无法解决。近年来，由于电动自行车肇事引发的各种经济纠纷和矛盾时有发生。

(4)道路基础设施仍然存在安全隐患

受资金、环境和理念等众多因素的制约，我国一些早期建成的山区公路，坡陡弯急，傍沟临涧，道路等级低，行车环境恶劣，安全隐患大，事故频发。虽然经过多年的公路安全保障工程建设，但由于建设资金等因素限制，目前仍有部分安全隐患路段没有得到治理。此外，近年来农村公路得到了快速发展，但大部分农村公路标准较低，缺乏必要的安全防护设施，在缺乏农村公路交通安全管理的情况下，农村拖拉机、三轮汽车、低速载货汽车无牌无证、违法载人现象普遍，导致农村公路交通事故高发。

2. 交通参与者交通违法行为仍比较突出

(1)机动车交通违法行为仍很突出

虽然近年来全国纠正机动车违章(法)次数、教育人次和处罚人次起伏较大,但绝对数量一直很高。2012 年,全国处理机动车违章(法)次数、教育人次和处罚人次分别高达 4.14 亿、6 526万和3.49 亿,分别比2011 年增长 37.17%、16.96%和41.76%,图2-16 为2004 ~2012 年全国纠正及处理机动车违法情况。这说明我国机动车交通违法行为数量一直维持高位,机动车交通违法行为仍很突出。在纠正的机动车违法行为中,超速行驶、货车超载、无证驾驶、饮酒驾驶、客车超员和醉酒驾驶是较为常见和突出的违法行为。

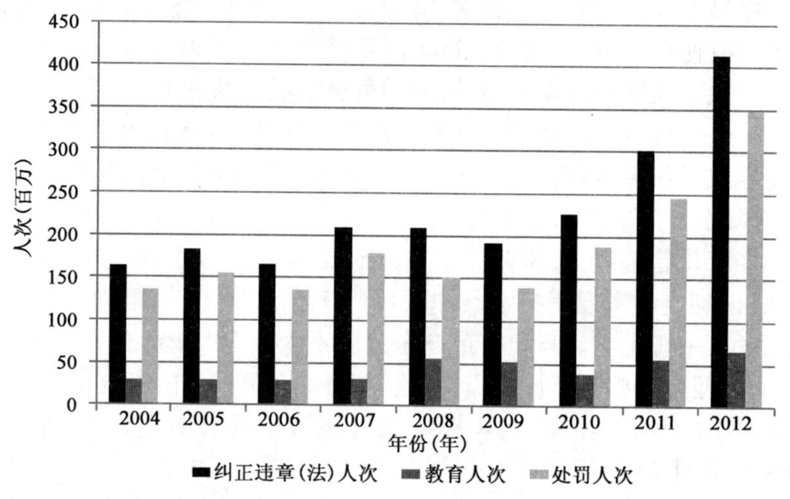

图 2-16 全国纠正及处理机动车交通违法情况(2004 ~2012 年)

由于机动车交通违法行为一直居高不下,使得因机动车违法行为导致的交通事故比例总体上呈现增长态势。根据公安部的统计,2012 年因机动车违法行为导致的交通事故起数、死亡人数和受伤人数已分别占总数的90.18%、92.00%和90.60%。图2-17 为1998 ~2012 年机动车违法行为肇事情况。

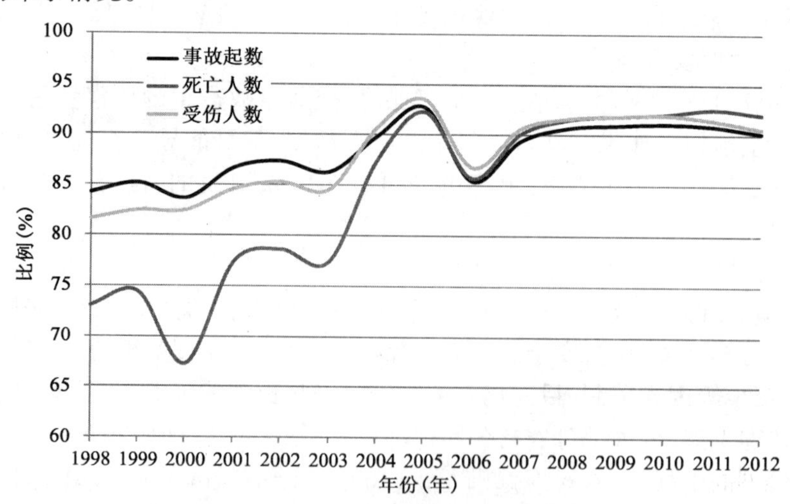

图 2-17 机动车违法行为肇事情况(1998 ~2012 年)

(2)非机动车、行人和乘车人遵守交通法规意识淡薄

与机动车违法行为一样,近年来全国处理非机动车、行人和乘车人违章(法)次数、教育人次和处罚人次也起伏较大。与处理的机动车违法行为相比较,虽然非机动车、行人和乘车人违法行为数量上相对较少,但绝对数量仍然较大。2012 年,全国处理非机动车违章(法)次数、教育人次和处罚人次分别高达 2 468 万、1 921 万和 546 万;处理行人和乘车人违章(法)次数、教育人次和处罚人次分别高达 2 859 万、2 155 万和 702 万。图 2-18 为 2004 ~ 2012 年全国处理非机动车交通违法情况,图 2-19 为 2004 ~ 2012 年全国处理行人和乘车人交通违法情况。

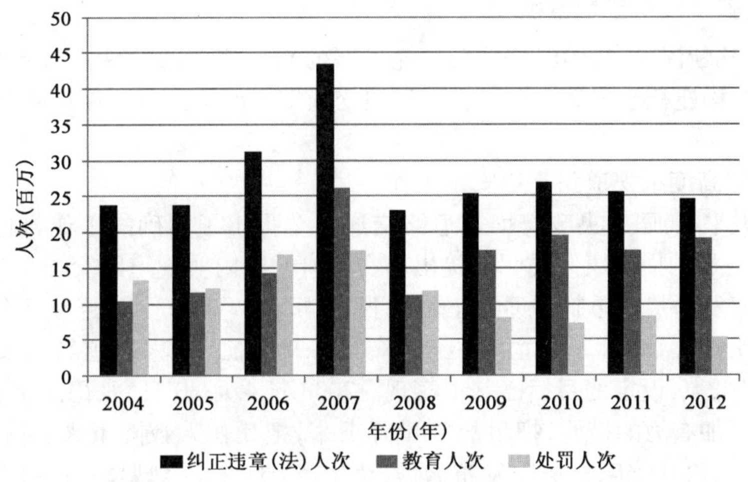

图 2-18 全国处理非机动车交通违法情况(2004 ~ 2012 年)

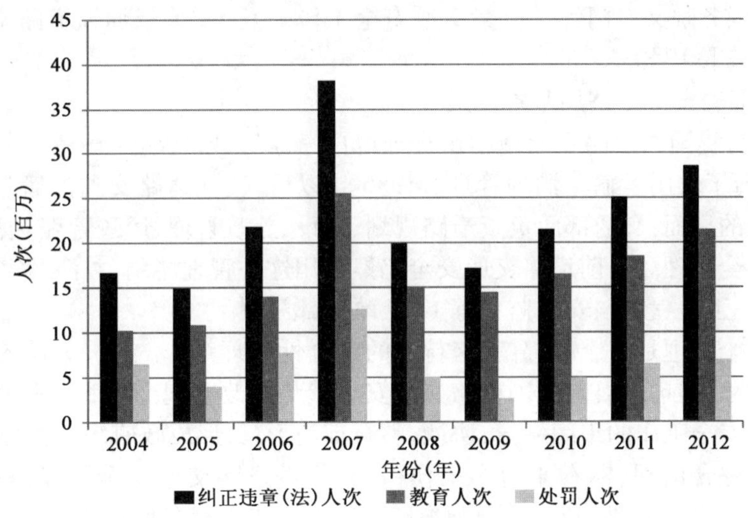

图 2-19 全国处理行人和乘车人交通违法情况(2004 ~ 2012 年)

3. 管理、执法和交通事故应急、救护水平仍然偏低

我国道路交通科学管理的理念、机制、手段、方法,以及管理人员的素质、能力还不适应经济社会发展的需要。特别是交通安全管理警力不足问题比较突出。部分农村公路交通安全处于无人管理的状态;有的新建高速公路虽已开通,但交警警力配备没有同步跟上。

近年来,虽然我国道路交通事故应急救援和救护水平有了很大进步,但从总体来说,我国道路交通事故应急救援和救护水平仍处于起步阶段,水平仍然偏低,其结果导致我国交通事故致死率和致残率居高不下(图2-2、图2-3),加重了交通事故损失和社会负担。因此,应对机动车驾驶员实施必要的医疗急救知识培训,掌握在道路交通事故现场对受伤人员的初步救护技能,强化"黄金半小时"救护制度,提高道路交通事故应急救援和救护水平。

三、我国道路安全面临的机遇

1.道路交通安全获得空前重视

在改革开放不断深入,我国经济社会高速发展的新形势下,党中央、国务院提出了以人为本的科学发展观,构建社会主义和谐社会。道路交通安全问题已成为促进社会和谐、改善民生的基本问题之一。

(1)党和政府高度重视道路交通安全工作

自2003年以来,历届中央政府均对道路交通安全提出了明确的工作目标。2004年1月15日,时任国务委员的周永康同志明确提出要在政府任期内实现道路交通事故和人员伤亡人数明显减少,从高发到基本遏制到逐年下降的目标。2003~2007年,连续5年实现全国道路交通事故起数、死亡人数、万车死亡率"三下降",一次死亡10人以上特大交通事故下降至1990年以来的最低点,设定的目标已基本实现。2008年4月30日,张德江副总理代表上届政府提出要"采取更加有力的措施,把事故数量降下来,把死伤人数降下来,确保道路交通安全形势进一步好转"。2011年,国务院发布的《安全生产"十二五"规划》和《道路交通安全"十二五"规划》对道路交通安全工作提出了明确目标和主要任务,为我国道路交通安全工作指明了方向。2012年,国务院又专门针对道路交通安全工作下发了《关于加强道路交通安全工作的意见》(国发[2012]30号)。

(2)道路交通安全工作格局基本形成

1984年以前,我国的道路交通基本由交通部门一家管理,1984~1986年因农村经济的发展,农机部门参与了农用运输车辆的管理。1986年以后,我国道路交通的管理演变成了交通和公安两家共管的局面:交通部门负责道路规划、建设、路政管理、运政管理、稽征管理等,公安部门负责交通安全管理。目前道路交通安全仍然沿用这一管理体制,并涉及宣传、司法、计划、建设、工商、财产、卫生、教育、安全监督等17个政府部门。

道路交通安全管理是一个跨部门、跨行业的综合性管理工作。虽然现有交通安全管理体制存在一定的缺陷,但也对目前我国道路交通安全形势的改善起到了积极作用。为切实加强对全国道路交通安全工作的组织领导,协调、整合部门力量,形成政府统一指导,有关部门各司其职、齐抓共管、综合治理、标本兼治的工作格局,促进道路交通安全与经济社会协调发展,2003年10月,经国务院批准,建立了全国道路交通安全工作部际联席会议制度。其主要职能是在国务院领导下,掌握全国道路交通安全情况,分析道路交通安全形势,研究政策,制订中长期战略规划;统筹研究全国道路交通安全工作,对全国道路交通安全工作进行部署,指导和监督各省、自治区、直辖市人民政府及其职能部门的道路交通安全工作;协调解决涉及相关部门的道路交通安全问题,促进部门协作配合,实现信息共享,建立长效机制,预防和减少道路交通事故,全面推进道路交通安全工作。

道路交通安全工作格局基本形成，为我国道路交通安全形势的持续改善奠定了重要的体制保障。

2. 道路交通安全环境迅速改善

(1)公众更加关注自身出行安全

随着人民群众生活水平的提高，自己接触、参与道路交通的机会大增，对自身的出行安全比以往更加关注。早在2006年，道路交通事故就已经超越刑事犯罪、公共秩序混乱等因素成为我国影响人民群众安全感的最重要因素。公众更加关注自身的出行安全，将显著提升自身的道路交通安全意识，有效减少道路交通违法行为，有助于我国整体道路交通安全形势的改善。

(2)道路交通整体环境正迅速好转

近年来，针对道路交通安全涉及的诸多因素，在中央政府的领导下，各部门采取多项措施预防道路交通事故的发生，取得了明显成效，成功遏制了我国道路交通事故高发的态势，交通安全形势得到明显改善。目前，我国公路通行条件正逐步改善，高等级公路里程稳步提高；随着我国汽车工业的进一步发展，机动车安全性能正得到进一步改善；随着道路交通安全宣传教育工程的深入推进，交通参与者的交通安全意识正逐步增强。道路交通安全环境的改善为我国道路交通安全形势的持续好转奠定了坚实的基础和良好的氛围。

3. 道路交通安全科学发展迅速

科学研究是快速改善道路交通安全的催化剂，其对道路交通安全的改善起支撑和引领作用。改革开放初期，受社会经济的限制，交通安全没有受到应有的关注，相关研究工作比较薄弱。随着改革的逐步深化，交通安全越来越受到社会的广泛关注。在加强法律、执法、宣传教育和工程治理等措施降低交通事故之外，科技改善道路交通安全的重要性日益显现，通过科技改善道路交通安全形势的需求愈加强烈。《国家中长期科学和技术发展规划纲要(2006～2020年)》将“交通运输安全与应急保障”作为交通运输业的优先主题之一。《公路水路交通中长期科技发展规划纲要(2006～2020年)》也将“交通安全保障技术”作为重点领域。2006年，“综合交通运输系统与安全技术”首次进入国家“863计划”。2008年2月，科技部、公安部和交通部联合启动《国家道路交通安全科技行动计划》。该计划围绕人、车、路等影响道路交通安全的因素，开展交通安全领域关键技术研发，并组织实施示范工程。交通部西部交通建设科技项目也对道路交通安全研究提供了强有力的支持，为道路交通安全提供了技术保障。我国道路交通安全研究从无到有，取得了巨大的发展。许多交通安全研究成果已应用于我国道路交通安全改善实际工作中，并取得了显著的效果，为我国道路交通安全形势的持续改善提供了重要的技术保障。

(1)逐步建立以重点实验室为依托的道路交通安全研究平台

近10年来，我国逐渐形成了以重点实验室为依托的道路交通安全研究平台。以2003年6月交通部公路交通安全工程研究中心成立为标志，我国道路交通安全研究进入到一个新的阶段。中心设立的公路交通安全技术交通行业重点实验室2007年获得交通部认定，以道路交通安全保障技术、交通设施安全技术与新材料、道路交通防灾减灾技术、道路交通应急处理技术4个研究方面为特色，以期系统地建立适合我国国情的道路交通安全研究体系。此外，国内致力于道路交通安全的科研机构主要有：同济大学和北京工业大学道路与交通工程教育部重点实验室，以综合交通政策和交通规划理论、交通行为评价与安全技术、ITS 等为主要研究方向；清华大学汽车安全与节能国家重点实验室，围绕汽车安全、节能、环保三大主题，在汽车高速行驶安全性和汽车节能与环保两个领域，以汽车被动安全性、主动安全性、新动力系统电动汽车等为主要研究方向；长安大学汽车运输安全保障技术交通行业重点实验室，以高速车辆主动与被动安全性、汽车代用燃料应用、道路交通事故多发点诊断、分析及治理方法、运输生产的安全管理体系等为主要研究方向。这些实验室每年产生大量的道路交通安全研究成果，是道路交通安全技术的孵化器，在我国道路交通安全研究中具有举足轻重的作用。

(2)初步搭建起较为完备的道路交通安全技术学科体系

道路交通安全技术以人的出行和物品的运输为核心，把人、道路、车辆和环境 4 大要素相互关联的内容综合在动态交通系统中进行研究，对系统的安全性、可靠性、经济性进行评价，需求交通事故最少，交通伤害和损失最低的系统保障措施，达到安全、快捷、经济、舒适和低公害的系统目标。人、道路、车辆和环境是动态交通系统的 4 大要素，4 个方面的和谐建设构成了完整的道路交通安全体系。改革开放以来，伴随着交通工程学的发展，道路交通安全技术得到了较快发展，尤其是近十几年来，国内学者对道路交通安全技术的认识和理解进一步深化，初步搭建起了较为完备的学科体系。

(3)一批道路交通安全研究成果应用于工程实践

近年来，一大批交通安全研究成果在工程中获得了广泛应用。如道路交通安全评价技术、公路安全保障技术、速度管理技术、太阳能在低能耗交通安全设施中的应用技术等在工程实践中发挥了重要作用，为道路交通安全形势的改善作出了重要贡献。

(4)注重吸收借鉴国外先进道路交通安全理念

注重对外交流、将国外先进的道路交通安全技术及经验、先进的道路交通安全理念和技术引入我国是新时期道路交通安全研究的重要特点之一。近年来，发达国家的专家学者多次到我国开展道路交通安全技术交流，为我国带来了先进的交通安全理念和技术，拓宽了我国科研人员的研究视野，也为我国道路交通安全理念技术走向世界提供了一条重要途径。

现状热点篇

第三章 2012年道路交通安全形势

一、2012 年道路交通事故情况

1. 总体情况

根据公安部的统计数据，2012 年全国共接报道路交通事故 4 726 868 起，同比增加 502 738 起，上升 11.90%。其中，适用简易程序处理的道路交通事故 4 522 672 起，造成 916 152 人受伤，同比分别增加 509 354 起、5 000 人，分别上升 12.69% 和 0.55%；发生涉及人员伤亡且不适用简易程序处理的道路交通事故 204 196 起，造成 59 997 人死亡、224 327 人受伤，同比分别减少 6 616 起、2 390 人和 13 094 人，分别下降 3.14%、3.83% 和 5.52%。其中，发生一次死亡 3 人以上的道路交通事故 1 021 起，同比减少 180 起；发生一次死亡 5 人以上的道路交通事故 246 起，同比减少 50 起；发生一次死亡 10 人以上的特大道路交通事故 25 起，同比减少 2 起。全国道路交通万车死亡率为 2.50，同比减少 0.28；10 万人口死亡率为 4.43，同比减少 0.20。全国国道网平均亿车公里事故率为 3.4，同比降低 0.9，亿车公里死亡率为 1.5，同比降低 0.5；全国高速公路平均亿车公里事故率为 1.2，同比降低 0.4，亿车公里死亡率为 0.8，同比降低 0.3。表 3-1 为 2012 年我国道路交通事故。

2012 年我国道路交通事故　　表 3-1

事故类型	事故起数			死亡人数			受伤人数		
	数量（起）	同比增长（起）	同比增长率（%）	数量（人）	同比增长（人）	同比增长率（%）	数量（人）	同比增长（人）	同比增长率（%）
适用简易程序处理	4 522 672	509 354	12.69	—	—	—	916 152	5 000	0.55
不适用简易程序处理	204 196	-6 616	-3.14	59 997	-2 390	-3.83	224 327	-13 094	-5.52
合计	4 726 868	502 738	11.90	59 997	-2 390	-3.83	1 140 479	-8 094	-0.70

道路交通事故一直是我国安全生产事故的最大源头。根据国家安全监管总局的调度统计，2012 年全国共发生安全生产事故 336 948 起，道路交通事故起数 204 196 起（未包含适用简易程序处理的道路交通事故），道路交通事故起数占安全生产事故总数的比例高达 60.60%。虽然近几年来道路交通事故占安全生产事故比例整体上呈下降趋势，但死亡人数所占比例一

直呈上升趋势。2012 年，道路交通事故死亡人数占安全生产事故死亡总数的比例已上升至 83.35%。因此，遏制道路交通事故对于改善我国安全生产形势具有重要意义。图 3-1 为 2003 ~ 2012 年我国道路交通事故、死亡人数占各类安全生产事故总数和死亡总人数的比例。

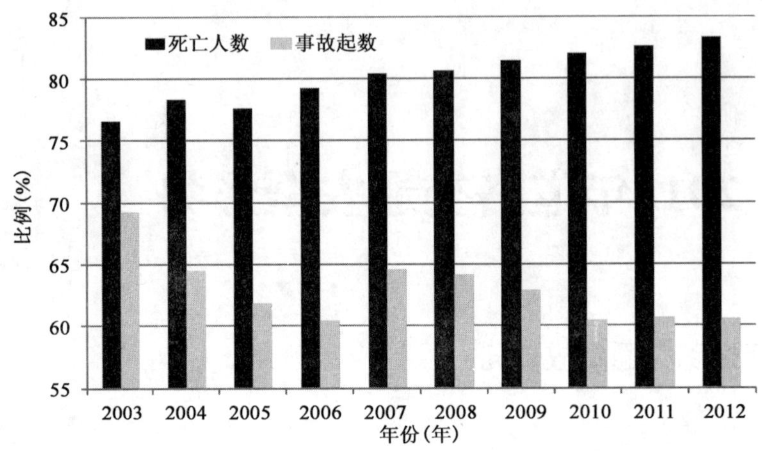

图 3-1　道路交通事故、死亡人数占各类安全生产事故总数和死亡总人数的比例(2003 ~ 2012 年)

2. 地域分布情况

(1)东部地区[1]是道路交通事故高发地区

2012 年，经济相对发达的东部地区 11 个省、市机动车保有量占总数的 48.24%，人口占总数的 41.36%，交通事故死亡人数占全国道路交通事故死亡总数的 48.98%；中部地区 8 个省机动车保有量占总数的 27.40%，人口占总数的 31.61%，交通事故死亡人数占总数的 23.96%；西部地区 12 个省、市、自治区机动车保有量占总数的 24.35%，人口占总数的 27.02%，交通事故死亡人数占总数的 27.06%。

(2)中部地区道路交通事故死亡率相对较低

2012 年中部地区万车死亡率、10 万人口死亡率分别为 2.19 和 3.39，远低于东部地区的 2.54、5.30 和西部地区的 2.78、4.48。表 3-2 为我国东、中、西部地区道路交通事故分布表。

我国东、中、西部地区道路交通事故分布　　表 3-2

地　区	所占比例(%)			万车死亡率	10 万人口死亡率
	机动车保有量	人　口	交通事故死亡人数		
东部地区	48.24	41.36	48.98	2.54	5.30
中部地区	27.40	31.61	23.96	2.19	3.39
西部地区	24.35	27.02	27.06	2.78	4.48

(3)中部地区道路交通事故致死率高

2012 年全国道路交通事故平均致死率为 5.00%，东部、西部地区致死率分别为 4.64%

[1]东部地区包括北京、天津、河北、辽宁、上海、江苏、浙江、福建、山东、广东和海南 11 个省(市)；中部地区包括山西、吉林、黑龙江、安徽、江西、河南、湖北和湖南 8 个省；西部地区包括四川、重庆、贵州、云南、西藏、陕西、甘肃、青海、宁夏、新疆、广西和内蒙古 12 个省(市、区)。

和4.72%，而中部地区致死率高达6.44%。从全国范围看，重庆、黑龙江、内蒙古、河北、吉林、山西、陕西、青海等省（区）道路交通事故致死率较高。致死率高一方面说明道路交通事故严重程度高，另一方面也反映出我国道路交通事故应急救援和救治水平相对偏低。

3. 各省情况

2012年仅有安徽、天津、上海、湖南、河北、四川、海南、江苏8个省（市）道路交通事故起数同比增加，其中安徽、天津两省（市）交通事故增长超过10%，分别同比增长29.07%和19.27%；其他省份道路交通事故均同比有所降低，其中重庆、吉林、西藏、北京、贵州、内蒙古、福建、云南、山西等省（区、市）道路交通事故同比降幅超过10%，重庆市道路交通事故同比下降23.12%。

2012年仅重庆市道路交通事故死亡人数同比上升，同比增长5.68%；其余省份道路交通事故死亡人数同比都出现下降，降幅均在10%以内。

2012年安徽、天津、上海、湖南、河北、江苏、四川7个省（区）道路交通事故受伤人数同比上升，其中安徽省受伤人数同比激增27.99%；其余省份道路交通事故受伤人数同比都出现下降，其中北京、吉林、西藏、重庆、贵州、山西、福建、内蒙古、江西、云南、广西、宁夏、湖北13个省（区、市）道路交通事故受伤人数同比降幅超过10%。

2012年各省（自治区、直辖市）道路交通事故死亡人数仍以广东省、浙江省、江苏省和山东省最多。这四个省份均为我国经济相对发达的省份，截至2012年年底机动车保有量共7 331万辆，人口3.35亿，分别占全国的30.56%和24.87%。2012年四省道路交通事故死亡人数为19 247人，占全国道路交通事故死亡总人数的32.08%。也就是说，这4个省道路交通事故死亡人数约占全国的1/3。图3-2为2012年各省（市、自治区）道路交通事故死亡人数分布，表3-3为2012年各省（市、自治区）道路交通事故一览表。

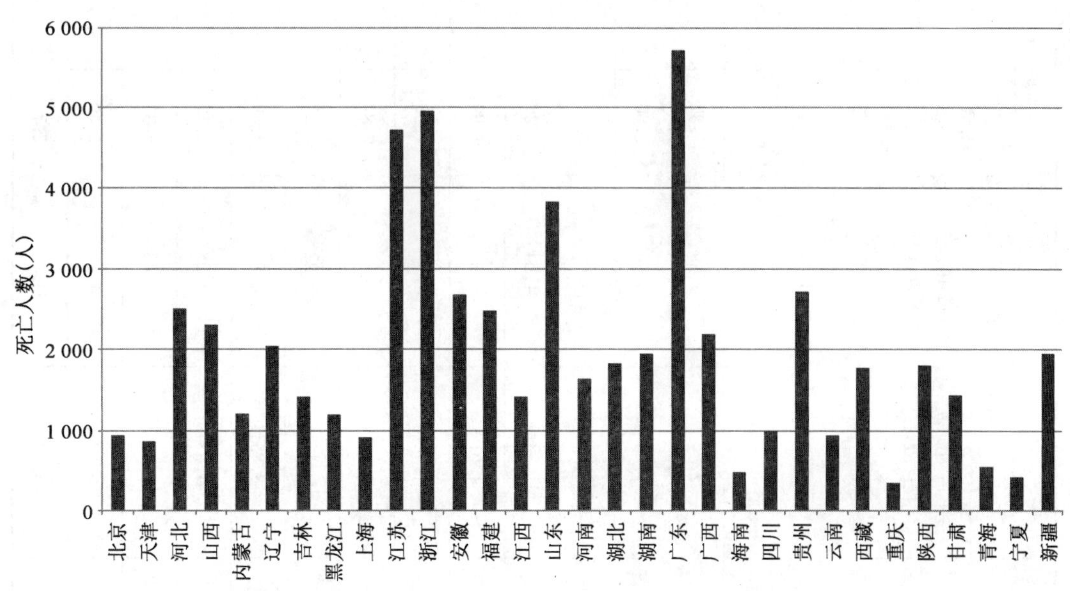

图3-2　2012年各省（市、自治区）道路交通事故死亡人数

2012 年各省(市、自治区)道路交通事故情况一览表

表 3-3

省份	所占比例(%)							万车死亡率	10 万人口死亡率	致死率(%)
	事故起数		死亡人数	受伤人数		机动车保有量	人口			
	不适用简易程序处理	适用简易程序处理		不适用简易程序处理事故导致的	适用简易程序处理事故导致的					
北京	1.57	5.27	1.53	1.61	5.70	2.14	1.51	1.78	4.55	1.64
天津	1.52	3.46	1.41	1.53	1.12	0.99	1.01	3.57	6.26	6.20
河北	2.59	1.74	4.17	2.11	0.98	6.42	5.40	1.63	3.46	18.29
山西	2.74	2.39	3.82	2.67	0.97	1.89	2.68	5.06	6.38	15.38
内蒙古	1.94	0.74	2.00	1.83	0.24	2.09	1.85	2.40	4.84	19.04
辽宁	2.93	4.06	3.37	2.50	2.29	2.72	3.27	3.11	4.62	7.61
吉林	1.38	1.64	2.31	1.24	0.54	1.84	2.05	3.14	5.05	17.97
黑龙江	1.61	0.34	1.99	1.53	0.07	1.66	2.86	3.00	3.11	29.28
上海	1.10	10.31	1.53	0.92	8.33	1.10	1.75	3.48	3.90	1.17
江苏	6.62	6.13	7.89	5.56	5.30	6.69	5.89	2.95	5.99	7.75
浙江	9.44	9.22	8.27	8.79	10.07	5.39	4.08	3.84	9.08	4.43
安徽	8.85	4.82	4.49	9.41	6.53	4.50	4.45	2.49	4.51	3.33
福建	4.87	3.38	4.12	5.09	5.99	3.54	2.78	2.91	6.65	3.73
江西	1.52	1.43	2.33	1.51	1.28	2.93	3.35	1.99	3.12	9.23
山东	6.50	4.13	6.40	5.67	4.43	9.43	7.19	1.70	3.98	7.20
河南	3.30	3.16	2.73	3.18	1.64	7.44	7.00	0.92	1.74	7.39

续上表

省份	所占比例(%)							万车死亡率	10万人口死亡率	致死率(%)
	事故起数		死亡人数	受伤人数		机动车保有量	人口			
	不适用简易程序处理	适用简易程序处理		不适用简易程序处理事故导致的	适用简易程序处理事故导致的					
湖北	2.94	1.51	3.04	3.04	1.94	3.66	4.30	2.07	3.16	7.41
湖南	4.28	1.61	3.26	5.23	3.03	3.47	4.92	2.35	2.97	4.95
广东	12.60	13.40	9.52	12.97	9.37	9.05	7.84	2.63	5.44	4.97
广西	1.95	1.84	3.64	1.92	2.30	3.98	3.47	2.29	4.70	8.61
海南	0.86	0.58	0.76	1.06	0.64	0.78	0.65	2.45	5.21	5.53
四川	2.84	4.04	1.63	3.81	6.17	1.63	2.18	2.51	3.36	1.51
贵州	4.91	4.66	4.51	5.37	6.75	4.86	6.01	2.32	3.36	3.66
云南	0.67	1.40	1.55	0.88	1.44	1.48	2.59	2.62	2.68	6.13
西藏	1.93	4.50	2.95	2.25	7.97	3.91	3.45	1.88	3.82	2.26
重庆	0.36	0.01	0.56	0.36	0.01	0.11	0.23	12.58	11.06	36.98
陕西	2.94	1.12	3.01	2.45	0.99	2.45	2.79	3.06	4.82	12.39
甘肃	1.45	1.09	2.40	1.49	1.32	1.16	1.91	5.16	5.61	9.32
青海	0.54	0.24	0.89	0.63	0.32	0.32	0.42	6.88	9.44	12.23
宁夏	0.87	0.58	0.67	0.95	0.53	0.71	0.48	2.36	6.31	5.76
新疆	2.42	1.20	3.24	2.44	1.74	1.64	1.65	4.95	8.80	9.09

二、2012 年道路交通事故主要特点

1. 交通事故总量持续上升，死亡人数持续减少

随着机动车保有量的迅速增加，车辆发生道路交通事故的概率在增加，使得我国道路交通事故总量持续上升。2012 年全国公安交通管理部门接报道路交通事故数量同比增长 11.90%，但受伤人数同比下降 0.70%。其中，适用简易程序处理的道路交通事故数量增长幅度较大，同比增加 12.69%，受伤人数同比微增 0.55%；涉及人员伤亡但不适用简易程序处理的道路交通事故连续第 10 年下降，同比下降 3.14%，死亡人数连续第 8 年下降，同比下降 3.83%，受伤人数连续第 10 年下降，同比下降 5.52%。2012 年道路交通事故死亡人数仅为 2002 年最高峰时的 54.85%。

2012 年，全国平均每天发生道路交通事故 12 915 起，其中不适用简易程序处理的道路交通事故 558 起，造成 164 起死亡。由于道路交通事故总数（包括适用简易程序处理的）的持续增长以及道路交通事故死伤总人数的持续下降，从全国平均水平看，道路交通事故严重程度持续改善，交通事故致死率和万起道路交通事故死亡人数均呈现快速下降的趋势。2012 年，全国道路交通事故平均致死率降至 5.00%，百起道路交通事故死亡人数降至 1.27 人。但是，涉及人员伤亡但不适用简易程序处理的道路交通事故严重程度近年来呈现逐渐恶化的趋势，2012 年交通事故平均致死率已上升至 21.10%，百起道路交通事故死亡人数已达 29 人，略低于 2011 年的 30 人。

2. 高速公路、城市快速路事故下降，农村低等级公路事故增多

（1）高速公路事故下降

2012 年，全国高速公路共发生道路交通事故 8 896 起，同比减少 687 起，为连续第二年下降，占道路交通事故总数的比例为 4.36%，事故比例较 2011 年有所下降；共导致 6 144 人死亡、12 298 人受伤，死亡人数近 3 年来首次下降，死亡人数占道路交通事故死亡总数的比例为 10.24%。死亡人数占比连续第二年突破 10%。

2012 年，全国高速公路共发生一次死亡 10 人以上特大道路交通事故 8 起，造成 135 人死亡、189 人受伤，分别占一次死亡 10 人以上特大道路交通事故总数的 32.00%、37.40% 和 51.50%。其中，事故起数、受伤人数分别比 2011 年增加 2 起、87 人，死亡人数比 2011 年减少 11 人。2012 年 8 月 26 日 2 时 31 分许，包茂高速公路陕西延安段发生特别重大道路交通事故，一辆大型卧铺客车与一辆载有甲醇的重型半挂牵引车发生追尾碰撞，致使甲醇泄露并起火，造成 36 人死亡、3 人受伤。

（2）城市快速路事故显著下降

2012 年，全国城市快速路共发生道路交通事故 6 756 起，造成 1 646 人死亡、7 074 人受伤，分别比上年减少 3 019 起、627 人和 3 643 人，分别降低 30.88%、27.58% 和 33.99%。

（3）低等级公路事故增多

2012 年，四级公路及等外道路事故死亡人数略有上升，比上年增加 107 人，占道路交通事故死亡总人数的比例达到 13.51%，比 2011 年高出 0.69%。从公路行政等级看，农村地区乡道上发生的交通事故起数、死亡人数同比分别上升 9.9% 和 15.1%。

3. 私家车和新手事故增多

随着私家车的快速增长，私家车肇事导致事故起数、死亡人数分别上升6.2%和7.3%，分别占到机动车肇事总数的68.7%和58.8%，比2011年上升6.4%和6.2%。机动车驾驶员数量增长速度进一步加快，驾龄不满1年的驾驶员肇事明显增多，造成伤亡事故起数、死亡人数同比分别上升23.3%和26.6%，死亡人数已占机动车驾驶员肇事总数的15.4%，比2011年高出3.7%。25起一次死亡10人以上的特大道路交通事故中，有2起是驾龄不满1年的驾驶员肇事，同比增加2起。驾龄不满1年的驾驶员驾驶私家车肇事尤为突出，造成的事故起数、死亡人数同比分别上升36.7%和39.3%。

4. 特大道路交通事故下降明显

2012年，全国特大道路交通事故降幅明显，共发生一次死亡3人以上道路交通事故1 021起，造成4 226人死亡，同比分别减少180起和821人。其中一次死亡5人以上的道路交通事故共246起，造成1 667人死亡，同比分别减少50起和379人，是2009年以来的首次下降；一次死亡10人以上的道路交通事故共25起，造成361人死亡，同比分别减少2起和94人。表3-4为2012年全国不同等级交通事故情况。

2012年全国不同等级交通事故情况 表3-4

事故类型	事故起数(起)		死亡人数(人)	
	数量	同比增加	数量	同比增加
一次死亡3人以下	203 175	-6 436	55 771	-1 569
一次死亡3人以上	1 021	-180	4 226	-821
一次死亡5人以上	246	-50	1 667	-379
一次死亡10人以上	25	-2	361	-94
合计	204 196	-6 616	59 997	-2 390

2012年一次死亡10人以上的道路交通事故有如下特点：

(1)全年形势高低起伏

与2011年不同，2012年每月均有一次死亡10人以上特大道路交通事故发生(图3-3)。2012年4月份共发生6起一次死亡10人以上的特大道路交通事故，8月份发生4起，而2011年4月份未发生一起，8月份发生2起。2011年3月份发生4起，但2012年3月份仅发生1起。

(2)区域分布呈现新特点

2012年，东部地区发生7起一次死亡10人以上的特大道路交通事故，与上年持平；中部地区发生7起，比上年减少3起；西部地区发生11起，比上年增加1起。河南发生3起，福建、山东、四川、贵州、宁夏各发生2起，山西、辽宁、江苏、安徽、江西、湖南、广西、重庆、云南、西藏、陕西、新疆各发生1起。湖北未发生此类事故，比上年减少3起。

(3)单方翻坠车事故多发

2012年发生的一次死亡10人以上的25起特大道路交通事故中有12起是单方翻坠车事故，占总数的48%；特别是重特大事故最多的西南地区，7起特大事故中有5起是翻坠车事故，占总数的71%。

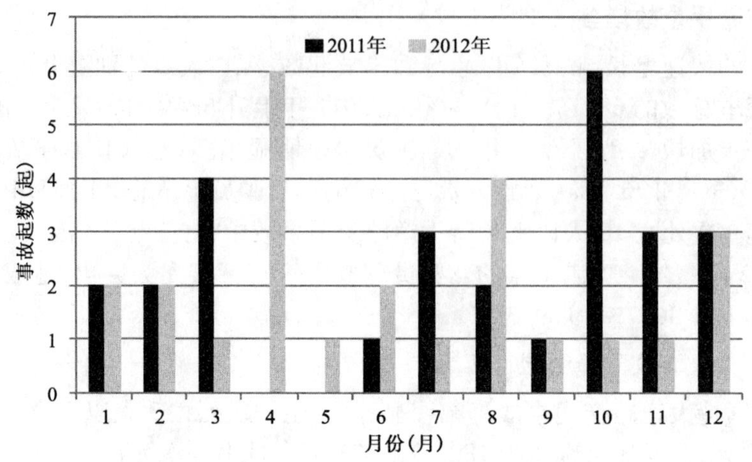

图 3-3　一次死亡 10 人以上特大道路交通事故月份分布(2011 年、2012 年)

(4)低等级公路事故增多

2012 年,全国共接报三级及以下农村低等级公路发生死亡超过 5 人的道路交通事故 83 起,与 2011 年同期相比增加 5 起。其中,翻坠车事故 49 起,同比上升 5 起。25 起特大道路交通事故中有 7 起发生在农村低等级公路,其中 5 起是单方翻车事故,5 起存在三轮车违法载人、"面包车"超员等突出问题。

(5)恶劣天气事故增多

25 起特大道路交通事故中有 10 起发生在雨雪雾等恶劣天气,同比增加 4 起。其中,2 起因驾驶员逆行导致,8 起存在超速行驶违法行为。雨雪天气因超速行驶导致的事故上升明显,特别是雪天超速行驶导致的事故死亡人数同比上升 44.20%。自 2009 年以来,公安部接报的恶劣天气高速公路多车相撞事故逐年上升,恶劣天气交通应急管理和事故预防压力增大。

第四章 2012年道路交通安全热点

一、"中国式过马路"引热议

1. 起因及经过

2012年10月11日,有网友通过微博转发笑话称"中国式过马路,就是凑够一撮人就可以走了,和红绿灯无关"。这条微博引起了众多网友的共鸣,一天内就被近10万网友转发。"中国式过马路"是网友对部分国人集体闯红灯现象的一种调侃。但经网络传播,立刻引发网友对交通、国民素质和安全意识的大讨论。报纸、广播、电视等媒体迅速跟进加入讨论。除网友外,一些专家、学者也纷纷分析原因,发表意见和观点。

"中国式过马路"引发了人们对"闯红灯"这一早已成为城市交通管理"痼疾"的热议,引发了人们对这一早已"见怪不怪"恶习的强烈关注,多地也针对行人和非机动车交通违法行为进行整治,客观上起到了交通安全宣传和交通知识普及的作用。为了使广大交通参与者充分了解交通信号的重要性,树立遵守交通信号就是遵守法律的观念,"遵守交通信号,安全文明出行"被确定为2012年首个全国交通安全日的主题。北京市公安局就于2012年12月6日宣布,从即日起至2013年3月,会同相关部门,在全市范围内发起交通、治安、环境三大秩序突出问题集中管理整治专项工作。此次整治专项工作重点对影响城市秩序、车辆通行和群众反映集中的9类问题进行治理,并全面加大对非机动车闯灯越线、逆行、行人违反交通信号等违法管理力度。

2. 各方观点

热议初期,人们把"中国式过马路"归咎于国人法制观点淡薄,不懂得遵守交通安全法律和法规,甚至有人将"中国式过马路"与民族劣根性联系在一起。随着热议的深入,各种观点相继被提出。有人认为不能将此问题简单归咎于行人,交通设施规划、设计、信号灯配时等方面的问题使得行人不得不采取"中国式过马路"的方式过街,不得不横穿于车流之间,将自身直接暴露于川流不息的车流之中。归纳起来,主要有以下6种观点:

(1)交通安全意识差,无视交通安全法律法规,就是硬闯"红灯"。

(2)"从众心理"作怪,别人都闯自己也跟着闯,难以坚守自己的道德底线。

(3)机动车无视行人,在行人绿灯相位继续右转,造成行人无法安全、快速过街,只能"绿灯小心点过,红灯大家一起过"。

(4)交通信号灯行人绿灯相位时间太短，一个绿灯相位根本过不了街，只能红灯相位就开始过或红灯相位开始时仍未过街。

(5)交通信号灯配时不合理，信号灯周期太长或行人红灯相位时间超长，超出行人忍耐限度，诱发行人闯红灯过街。

(6)过街设施不健全或通过过街设施过街不方便，行人只能就近横穿马路才能过街。

实际上，引发“中国式过马路”现象的原因不是单一的，一般是多个因素促成的。

3. 深度分析

我国正处于机动化初期，机动化水平提升较快，人流、车流、物流高度叠加，行人受到道路交通安全伤害的概率相对较大，在道路交通事故伤害人员中所占的比例相对较高。2012 年，全国道路交通事故死伤人员中，行人分别占总数的 25.37% 和 16.88%，即在我国道路交通事故死亡人员中，行人占 1/4。2012 年，因行人原因共肇事 1 986 起，造成 1 042 人死亡、1 102 人受伤，分别占总数的 0.97%、1.74% 和 0.49%。虽然行人肇事比例相对较小，其中因行人“中国式过马路”而引发的交通事故更小，但是“中国式过马路”作为一种常见的交通违法行为，不仅直接威胁着行人的过街安全，而且也造成了交叉路口通行能力的下降和交通运行效率的低下。不应一味地调侃和抱怨，需要正视问题的客观存在，并积极创造条件以解决问题。

(1)行人路权需要切实维护

虽然部分行人交通安全意识较差，肆意违反交通安全法律法规，硬闯“红灯”，但是因此就责怪行人、并把“中国式过马路”的责任全部归咎于行人是不公平的。“中国式过马路”只是将行人不看红绿灯、不走斑马线等现象通过调侃的方式展现在公众面前，并冠以“中国式”博得了众多眼球。我们在严肃对待“中国式过马路”现象的同时，还应注意到部分机动车经常在人行道、非机动车道上肆意行驶并长时间占据，还有一些驾驶员不遵守交通法律法规，驾车闯红灯、右转车不避让行人等行为，这种“中国式驾车”行为也应受到关注并谴责。2012 年，全国发生在人行横道上的道路交通事故 2 996 起，造成 576 人死亡、2 956 人受伤。这些交通事故，既有行人“中国式过马路”造成的，也有机动车驾驶员“中国式驾车”造成的。在治理“中国式过马路”过程中，必须正视与“中国式过马路”具有同样悠久“历史”的“中国式驾车”问题。应保障行人、非机动车、机动车都有相应的路权，且任何一方不能侵犯他方的路权，进而实现道路资源共享，改善交通秩序，减少交通安全隐患，实现道路交通安全畅通。同时，行人作为交通活动中的弱者，虽然自身也存在这样或那样的问题，但应得到比机动车一方更多的关怀。应切实保障行人正常情况下的路权能够得到切实尊重和维护，保障行人在正确的时机、采取正确的方式都能过马路，减少“中国式过马路”行为的发生。

(2)以人为本理念需要切实加强

虽然国人集体闯红灯是现实存在的顽疾，暴露了国人不遵守交通法规方面的不足，但是有时也是一种无奈。过街设施规划不合理、交通信号灯配时不合理等现实问题使得行人难以按照规则划定的时空顺利通过马路，不得不采取“中国式过马路”的方式。因此，需要切实转变以往以车为本的理念，在交通设施规划、设计阶段就需要以人为本，从行人的过街需求出发规划和设计交通设施。一是根据需要健全地下通道、人行天桥等过街设施，引导人流通过过街设施过街，在一些人流较大的路口或路段建设快速过街通道。二是合理确定行人绿灯相位时间，保障行人以正常步速安全过街。对于较宽路口，应在路中设置行人驻留岛，保障行人过街安全。三是对交通信号灯科学配时,行人等待过街时间不宜超过90秒。

(3)处罚是必要手段但不能解决问题

“中国式过马路”引发热议后,多地对行人闯红灯等交通恶习开展了专项整治。北京、温州等地方还动用了罚款手段,并取得了一定成效。针对行人闯红灯的顽疾,严格执法、加大处罚力度是一项必要手段,短期内可以取得一定效果,但是仅靠处罚不能从根本上解决这一问题,而是需要采取系统性的方法。一是有赖于全民交通安全意识和素质的提升,行人从内心里“不想”闯红灯;二是有赖于方便、安全的过街设施、科学设置的信号灯和对机动车的有效管控,能够保障行人安全过街,行人“不用”闯红灯;三是有赖于严格执法,加强执法,提高违法处罚力度,使行人“不敢”闯红灯。

二、“闯黄灯”是否应受罚引争议

1. 起因

“闯黄灯”是指车辆在黄灯亮着时继续通过信号控制路口。2010年7月20日,浙江省嘉兴市海盐县居民舒先生驾车“闯黄灯”遭罚款,经提请行政复议未果后,舒先生以处罚事实不清、证据不足、无法律依据为由提起了全国首例因“闯黄灯”引发的行政诉讼案。2012年1月和4月,海盐县和嘉兴市两级法院先后判决舒先生败诉。

2. 争论焦点

全国首例“闯黄灯”行政诉讼案件引发了网络和其他媒体的高度关注。“闯黄灯”案两审法院、公安交通管理部门、部分法律学者和公众对于“闯黄灯”是否违法、是否应该受到处罚问题,产生了较大争论。

(1)“黄灯”表示禁止通行还是有条件通行

“闯黄灯”案两审法院和公安交通管理部门均认定“闯黄灯”属于“不按信号灯指示通行”并应依此进行处罚。但部分法律学者认为“黄灯”不代表禁止通行,对“闯黄灯”进行处罚无法律依据。理由如下:《中华人民共和国道路交通安全法》第26条规定“交通信号灯由红灯、绿灯、黄灯组成。红灯表示禁止通行,绿灯表示准许通行,黄灯表示警示”。因此,黄灯的法律意义是“警示”,不是“禁止”,黄灯既不表示完全禁止通行,也不是等同绿灯一样通行,应该是“附条件谨慎通行”。既然法律没有禁止在黄灯时通行,那么“闯黄灯”就没有违法禁止性法律规定,对其行政处罚就没有依据。

(2)“黄灯亮时”指“亮的一刹那”还是“亮着的时段”

《道路交通安全法实施条例》第38条规定:“机动车信号灯和非机动车信号灯表示:①绿灯亮时,准许车辆通行,但转弯的车辆不得妨碍被放行的直行车辆、行人通行;②黄灯亮时,已越过停止线的车辆可以继续通行;③红灯亮时,禁止车辆通行”。《道路交通安全法实施条例》第42条规定:“闪光警告信号灯为持续闪烁的黄灯,提示车辆、行人通行时注意瞭望,确认安全后通过”。两审法院和公安交通管理部门均认为“黄灯亮时”为“黄灯亮的一刹那”(时刻),不是“黄等亮着的整个时段”(时段)。但部分法律学者认为“黄灯亮时”只能理解为“黄灯亮着的时段”。理由如下:一是前述法律明确规定了“黄灯表示警示”,也就是整个黄灯(时段或期间)都是表示警示,而非禁止。此处作为下位法的行政法规(《道路交通安全法实施条例》)

必须符合其上位法法律(《中华人民共和国道路交通安全法》)的规定,理解为整个黄灯时段(期间)都是警示。二是该条例第 38 条①、③两项中的“绿灯亮时”、“红灯亮时”的“时”都确切无疑的是指“时段”,而第②项的“黄灯亮时”的“时”解释为“时刻”、“一刹那”较牵强。三是如果将其解释为“时刻”,即“黄灯亮时的一刹那”,那么这一刹那之后的黄灯亮着的几秒钟如果表示“禁止”,岂不是黄灯等同于红灯? 四是该条例第 42 条对黄灯的规定也是“……确认安全后通过”。也就是本案二审判决所指出的“附条件谨慎通行”。

(3)从“已越过停止线的车辆可以继续通行”是否可推导解释为“未越过停止线的车辆禁止继续通行”

《道路交通安全法实施条例》第 38 条规定“黄灯亮时,已越过停止线的车辆可以继续通行”。两审法院和公安交通管理部门均依此推导解释认为“未越过停止线的车辆禁止继续通行”。但部分法律学者认为此推论不能成立,理由如下:一是违法逻辑规则。二是法律法规规定的“黄灯表示警示”及“黄灯亮时,已越过停止线的车辆可以继续通行”属于授权性规范,其含义在于要求车辆自主判断而“谨慎通过”,即将是否可以在黄灯亮着这一过渡期间继续通行的权利交给公民自己去评估和行使:若机动车在黄灯亮着期间越过停止线能安全通过路口,则在红灯亮起时以前只要越过了停车线而继续通行亦符合法律规定;若机动车在黄灯亮着期间不大可能越过停止线,则机动车应自行减速停在停止线内,以免在黄灯亮着期间因未能越过停止线且继续通行而闯红灯。对授权性法律规范,不得解释为禁止性法律规范。三是不具法理正当性。民事权利的范围遵循的是“法无明文禁止即权利”,行政权力的范围则应遵循“法无明文授权即禁止”。本案中在法律规范没有明确规定对黄灯状态下通行是禁止还是允许的情况下,对原告的通行权应当适应民事权利推定原则“法无明文禁止即权利”,解释为“允许”;对被告的具体行政处罚权应当适应“法无明文授权即禁止”原则,解释为“禁止”,但两审法院的推论恰恰相反。

3. 争议再起

2012 年 12 月 26 日,为配合《机动车驾驶证申领和使用规定》的实施,公安部交通管理局下发通知,明确“抢黄灯行为属于违反道路交通信号灯通行,对驾驶员处 20 元以上 200 元以下罚款,记 6 分”。“闯黄灯扣 6 分”这一规定使得“闯黄灯”是否应受处罚争议再起,并引发公众更加广泛的关注。部分公众认为,此规定不符合惯性定律,极易引发追尾事故。部分公众认为现行交通法规既要求通过路口时减速慢行,又要求根据情况快速通过;在瞬息万变的交通路口,这样的要求很难做到。现在部分城市的交通信号设施还没有倒计时提醒功能,驾驶员难以判断出路口信号灯状态,并提前做好准备,所以极易被动“闯黄灯”。而且,目前多数城市交通违法监控设备没有记录闯红灯功能,很难实现处罚。为了回应公众质疑,2013 年 1 月 6 日,公安部交通管理局下发通知,要求各地交管部门对目前违反黄灯信号的,以教育警示为主,暂不予以处罚。公安部表示,将深入听取各方面意见,科学论证,根据我国道路交通管理的实际,进一步细化、明确对违反交通信号灯违法行为的查处情形和处罚规定,更好地维护道路交通秩序和人民群众生命财产安全。有关“闯黄灯”的争议暂时平息。

4. 理性看待

“闯黄灯”是否应该受罚已经争议了几十年。公安交通管理部门此次明确对“闯黄灯”行为作出解释，初衷应该是对良好交通习惯养成的因势利导，也是对过路口“能抢则抢”行为的有效警示。目前，在装有交通违法监控设备的路口，闯红灯现象已得到一定程度的遏制。但是，由于长期以来对“闯黄灯”是否违法存在争议，是否进行处罚各地标准不一，在一定程度上纵容了“闯黄灯”行为的发生。信号控制交叉路口一般行人众多，肆意的“闯黄灯”行为极易危险行人安全。对“闯黄灯”行为加以一定程度的限制，符合《中华人民共和国道路交通安全法》以人为本的立法宗旨，也符合目前我国道路交通的客观现实需要。对于“黄灯”的含义仍然需要进一步探讨，对于法律法规的不同理解应该包容，部分内容需要交通安全研究者进行进一步的深入研究，相关法律条文需要进一步明示，相关共识需要进一步凝聚。

1868 年 12 月 10 日，英国伦敦议会大厦外设置了全世界第一台交通信号灯。但是，早期的信号灯只有红绿两色。直至 1920 年，美国底特律市威廉·波茨警官发明了第一个红黄绿三色信号灯。之所以将黄色加入到信号灯中，就是为了在信号灯从绿灯相位向红灯相位转换时提供一个缓冲相位，使得临近停止线但无法安全停车的车辆通过路口，避免车辆因绿灯相位直接转换为红灯相位时紧急制动而引发交通事故。因此，黄灯相位不是绿灯相位的延续，而是红灯相位的开始，但又不等同于红灯相位。在黄灯相位，车辆必须在停止线后停车，而不能越过停止线，除非停车时可能引发后车追尾事故。因此，信号灯处于黄灯相位时，只允许靠近停车线但紧急停车后可能引发后车追尾的车辆通过停车线，其他车辆不得越过停止线，必须停车等待绿灯相位后通行。这是黄灯相位的真正含义。

从黄灯相位的本质含义看，当信号灯处于黄灯相位时，并不是绝对的禁止通行，也不是针对所有车辆的有条件通行，而是针对部分车辆的有条件通行。部分车辆仅指临近停止线的车辆，通行的条件是若紧急停车可能引发后车追尾事故。因此，黄灯相位时，不仅已越过停止线的车辆可以继续通行，而且临近停止线且尚未越过停止线但紧急停车可能引发后车追尾事故的车辆也可以继续通行。这既兼顾了安全，又兼顾了通行效率，也真正体现了设置黄灯相位的作用。不能只突出黄灯亮的一刹那，将黄灯等同于红灯，而应将黄灯作为一个信号周期内不可否缺的一个相位去理解。禁止黄灯亮的一刹那未越过停止线的车辆继续通行既不利于安全，也降低了路口的通行效率。

目前，对于黄灯的理解还没有一个被普遍接受的共识，相关法律和法规对黄灯的含义也没有作出明确和准确的界定。部分车辆驶入交叉路口前不但不减速，而且还加速闯黄灯过路口。这种肆意闯黄灯的行为，毫无疑问是交通违法行为，理应受到重点打击和严厉制裁。对于黄灯相位时临近停止线又无法安全在停止线前停车的车辆，应准许其继续通行。判断车辆是否属于肆意闯黄灯，最关键的是判断车辆在驶入交叉路口前特别是停止线前是否有明显的减速行为。如没有明显的减速行为，则属于肆意闯黄灯，应受到处罚。因此，“闯黄灯”行为应明确为“在黄灯相位，车辆可以在停止线前安全停车而继续通行”的行为。同时，还应加强黄灯真实含义的宣传，凝聚全社会对于“闯黄灯”行为是违法行为的共识，并及时修订法律法规。将来某一天，“闯黄灯”受罚将不会引发争议。

三、超远长途客运安全引关注

1. 起因

2012 年 6 月 20 日凌晨 1 时 45 分，一辆由江苏省无锡市驶往福建省厦门市的双层卧铺客车行至福建沈海高速公路宁德段时坠入高架桥下山涧,造成17人死亡、28人受伤。2012年8月26日凌晨2时31分,一辆由内蒙古自治区呼和浩特市驶往陕西省西安市的双层卧铺客车行至包茂高速陕西延安安塞服务区附近时,与刚从服务区出来驶入主路的一辆运送甲醇的重型半挂型牵引车发生追尾碰撞(简称"8·26事故"),导致甲醇泄漏并起火,造成36人死亡、3人受伤。连续发生的超远长途客运(指营运线路长度在800公里以上的一类客运班线)班车特大事故引发了公众对超远长途客运安全的极大关注。

2. 超远长途客运安全现状

近4年来,虽然涉及超远长途客运车辆的事故绝对数量呈逐年下降的趋势,但是其事故占公路营运事故的比例一直呈上升趋势,仅低于营运线路长度少于100公里和100~200公里的事故比例。2012年,涉及超远长途客运车辆的事故约占公路客运事故总数的1/6。考虑到从事超远长途客运的营运车辆数远小于从事营运线路长度少于100公里和100~200公里的营运车辆数,因此涉及超远长途客运车辆的事故率较高。表4-1为近年来涉及超远长途客运车辆交通事故情况。

近年来涉及超远长途客运车辆交通事故情况(2009~2012年) 表4-1

年　份(年)	事故起数		死亡人数		受伤人数	
	数量(起)	比例(%)	数量(人)	比例(%)	数量(人)	比例(%)
2009	764	14.19	460	17.3	1 682	17.69
2010	656	14.61	406	17.58	1 350	15.81
2011	623	16.49	437	21.56	1 512	20.70
2012	527	16.94	281	18.31	1 113	19.89

由于大型卧铺客车从事的主要是超远长途客运,同时又由于其载客量大,事故一旦发生造成群死群伤的概率较大。近4年来,每年一次死亡10人以上的特大道路交通事故中大型卧铺客车均有涉及(表4-2)。特别是发生的4起一次死亡30人以上的特大道路交通事故中,有3起涉及大型卧铺客车(表2-1和表4-2)。

近年来一次死亡10人以上的特大道路交通事故中涉及超远长途客运车辆交通事故情况(2009~2012年) 表4-2

年　份(年)	事故起数(起)	死亡人数(人)	受伤人数(人)	一次死亡30人以上事故起数(起)
2009	1	15	27	0
2010	6	95	132	1
2011	3	74	61	1
2012	2	53	31	1
合计	12	237	251	3

根据有关报道,目前我国正在营运的卧铺客车有3.7万辆、客位近100万个,线路5 000余条,主要承担国内800公里以上长途客运,覆盖全国各地。虽然卧铺客车数量占客运车辆总数不足1%,但在2004~2011年,全国一次死亡10人以上的道路事故中,卧铺车事故共计38起,占到了事故总数的20%。超远长途客运安全令人堪忧。

3. 主要挑战

超远长途客运安全面临的挑战主要包括：

(1)车辆本身安全隐患大

超远长途客运车辆大多为大型卧铺客车。为了满足乘客睡觉的需求，又要在有限的空间内布置一定数量的载客数，这种车型采用了上下双层排列、纵向安装卧具的布置形式。同时，这种车型还存在车辆重心高、结构强度不高、乘员保护设施不完善、抗侧倾稳定性能不强等问题。此外，卧铺客车车内环境恶劣、空间狭小、通风不畅、卫生条件较差，还存在可燃物多、逃生通道狭小等问题。一旦发生交通事故，立即造成严重损失。

(2)疲劳驾驶问题突出

超远长途客运班线运行时间长，长达数小时、甚至十几小时的连续驾驶极易造成驾驶员疲劳驾驶。即使是轮换驾驶，驾驶员也难以得到较好的休息，疲劳驾驶是常态。此外，超长驾驶旅程路况复杂多变，又经常遭遇夜间行车，极易发生交通事故。公安部交通管理局统计显示，2011 年，全国发生的 27 起一次死亡 10 人以上道路交通事故中，涉及跨省长途客运车辆的有 8 起，在凌晨和午后疲劳驾驶多发时段发生的有 14 起，800 公里以上超远长途客运班线营运客车肇事约占重特大事故的 27.5%。

(3)监管难度大

超远长途客运班线多为跨省运营，加大了运营监管难度。超速、超员、随意上下车以及私自改变线路等极具安全隐患的违法行为时有发生。一些客运公司与客车之间事实存在的“挂靠”或承包经营关系，导致对车辆安全管理松懈，存在“以挂代管”、“挂而不管”、“包而不管”等多方面的安全隐患。交通运输部推行的卧铺客车强制安装车载视频监控装置在部分客运企业形同虚设，凌晨 2 ~ 5 时“强制休息”制度在一些地方仍未得到严格执行。

4. 已采取的措施

近年来，针对从事超远长途客运车辆重特大事故多发问题，多部门已采取了一些措施，主要包括：

(1)专项安全整治

“8 · 26 事故”发生后，交通运输部迅速于次日发出紧急通知，部署全国开展长途客运安全整治，切实加强长途客运安全管理。要求逐车逐线对长途客车隐患开展全面排查整治，发现存在安全隐患的，要立即责令整改；整改不合格的，一律不得上路运营。进一步完善长途客运班线的审批和管理，加强班线途经道路的安全适应性评估，合理确定营运线路、车型和时段。严格执行对夜间途经达不到安全通行条件的三级(含)以下山区公路，不得批准客运班线的规定。对未落实长途客运班线安全管理要求的企业，暂停其参与班线招投标、新增运力审批。

(2)推行凌晨停车休息制度

我国已开展过多次疲劳驾驶专项整治行动，要求驾驶员连续驾驶机动车达到 4 个小时就应当停车休息，休息时间不得少于 20 分钟。此外，交通运输部要求营运线路长度 400 公里以上的长途客运车辆必须配备双驾驶员。同时，交通运输部要求积极推行长途客运车辆凌晨 2 ~ 5时停止运行或实行接驳运输；严格落实驾驶员停车换人、落地休息制度，确保驾驶员按照规定时间休息，避免疲劳驾驶。支持运输企业在高速公路服务区、客运站等地建立长途客车驾驶员中途休息点，为驾驶员落地休息和轮换提供服务。1 000 公里以上的客运班线必须抓紧建立落实中途休息制度。凡没有建立中途休息点、不能实现驾驶员落地休息或接驳运输的线路，要坚决予以停运。同时，加强对客运车辆运行全过程的动态监控。陕西省在“8·26 事故”发生后一周后取消“红眼客车”，要求“长途客车驾驶员凌晨两点后强制休息”。此外，河南、山东、江苏等省均要求长途客运车辆在凌晨 2~5 时强制停车休息。但是，由于凌晨停车休息制度会延长旅程时间，并带来安全等问题，在部分省份执行效果并不理想。

(3)试行长途客运接驳运输

为实现乘坐长途客车出行旅客夜间不停车等待而一站到达目的地和保证运营安全的目标，2012 年 12 月 28 日，交通运输部印发了《关于开展长途客运接驳运输试点工作的通知》，要求自 2013 年 1 月 20 日起，在北京、上海、江苏、浙江、安徽等 13 个省(区、市)开展长途客运接驳运输试点工作。长途客运接驳运输，是指通过在客车运行途中选择合适的地点，实施驾驶员停车换人、落地休息，或换车换人，由在接驳点上休息等待的驾驶员上车驾驶，继续执行客运任务的运输组织方式，可以防止疲劳驾驶和客车夜间停驶产生的诸多问题，提高长途客运夜间运行的安全水平和服务质量。

(4)卧铺客车逐渐退市

考虑到卧铺客车本身存在的安全隐患问题，工业和信息化部与公安部于 2011 年 12 月 31 日联合发布《关于进一步提高大中型客货车安全技术性能加强车辆〈公告〉管理和注册登记管理工作的通知》(联产业[2011]632 号)。该通知明确规定：“自本通知下发之日起，在卧铺客车安全技术标准修订公布之前，工业和信息化部暂停受理卧铺客车新产品申报《公告》(指《车辆生产企业及产品公告》，余同)。自 2012 年 3 月 1 日起，相关企业应暂停生产、销售卧铺客车产品，工业和信息化部暂停全部卧铺客车产品《公告》，公安机关交通管理部门暂停办理卧铺客车注册登记”。这意味着随着卧铺客车的正常报废，客运市场上的营运卧铺客车将逐渐减少并最终消失。

措施研究篇

第五章 2012年道路交通安全行动

一、制度建设

1. 提升驾驶员素质

(1)《机动车驾驶证申领和使用规定》修订

为进一步严格大中型客货车驾驶员管理,改进驾驶员考试制度,提高社会管理和服务群众水平,公安部于2012年9月12日修订发布了《机动车驾驶证申领和使用规定》(公安部令第123号,简称123号令)。123号令在涉及机动车驾驶员考试、驾驶证日常管理、交通违法行为记分等方面的规定发生显著变化。

完善驾驶员考试制度,突出实际驾驶能力。为增强考试的针对性和实用性,123号令对小型汽车、大中型客货车的考试项目进行了调整。取消了小型汽车桩考两个桩位之间的移库、通过连续障碍、单边桥等现实生活中应用性不强的考试项目。将原科目一理论考试拆分为两部分,第一部分主要考核道路交通安全法律法规、交通信号、通行规则等知识,仍作为科目一;第二部分作为安全文明驾驶考试项目,在实际道路考试后进行,考核安全文明驾驶要求、复杂条件下的安全驾驶知识等。对申领大中型客货车驾驶证的,在科目二场地驾驶技能考试中,增加模拟高速公路、雨雾天、湿滑路、紧急情况处置等考试项目。同时,为确保驾驶员培训、考试质量,建立了考试培训质量公告制度和违规考试发证责任追究制度。

完善审验和实习期管理,严格加强驾驶员日常管理。为加强日常管理,123号令明确将大中型客货车驾驶员和实习期驾驶员作为重点管理对象。将新取得大型客车、中型客车、牵引车等驾驶证的驾驶员和第一次领取驾驶证的人一并纳入实习期管理。对于大中型客货车驾驶员,实习期结束后要参加安全文明驾驶等知识考试,接受交通事故案例警示教育;在实习期内违法记6分以上的,实习期限延长一年,再次记6分以上的,取消其实习车型的驾驶资格;实习期内有记满12分记录的,注销实习车型的驾驶资格。实习期驾驶员驾车上高速公路时,必须由持相应或者更高车型驾驶证3年以上的驾驶员陪同。

在驾驶证审验方面,123号令规定大中型客货车驾驶员应每年参加审验,但没有记分的可以免于审验;持有其他准驾车型驾驶证且发生交通死亡事故承担同等以上责任的,也要参加当年的审验;审验时还应参加不少于3小时的法律法规、交通安全文明驾驶等知识学习,并接受交通事故案例警示教育;对发生死亡交通事故负同等以上责任、有记满12分记录或者连续

3 年不审验的,注销最高准驾车型驾驶资格,逐级降低其驾驶资格,最终只保留其小型汽车驾驶资格。

加大对严重交通违法行为的处罚力度。为规范驾驶员驾驶行为,进一步加大对严重危害交通安全违法行为的惩处力度,123 号令对校车、大中型客货车、危险品运输车等重点车型驾驶员的严重交通违法行为提高了记分分值,记分项由 38 项增加至 52 项。新增使用伪造和变造校车标牌、校车超员 20% 以上记 12 分、不按规定避让校车记 6 分等 14 个涉及校车管理的记分项;中型以上客货车、危险品运输车在高速公路、城市快速路行驶超速 20% 以上,或者在其他道路行驶超速 50% 以上,驾驶营运客车、校车超员 20% 以上、未取得校车驾驶资格驾驶校车等行为记 12 分,以及疲劳驾驶载客汽车、危险品运输车记 12 分等记分项。同时,将未悬挂或者不按规定安装号牌、故意遮挡污损号牌等违法行为记分由 6 分提高到 12 分,将违反道路交通信号灯通行等违法行为记分由 3 分提高到 6 分。

推出 6 项便民服务措施。一是将驾驶证补换领、审验和小型汽车驾驶证考试等业务向县级车辆管理所下放。二是将核发和补换领驾驶证的时限由 3 日缩短为 1 日。对于申领驾驶证的群众,在三个科目考试合格和宣誓仪式后,当日就可领取驾驶证。三是将申领大型货车驾驶证的年龄条件由 21 岁放宽至 20 岁。四是将驾驶准考证明有效期由 2 年延长至 3 年。五是推行互联网、电话等远程自助预约驾驶员考试服务,公开考试预约计划、预约人数和考试人数。六是规定异地从事营运的驾驶员和货车,在备案登记一年后,可以直接在营运地参加驾驶证审验或车辆年检。

123 号令关于校车驾驶员管理的内容自发布之日起施行,其他规定于 2013 年 1 月 1 日起正式施行。由于 123 号令对驾驶员提出了严格的管理和处罚措施,颁布后引发持续热议。一部分人将其称为"史上最严交规",并认为新规定处罚太严,但从舆论和网络反映看,123 号令得到了广泛支持,基于目前我国仍旧严峻的道路交通安全形势,"还是严点好"成为普遍共识。

(2)《关于进一步加强客货运驾驶员安全管理工作的意见》出台

为提高客货运驾驶员素质,预防和减少重特大道路交通事故,保障道路交通安全,2012 年 1 月 20 日,公安部、交通运输部联合印发《关于进一步加强客货运驾驶员安全管理工作的意见》(公通字[2012]5 号,简称《意见》),《意见》针对客货运驾驶员的职业特点,从驾驶培训考试、准入资格管理、日常教育监管、严格责任追究 4 个方面,出台了 17 项严格管理举措,进一步提高大中型客货车驾驶员培训考试要求,严格客货运驾驶员准入条件,部署加强客货运驾驶员安全管理。

为增强驾驶员培训、考试的实用性和针对性,《意见》要求大中型客车要严格落实夜间驾驶考试,并在场地内培训和考试中增加模拟雨天、冰雪、湿滑路和突发情况处置等项目,实际道路培训和考试增加山区、隧道、陡坡、高速公路等内容。《意见》同时要求各地自 2012 年 4 月 1 日起,大中型客货车驾驶员培训要全部应用计算机计时管理系统,计时管理系统要与道路运输管理机构和公安机关交通管理部门实行联网,实现信息共享。

《意见》从 4 个方面强化客货运驾驶员从业资格管理,提高了营运驾驶员的准入门槛。一是提高客货运驾驶员职业准入条件。对申请参加营运驾驶员资格考试的,增加了近 3 年内无重大以上责任交通事故和交通违法记满 12 分记录等条件,且要取得公安机关交通管理部门的相关证明。二是严格客货运驾驶员聘用条件。企业要严格审查新聘用大中型客货车驾驶员的从业资格和安全驾驶记录,新聘用的驾驶员要参加公安机关交通管理部门组织的道路交通安全法律、法规学习和交通事故案例警示教育后,方可上岗从事运输。三是建立营运驾驶员信息共享管理机制。交通和公安部门要在2012年6月底前建立营运大中型客货车驾驶员信息管理平台,实现驾驶证、从业情况、交通违法和事故等信息共享。四是建立客货运驾驶员退出机制。对营运大中型客货车驾驶员进行诚信考核,对存在重大安全隐患的,及时调离驾驶员工作岗位。营运大中型客货车驾驶员发生重大以上交通事故,且负主要责任的,将被吊销从业资格,列入"黑名单"库,3年内不得重新申请参加从业资格考试。

《意见》从教育管理、安全告知、安全驾驶、权益保障4个方面对客货运驾驶员日常教育管理提出了要求:一是开展客货运驾驶员继续教育。要求道路运输企业组织客货运驾驶员定期开展继续教育。持有从业资格证件的大中型客货车驾驶员每两年要进行不少于24个学时的继续教育。二是推行客运安全告知制度。客运企业和驾驶员要在发车前向乘客告知安全服务内容,在车内明显位置标示车辆核定载客人数、经批准的停靠站点和投诉举报电话,2012年6月月底前,所有省际班线客运车辆和省际旅游客车要全部实行安全告知制度。三是严格守法安全文明驾驶。要求道路运输企业督促驾驶员严格遵守道路交通安全和运输管理法律法规,严格落实强制休息制度,客货运驾驶员24小时内驾驶时间不得超过8个小时(特殊情况下可延长2小时,但每月延长的总时间不超过36小时),连续驾驶时间不得超过4个小时。四是加强客货运驾驶员权益保障和服务。鼓励建立客货运驾驶员行业自治组织,畅通客货运驾驶员合理反映诉求渠道,督促提高驾驶员工资待遇,落实医疗、养老等社会保障。通过手机短信服务平台,提供交通违法记分、重特大道路交通事故、恶劣天气预警等信息提示服务。

《意见》还要求严格违规问题责任追究。一是严格违规从事营运责任追究。二是严格重点交通违法行为责任追究。对同一道路运输企业两年以内累计发生两次以上超员、超载违法行为的,公安机关交通管理部门要依法对企业主要负责人、主管安全和经营的企业负责人、部门负责人以及安全管理人员分别进行处罚。三是严格违规培训考试责任追究。对考试合格率排名靠后、培训质量和服务质量低的驾驶培训机构,道路运输管理机构暂停其培训工作,公安机关交通管理部门暂停受理考试申请。四是开展重特大道路交通事故责任倒查。对营运大中型客货车发生一次死亡3人以上道路交通事故的,由省级公安机关交通管理部门和道路运输管理机构会同有关部门进行责任追究。

(3)《加强机动车驾驶员管理指导意见》印发

为进一步严格机动车驾驶员管理,全力预防和减少重特大道路交通事故,公安部交通管理局于2012年3月22日召开加强机动车驾驶员管理工作电视 电话 会议,并于2012年3月23日制定印发了《加强机动车驾驶员管理指导意见》(公交管[2012]77号,简称《意见》),要求自2012年4月起至2012年年底,在全国集中开展加强驾驶员培训考试、路面执法管理、宣传警示教育工作。

《意见》共17条。一是实行复杂路况和恶劣天气驾驶考试,大中型客货车增加山区、隧道、陡坡等复杂条件实际道路驾驶考试项目;2012年10月1日起,增加模拟高速公路、连续急弯路、临水临崖、雨雪天、湿滑路、突发情况处置等场地驾驶考试项目。二是增加安全文明驾驶知识考试内容。大中型客货车实际道路驾驶考试合格后,增加安全文明驾驶常识考试。三是开展新驾驶员领证前教育和领证后回访。四是实行驾驶员考试全过程实时监管。对汽车类驾驶员考试各科目全部实行视频、音频监控，并在各科考试成绩单上打印3张随机抓拍的考试照片，考试录像留存一年以上。五是每月清理一次客货运驾驶员交通违法记分。大中队要建立辖区本籍和异地客货运驾驶员基本信息台账，每月汇总驾驶员交通违法、记分和事故等情况，通报道路运输管理机构和运输企业，要求驾驶员到公安交通管理部门接受处理和教育。六是每年开展一次大中型客货车驾驶员审验教育。七是开展驾驶员手机短信安全提示。健全交通安全信息手机短信、微博、QQ等发布平台，及时向驾驶员发布道路通行情况、恶劣天气条件出行安全提示、重特大道路交通事故情况和交通违法及记分等信息。八是加大严重交通违法查处力度。结合文明交通示范公路创建，开展“三超一疲劳”专项整治，加强对交通事故多发路段和时段的管控，加大对酒后、假牌假证、超速、超员、超载、疲劳驾驶等严重交通违法行为的查处力度。九是实行交通违法处罚前教育制度。十是开展重特大道路交通事故案例教育。十一是开展交通事故联合调查分析研判。对发生交通死亡事故的，支队事故处理部门要全面分析车辆安全技术状况、驾驶员驾驶行为、路面管控及企业源头监管等方面的问题，研究提出针对性的预防措施，每月通报车管、路面、宣传等部门。十二是建立考试发证和执法管理责任倒查制度。支队要每月分析3年内驾龄驾驶员交通违法率、交通肇事率等指标，建立考试员考试质量和路面执法管理考核制度，加强驾驶员考试和路面执法监管。十三是建立考试培训质量公开排名制度。支队要在互联网、报纸等建立驾驶考试培训质量发布平台，每月公布3年内驾龄驾驶员交通违法率、交通肇事率，公布考试员考试质量情况。十四是落实驾驶培训质量全过程监管。十五是建立与道路运输管理机构会商制度。要与道路运输管理机构建立每月会商和信息通报机制，建立客货车驾驶员信息管理平台，实现驾驶证信息、从业信息、交通违法和事故等信息共享。十六是开展安全文明驾驶员和驾校评选活动。十七是发动社会单位和群众参与交通安全教育。

为研究部署进一步落实加强机动车驾驶员管理17条新措施，全力预防重特大道路交通事故，2012年5月24～25日，公安部交通管理局在云南省召开部分省（区、市）加强机动车驾驶员管理工作座谈会，又于6月19～20日，在浙江杭州市召开车辆和驾驶员管理工作现场会，进一步加强车辆和驾驶员管理工作，深入推进车辆管理所规范化建设。

（4）新《机动车驾驶培训教学与考试大纲》发布

2012年12月13日，交通运输部与公安部联合发布《机动车驾驶培训教学与考试大纲》（交运发［2012］729号，简称“新《大纲》”），并将于2013年1月1日起正式实施。新《大纲》贯穿素质教育理念，更注重安全文明驾驶意识的培训、实际道路驾驶能力的培养以及职业驾驶员素质的养成，在培训与考试内容上更注重实用性。

新《大纲》彻底改变过去忽略安全驾驶、文明驾驶意识培养的状况，更加突出安全文明意识的培养。将安全文明驾驶常识部分单独列出，第三阶段考试首次增加了“安全文明驾驶常识”部分；新《大纲》将安全意识作为每个教学环节的重点，强化了文明行车意识；在教学及考试内容中首次加入了典型事故案例分析的内容，以提高学员对事故的防范意识。

新《大纲》培训与考试内容的设置将更突出实用性。增加了“常见交通标志、标线和警察手势辨识”、“跟车”、“模拟城市街道驾驶”、“跟车速度感知”、“独立驾驶”等项目；在培训学时安排上加大了基础操作及实际道路训练比例。小型车取消了比较耗费训练时间的桩考，改为更接近实际应用的考试项目，强化了基础操作训练及实际道路训练。

为提高职业驾驶员的安全驾驶素质，新《大纲》对大型客车、牵引车、城市公交车、中型客车、大型货车的考试增加了培训考试项目，教学与考试内容方面删除了不符合驾驶技能规律的百米加减挡项目，增加了窄路掉头以及模拟高速公路、连续急弯山路、隧道、雨（雾）天、湿滑路、紧急情况处置等项目，并要求省级公安机关交通管理部门根据实际增加山区、隧道、陡坡等复杂道路驾驶培训及考试内容。首次申请的大型货车的培训学时由96学时增加到118学时，城市公交车的培训学时由98学时增加到120学时。

进一步做好机动车驾驶培训与考试工作，交通运输部、公安部于2012年12月13日联合发布了《关于认真贯彻〈机动车驾驶培训教学与考试大纲〉的通知》（交运发[2012]730号），要求各地交通运输管理部门和公安交通管理部门高度重视，充分认识新《大纲》的重要作用；加强领导，切实落实好新《大纲》内容和要求；加强协作，充分利用信息化手段加强培训与考试的衔接；统筹安排，做好实际道路驾驶培训的相关工作；强化监管，严格违规培训与考试责任追究；加强宣传，营造重视安全文明驾驶的良好社会氛围。为贯彻落实新《大纲》，交通运输部组织修订了《机动车驾驶培训机构资格条件》（征求意见稿）系列标准，并于2012年12月31日公开征求意见（交运便字[2012]288号）。

（5）《出租汽车驾驶员从业资格管理规定》实施

自2012年4月1日起，《出租汽车驾驶员从业资格管理规定》（简称《规定》）正式施行。《规定》为出租汽车驾驶员主要设定了考试、注册、继续教育、从业资格证件管理4项基本制度。

出租汽车驾驶员从业资格考试包括全国公共科目和区域科目考试。全国公共科目考试主要测试国家出租汽车法律法规、职业道德、服务规范、安全运营等具有普遍规范要求的知识；区域科目考试主要测试地方出租汽车政策法规、经营区域人文地理和交通路线等具有区域服务特征的知识。取得从业资格证的出租汽车驾驶员，应当经道路运输管理机构从业资格注册后，方可从事出租汽车客运服务，从业资格注册有效期为3年。出租汽车驾驶员在注册期内，还应当按规定完成继续教育。继续教育内容包括出租汽车相关政策法规、社会责任和职业道德、服务规范、安全运营和节能减排知识等。出租汽车驾驶员从业资格证由交通运输部统一制发并制订编号规则。设区的市级道路运输管理机构负责从业资格证的发放和管理工作。

针对从业者个人、出租汽车经营者、道路运输管理机构及工作人员，《规定》分别明确了违规所要承担的法律责任。对于出租汽车驾驶员存在不按照规定携带从业资格证，拒载、议价、途中甩客或者故意绕道行驶行为的，处50元以上200元以下罚款。

2. 加强道路运输安全

（1）《道路旅客运输企业安全管理规范》（试行）实施

为了强化道路客运企业安全生产主体责任，促进企业安全管理方式转变，交通运输部、公安部、国家安全监管总局于2012年1月19日联合印发了《道路旅客运输企业安全管理规范》（试行）（交运发[2012]33号，简称《规范》）。《规范》对所有从事道路旅客运输的企业，在安全生产机构设置、人员配备、资金使用、岗位培训、动态监控等方面提出了统一标准，使企业安全管理有章可循。

根据《规范》，拥有10辆以上（含10辆）营运客车的道路旅客运输企业，应当设置专门的安全生产管理机构,该机构应当包括企业主要负责人及各部门主要负责人。道路旅客运输企业必须原则上按照每20辆车1人、最低不少于1人的标准配备专职安全管理人员。道路客运企业应按照不低于营业收入0.5%的比例提取、设立安全生产专项资金。

根据《规范》,为避免疲劳驾驶造成的安全隐患,道路客运企业在安排运输任务时,应严格要求客运驾驶员在24小时内累计驾驶时间不得超过8小时(特殊情况下可延长2小时,但每月延长的总时间不超过36小时),连续驾驶时间不得超过4小时,每次停车休息时间不少于20分钟。《规范》还明确了客运驾驶员岗前培训制度,要求驾驶员上岗前应提前熟悉客运车辆性能和客运线路情况。

根据《规范》,道路客运企业应按相关规定,为其营运客车安装符合标准的卫星定位装置(卧铺客车应安装符合标准且具有视频功能的卫星定位装置),接入符合标准的监控平台或监控端,并有效接入全国重点营运车辆联网联控系统。对途经高速公路的营运客车,道路客运企业应对乘客座椅安装符合标准的安全带,驾乘人员在发车前、行驶中,要督促乘客系好安全带。

(2)《道路货物运输及站场管理规定》修订

2012年3月14日,交通运输部公布了修订后的《道路货物运输及站场管理规定》(交通运输部令2012年第1号)。本次修订将《道路货物运输及站场管理规定》(交通运输部令2009年第3号)第六十一条修改为:“道路货物运输经营者违反本规定的,县级以上道路运输管理机构在作出行政处罚决定的过程中,可以按照行政处罚法的规定将其违法证据先行登记保存。作出行政处罚决定后,道路货物运输经营者拒不履行的,作出行政处罚决定的道路运输管理机构可以将其拒不履行行政处罚决定的事实通知违法车辆车籍所在地道路运输管理机构,作为能否通过车辆年度审验和决定质量信誉考核结果的重要依据。”

(3)《道路旅客运输及客运站管理规定》修订

2012年3月14日,交通运输部公布了修订后的《道路旅客运输及客运站管理规定》(交通运输部令2012年第2号)。本次修订将《道路旅客运输及客运站管理规定》(交通运输部令2009年第4号)第八十二条修改为:“客运经营者违反本规定的,县级以上道路运输管理机构在作出行政处罚决定的过程中,可以按照行政处罚法的规定将其违法证据先行登记保存。作出行政处罚决定后,客运经营者拒不履行的,作出行政处罚决定的道路运输管理机构可以将其拒不履行行政处罚决定的事实通知违法车辆车籍所在地道路运输管理机构,作为能否通过车辆年度审验和决定质量信誉考核结果的重要依据。”

2012年12月11日,交通运输部公布了重新修订后的《道路旅客运输及客运站管理规定》(交通运输部令2012年第8号,简称“新《规定》”)。本次修订主要针对客运包车,重点对改进包车客运管理方式,强化企业安全生产主体责任,利用现代信息技术规范省际包车客运管理等内容做了规定。新《规定》要求,客运包车应当凭车籍所在地道路运输管理机构核发的包车客运标志牌,按照约定的时间、起始地、目的地和线路运行,并持有包车票或者包车合同,不得按班车模式定点定线运营,不得招揽包车合同外的旅客乘车。从事省际包车客运的企业应按照交通运输部的统一要求,通过运政管理信息系统向车籍地道路运输管理机构备案后方可使用包车标志牌。

为进一步规范道路包车客运市场秩序,保障运输安全,交通运输部于2012年12月17日印发了《关于进一步加强道路包车客运管理的通知》(交运发[2012]738号),要求完善道路包括客运市场准入推出机制、落实企业安全生产主体责任、规范省际包车客运标志牌管理并加快完善包车客运标志牌管理制度、加强道路包车客运市场监督管理。

甘肃省旅游局、公安厅、交通运输厅和安全生产监督管理局还针对旅游包车联合制订出台了《甘肃省旅游包车客运交通安全管理暂行办法》(甘旅发[2012]24 号),对甘肃省旅游包车客运管理、车辆技术状况、驾驶员管理等做出了明确规定。

(4)《汽车客运站营运客车安全例行检查工作规范》实施

为进一步加强汽车客运站营运客车安全例行检查工作,规范汽车客运站安全例检行为,交通运输部于 2012 年 12 月 24 日制定印发了《汽车客运站营运客车安全例行检查工作规范》(交运发[2012]762 号),要求在三级及以上汽车客运站营运客车实行安全例行检查制度。客运班线单程营运里程小于 800 公里的客运班车和往返营运时间不超过 24 小时的营运班车,实行每日检查一次;客运班线单程营运里程在 800 公里(含)以上的客运班车和往返营运时间在 24 小时(含)以上的营运班车,实行每个单程检查一次。未经安全例检或安全例检不合格的营运客车,客运站不得排班发车,驾驶员不得用其运送旅客。

(5)《汽车客运站营运客车出站检查工作规范》实施

为进一步加强汽车客运站客车出站检查工作,交通运输部于 2012 年 12 月 24 日制定印发了《汽车客运站营运客车出站检查工作规范》(交运发[2012]762 号),要求等级客运站经营者在营运客车出站前,应对当班驾驶员资格、客车运营证件、客车安全例行检查情况、客车实际载客人数、车上人员安全带系扣情况、出站登记手续等是否符合规定进行核查。出站检查工作人员应当对每一辆出站客车进行检查,检查合格并经出站检查人员与受检驾驶员签字确认后才准予出站。对出站检查后的所有客车,客运站出站检查人员均需填写出站登记表,并由出站检查人员和当班驾驶员签字确认。出站登记表保存期不少于 3 个月。

(6)部署开展长途客运接驳运输试点

为贯彻落实国务院《关于加强道路交通安全工作的意见》(国发[2012]30 号)关于积极推行长途客运车辆凌晨 2 ~5 时停止运行或实行接驳运输的规定,防止驾驶员疲劳驾驶,进一步规范长途客运车辆夜间通行管理,方便群众出行,保障乘客安全,公安部、国家安全监管总局,交通运输部于 2012 年 12 月 31 日印发了《关于开展长途客运接驳运输试点工作的通知》(交运发[2012]784 号,以下简称《通知》),部署在北京、上海、江苏、浙江、安徽、福建、山东、河南、广东、广西、四川、重庆、贵州 13 省(自治区、直辖市)自 2013 年 1 月 20 日起开展长途客运接驳运输试点工作。

长途客运接驳运输是指通过在客车运行途中选择合适的地点,实施驾驶员停车换人、落地休息或换车换人,由在接驳点上休息等待的驾驶员上车驾驶,继续执行客运任务的运输组织方式,可以防止疲劳驾驶和客车夜间停驶产生的诸多问题,提高长途客运夜间运行的安全水平和服务质量。

《通知》明确每个试点省份可选择不超过 3 家骨干客运企业作为试点,并严禁挂靠或融资经营的客车从事接驳运输。《通知》要求,申请接驳运输试点的客运班线原则上应为主要在高速公路上运行的 800 公里以上的长途客运线路。试点期间,客运企业应按照 23 时至次日 2 时之间完成接驳来编排运输计划和设置合适的接驳点。接驳点应当设置在高速公路服务区或高速公路出口附近,应有固定场所,满足驾驶员食宿、车辆临时停靠等基本要求。接驳点应为每个接驳运输的班次配备至少一名接驳驾驶员。《通知》要求，各地交通运输主管部门应加强与当地公安交通管理、安监等部门的沟通协调，对携带有效"长途客运接驳运输车辆"标识和"长途客运接驳运输行车单"的接驳运输试点客车，允许夜间通行。

3. 校车安全管理条例

2012年3月28日，国务院常务会议审议并原则通过《校车安全管理条例(草案)》。2012年4月5日，原国务院总理温家宝签署第617号国务院令，公布《校车安全管理条例》(以下简称《校车条例》)，自公布之日起施行。其中，校车是指依照《校车条例》取得使用许可，用于接送接受义务教育的学生上下学的七座以上的载客汽车。

《校车条例》确立了保障校车安全的基本制度，并规定了保障制度切实可行的总体思路。一是针对保障校车安全的主要环节，作出了符合我国国情、特别是符合农村地区实际情况的校车安全管理规定。二是规定了保障校车安全的制度规范，并处理好了与符合我国国情的校车总体制度和政策的衔接。三是考虑地区之间、城乡之间的不同情况，在确立全国普遍适用的校车安全管理基本制度的同时，给地方制订符合本地实际情况的具体办法留出了较大空间。

《校车条例》坚持就近入学原则，规定县级以上地方政府应当根据本行政区域的学生数量和分布状况等因素，依法制订、调整学校设置规划，保障学生就近入学或者在寄宿制学校入学，减少学生上下学的交通风险。对于确实难以保障就近入学且公共交通不能满足学生上下学需要的农村地区，《校车条例》规定县级以上地方政府应当采取措施，保障接受义务教育的学生获得校车服务。

关于校车服务提供者，《校车条例》规定学校可以配备校车，依法设立的道路旅客运输经营企业、城市公共交通企业，以及根据县级以上地方人民政府规定设立的校车运营单位，可以提供校车服务。县级以上地方人民政府根据本地区实际情况，可以制订管理办法，组织依法取得道路旅客运输经营许可的个体经营者提供校车服务。

《校车条例》规定接送小学生、幼儿上下学的校车应当是按照国家标准设计、制造的专用校车，但用于接送小学生、幼儿的专用校车不能满足需求的，在省、自治区、直辖市人民政府规定的过渡期限内可以使用取得校车标牌的其他载客汽车。《校车条例》规定校车必须取得使用许可，并由公安机关交通管理部门发给校车标牌，禁止使用未取得校车标牌的车辆提供校车服务，要求校车应当每半年进行一次安全技术检验。校车驾驶员必须取得校车驾驶资格方可驾驶校车。

《校车条例》规定校车通行拥有3项优先权。一是遇交通拥堵的，交通警察应当指挥疏导运载学生的校车优先通行。二是校车运载学生，可以在公交专用车道以及其他禁止社会车辆通行但允许公交车辆通行的路段行驶。三是校车在同方向只有一条机动车道的道路上停靠时，后方车辆应当停车等待，不得超越。校车在同方向有两条以上机动车道的道路上停靠时，校车停靠车道后方和邻机动车道上的机动车应当停车等待，其他机动车道上的机动车应当减速通过。校车后方停车等待的机动车不得鸣喇叭或者使用灯光催促校车。《校车条例》还规定，校车载人不得超过核定的人数，不得以任何理由超员，否则从重处罚。载有学生的校车在高速公路上行驶的最高时速不得超过80公里，在其他道路上行驶的最高时速不得超过60公里。

随后，国务院批准成立了全国校车安全管理部际联席会议制度，由教育部、公安部、交通运输部等20个成员单位组成。2012年7月5日，全国校车安全管理部际联席会议第一次会议召开。会议初步确立了建立校车安全管理工作机制、制订《校车条例》实施办法、制订校车服务方案、制订过渡期交通安全方案、开展专项治理、开展校车安全管理专项督察等切实做好校车安全管理的有关工作事项，并初步确立了各成员单位职能分工。为贯彻落实《校车条例》，切实做好校车安全管理工作，校车安全管理部际联席会议成员单位于2012年8月6日联合印发了《关于贯彻落实〈校车安全管理条例〉进一步加强校车安全管理工作的通知》（教基一[2012]10号），要求县以上地方各级人民政府要建立相关部门参加的校车安全管理工作机制，统筹协调学生上下学安全管理工作；抓紧制订《校车条例》的实施办法，设定合理的过渡期限，细化完善《校车条例》的要求，对校车使用许可、校车驾驶员资格审批、校车通行安全和乘车安全以及法律责任作出详细规定，把校车服务的重点放在确实难以保障就近入学且公共交通不能满足需要的农村地区；有必要提供校车服务的地方，以县为单位制订校车服务方案；县级人民政府按照“既保证安全、又不让学生无车可乘”的原则制订过渡期交通安全方案，确保过渡期校车交通安全；在2012年秋季开学后开展一次专项治理；校车安全管理部际联席会议于2012年秋季组织开展全国《校车条例》贯彻落实情况专项督查。交通运输部、公安部等全国校车安全管理部际联席会议成员单位制订出台了贯彻《校车条例》的实施意见。

4.提升机动车安全性能

（1）《缺陷汽车产品召回管理条例》发布

2012年10月22日，原国务院总理温家宝签署第626号国务院令，公布《缺陷汽车产品召回管理条例》（简称《召回条例》），自2013年1月1日起施行，替代2004年实施的《缺陷汽车产品召回管理规定》。

《召回条例》从法规层面对缺陷汽车产品实行强制性召回规定，对相关部门判定的缺陷汽车产品经责令拒不召回的，将被处缺陷汽车产品货值金额1%以上、10%以下的罚款。国务院产品质量监督部门负责全国缺陷汽车产品召回的监督管理工作。

《召回条例》明确，任何单位和个人都有权向产品质量监督部门投诉汽车产品可能存在的缺陷。国务院产品质量监督部门应当建立缺陷汽车产品召回信息管理系统，收集汇总、分析处理有关缺陷汽车产品信息。

《召回条例》规定，生产者依照本条例召回缺陷汽车产品，不免除其依法应当承担的责任。汽车产品存在本条例规定的缺陷以外的质量问题的，车主有权依照产品质量法、消费者权益保护法等法律、行政法规和国家有关规定以及合同约定，要求生产者、销售者承担修理、更换、退货、赔偿损失等相应的法律责任。这意味着即使召回，生产者应当承担的责任亦不免除。

（2）《家用汽车产品修理、更换、退货责任规定》发布

为了保护家用汽车产品消费者的合法权益，明确家用汽车产品修理、更换、退货（简称“三包”）责任，国家质量监督检验检疫总局于2012年12月29日发布了《家用汽车产品修理、更换、退货责任规定》（国家质量监督检验检疫总局令第150号，简称《“三包”规定》），自2013年10月1日起施行。其中，家用汽车产品中的短头乘用车自2014年10月1日起按照《家用汽车产品修理、更换、退货责任规定》（国家质量监督检验检疫总局2013年第9号公告）执行。

《“三包”规定》明确规定了家用汽车产品的“保修期”和“三包有效期”。其中，保修期限为不低于3年、6万公里，三包有效期限为不低于2年或者是行驶里程5万公里。保修期内出现产品质量问题，可以免费修理；在三包有效期内，如果符合规定的退货条件、换货条件，消费

者可以凭三包凭证、购车发票等办理退货或换货手续。

《“三包”规定》规定在家用汽车产品三包有效期内满足更换、退货条件时，消费者凭三包凭证、购车发票等由销售者更换、退货。一是家用汽车产品自销售者开具购车发票之日起60日内或者行驶里程3 000公里之内（以先到者为准），家用汽车产品出现转向系统失效、制动系统失效、车身开裂或燃油泄漏，消费者选择更换家用汽车产品或退货的，销售者应当负责免费更换或退货。二是因严重安全性能故障累计进行了2次修理，严重安全性能故障仍未排除或者又出现新的严重安全性能故障的。三是发动机、变速器累计更换2次后，或者发动机、变速器的同一主要零件因其质量问题，累计更换2次后仍不能正常使用的，发动机、变速器与其主要零件更换次数不重复计算；四是转向系统、制动系统、悬架系统、前/后桥、车身的同一主要零件因其质量问题，累计更换2次后仍不能正常使用的。同时规定，在家用汽车产品三包有效期内，因产品质量问题修理时间累计超过35日的，或者因同一产品质量问题累计修理超过5次的，消费者可以凭三包凭证、购车发票，由销售者负责更换。

《“三包”规定》目前主要针对为生活消费需要而购买和使用的乘用车，其他类型的汽车产品如为汽车营运、生产经营活动而购买使用的汽车产品尚不适用。

（3）《机动车强制报废标准规定》发布

为保障道路交通安全、鼓励技术进步、加快建设资源节约型、环境友好型社会，商务部、国家发展和改革委员会、公安部、环境保护部于2012年12月27日联合发布了《机动车强制报废标准规定》（商务部令2012年第12号，简称《报废标准》），自2013年5月1日起施行。

《报废标准》规定国家根据机动车使用和安全技术、排放检验状况，对达到报废标准的机动车实施强制报废，由商务、公安、环境保护、发展改革等部门依据各自职责，负责报废机动车回收拆解监督管理、机动车强制报废标准执行有关工作。

《报废标准》规定了应当强制报废的4种情形：一是达到规定的使用年限；二是经修理和调整仍不符合机动车安全技术国家标准对在用车有关要求的；三是经修理和调整或者采用控制技术后，向大气排放污染物或者噪声仍不符合国家标准对在用车有关要求的；四是在检验有效期届满后连续3个机动车检验周期内未取得机动车检验合格标志的。

对于各类机动车使用年限，《报废标准》规定小、微型出租客运汽车为8年，中型出租客运汽车为10年，大型出租客运汽车为12年；租赁载客汽车为15年；小型教练载客汽车为10年，中型教练载客汽车为12年，大型教练载客汽车为15年；公交客运汽车为13年；其他小、微型营运载客汽车为10年，大、中型营运载客汽车为15年；专用校车为15年；大、中型非营运载客汽车（大型轿车除外）为20年；三轮汽车、装用单缸发动机的低速货车为9年，装用多缸发动机的低速货车以及微型载货汽车为12年，危险品运输载货汽车为10年，其他载货汽车（包括半挂牵引车和全挂牵引车）为15年；有载货功能的专项作业车为15年，无载货功能的专项作业车为30年；全挂车、危险品运输半挂车为10年，集装箱半挂车为20年，其他半挂车为15年；正三轮摩托车为12年，其他摩托车为13年。对于小、微型非营运载客汽车、大型非营运轿车、轮式专用机械车无使用年限限制。

《报废标准》同时规定，国家对达到一定行驶里程的机动车引导报废：小、微型出租客运汽车行驶60万千米，中型出租客运汽车行驶50万千米，大型出租客运汽车行驶60万千米；租赁载客汽车行驶60万千米；小型和中型教练载客汽车行驶50万千米，大型教练载客汽车行驶

60 万千米；公交客运汽车行驶 40 万千米；其他小、微型营运载客汽车行驶 60 万千米，中型营运载客汽车行驶 50 万千米，大型营运载客汽车行驶 80 万千米；专用校车行驶 40 万千米；小、微型非营运载客汽车和大型非营运轿车行驶 60 万千米，中型非营运载客汽车行驶 50 万千米，大型非营运载客汽车行驶 60 万千米；微型载货汽车行驶 50 万千米，中、轻型载货汽车行驶 60 万千米，重型载货汽车（包括半挂牵引车和全挂牵引车）行驶 70 万千米，危险品运输载货汽车行驶 40 万千米，装用多缸发动机的低速货车行驶 30 万千米；专项作业车、轮式专用机械车行驶 50 万千米；正三轮摩托车行驶 10 万千米，其他摩托车行驶 12 万千米。

（4）全挂车产品实施《车辆生产企业及产品公告》管理

为进一步完善《车辆生产企业及产品公告》（简称《公告》）管理，规范挂车生产企业及产品的准入管理，维护挂车产品市场竞争秩序，提高挂车产品的安全性能和生产一致性管理水平，根据工业和信息化部、公安部《关于进一步提高大中型客货车安全技术性能加强车辆〈公告〉管理和注册登记管理工作的通知》（工信部联产业[2011]632 号），工业和信息化部决定对全挂车产品实施《公告》管理（工信部产业[2012]344 号）。将《专用汽车和挂车生产企业及产品准入管理规则》（工产业[2009]45 号公告印发）中挂车的定义修改为国家标准《汽车和挂车类型的术语和定义》（GB/T 3730.1—2001）中第 2.2.1 款、第 2.2.2 款、第 2.2.3 款所定义的全挂车（牵引杆挂车）、半挂车及中置轴挂车，并确定自 2012 年 9 月 1 日起，依照《专用汽车和挂车生产企业及产品准入管理规则》对全挂车生产企业及产品实施准入管理。要求申报《公告》的全挂车产品应经指定的检测机构检测合格，符合国家相关强制性标准要求。

（5）《机动车登记规定》修改

公安部于 2012 年 9 月 12 日发布施行了新修改的《机动车登记规定》（公安部令第 124 号）。本次修改的目的主要是为了贯彻实施《校车安全管理条例》（国务院令第 617 号），进一步加强校车登记管理，保障校车安全。

为做好校车使用许可审查工作，新修改的《机动车登记规定》规定在教育行政部门征求公安机关交通管理部门意见时，公安机关交通管理部门应当严格查验车辆安全状况，严格审核相关申请材料。对政府批准校车使用许可的，公安机关交通管理部门应当在收到申请人提交的领取表之日起三日内核发校车标牌，并在行驶证上签注校车类型和核载人数。新修改的《机动车登记规定》对校车使用监管及校车标牌的管理进行了明确规定，要求公安交通管理部门每月将辖区内校车标牌的核发、变更和收回信息报本级人民政府备案，并通报教育行政部门；将校车交通违法和事故等情况，通知学校或者校车服务提供者，督促及时接受处理，并通报教育行政部门。

新修改的《机动车登记规定》在校车办理注册登记、检验和报废等方面规定了更加严格的措施。一是校车上牌前必须进行检验。规定校车在办理注册登记前必须进行安全技术检验，保证校车安全技术性能。二是校车每半年进行一次检验。规定校车必须每半年参加一次安全技术检验，同时考虑到校车一般不涉及跨地区运行，规定校车不得委托异地检验，加强属地管理。三是校车报废要由车辆管理所监督解体。规定达到报废标准的校车必须在车辆管理所的监督下解体，杜绝报废校车继续上路行驶。

（6）汽车行业退出机制建立

为进一步贯彻落实《汽车产业发展政策》和《汽车产业调整和振兴规划》，加快汽车产业转型升级,提高汽车企业核心竞争力,工业和信息化部决定在汽车行业建立落后企业退出机制(工信部产业[2012]349号)。

工业和信息化部要求从2016年起,在《车辆生产企业及产品公告》(简称《公告》)管理中取消改装类其他乘用车、皮卡生产企业类别。现有改装类其他乘用车、皮卡生产企业应尽快达到同类新建整车生产企业的准入条件,升级为整车企业。未按时升级的上述两类改装类企业,应分别转产客车、专用汽车等产品。

工业和信息化部要求建立企业动态管理机制。对于已经破产或进入破产清算程序的汽车、摩托车生产企业,注销其《公告》。对于没有按照政府相关部门的批准文件进行建设,或不能持续满足政府相关部门的批准文件、生产准入管理规定等方面要求的企业,应当限期整改。在整改期内,企业不得投资扩产,不得申报新产品。整改后仍不能满足要求的,暂停其产品《公告》,直至整改验收合格。在《公告》管理中,对于不能维持正常生产经营的汽车、摩托车生产企业,实行为期2年的特别公示管理(新建企业除外),要求其整改、尽快满足准入条件。特别公示期间,不受理有关企业的新产品申报。被特别公示的企业经考核符合准入条件的,取消特别公示,恢复受理其新产品申报。特别公示期满后,未申请准入条件考核或考核不合格的企业,暂停其《公告》,且不得办理更名、迁址等基本情况变更手续。

(7)《联合收割(获)机和拖拉机行业准入公告管理暂行办法》发布实施

为贯彻落实《国务院关于促进农业机械化和农机工业又好又快发展的意见》(国发[2010]22号)精神,加强联合收割(获)机和拖拉机行业管理,做好《联合收割(获)机和拖拉机行业准入条件》(工业和信息化部2011年第23号公告)符合性审查的实施工作,工业和信息化部于2012年4月11日印发了《联合收割(获)机和拖拉机行业准入公告管理暂行办法》(工信部装[2012]160号,简称《暂行办法》),于发布之日起实施。

《暂行办法》明确工业和信息化部负责联合收割(获)机和拖拉机企业的准入申请的审查及准入公告管理工作,各省(自治区、直辖市、计划单列市及新疆生产建设兵团)工业和信息化主管部门负责本地区联合收割(获)机和拖拉机制造企业准入公告申请的受理、初审及材料报送工作,并配合工业和信息化部做好申请企业的现场查验工作。

《暂行办法》同时明确了申请和审核程序和准入公告管理办法,同时规定工业和信息化部根据对公告企业保持准入条件监督检查情况实施公告动态管理。公告内企业存在不能保持准入条件、拒不接受监督检查、违反国家法律法规和产业政策或发生重大质量、安全生产和污染环境事故等情况时,将被撤销公告资格,且2年后方可重新提出公告申请。

为了让相关企业掌握联合收割(获)机和拖拉机行业准入条件及准入公告申请办理的主要程序和内容,做好2012年度联合收割(获)机和拖拉机行业准入公告申报工作,2012年5月30~31日,中国农业机械工业协会在山东省临沂市召开了全国联合收割(获)机和拖拉机行业准入管理工作会议。

5. 道路交通事故相关

(1)《关于审理道路交通事故损害赔偿案件适用法律若干问题的解释》发布

为正确审理道路交通事故损害赔偿案件,统一道路交通事故损害赔偿案件的裁判尺度,最高人民法院于2012年3月20日发布了《关于审理道路交通事故损害赔偿案件适用法律若干问题的解释(征求意见稿)》,向社会公开征求意见和建议。2012 年 11 月 27 日,最高人民法院公布了《关于审理道路交通事故损害赔偿案件适用法律若干问题的解释》(法释[2012]19 号,简称《司法解释》),共 29 条,涉及道路交通事故主体责任认定、赔偿范围认定、责任承担认定、诉讼程序规定和适用范围规定 5 个方面,自 2012 年 12 月 21 日起施行。

《司法解释》将机动车管理人纳入到过错责任的主体范围之内,明确规定挂靠情形下的责任主体为挂靠人和被挂靠人。同时,针对套牌车、拼装车以及报废车等机动车上路行驶的现象,该司法解释明确规定,如果被套牌机动车所有人或者管理人同意他人套牌的,应当与套牌机动车的所有人或者管理人承担连带责任;拼装车、报废车被多次转让的,则所有的转让人和受让人共同承担连带责任。

《司法解释》对道路交通安全法规定的“人身伤亡”和“财产损失”作出解释性规定,明确道路交通安全法第七十六条规定的“人身伤亡”,是指机动车发生交通事故侵害被侵权人的生命权、健康权等人身权益所造成的损害,包括侵权责任法第十六条和第二十二条规定的各项损害,道路交通安全法第七十六条规定的“财产损失”,是指因机动车发生交通事故侵害被侵权人的财产权益所造成的损失。这一规定有效地解决了长期以来实践中有所争议的医疗费用、精神损害等损失属于“人身伤亡”还是“财产损失”、交强险是否赔偿精神损害以及精神损害在交强险中的赔偿次序等一系列问题。

《司法解释》规定在交强险和商业三者险并存的情况下,先由交强险保险公司在责任限额范围内予以赔偿,再确定侵权人的侵权责任,然后由商业三者险保险公司依据保险合同予以赔偿,最后再由侵权人依照侵权责任法的相关规定承担剩余的侵权责任。

《司法解释》规定道路交通事故损害赔偿案件中,人民法院应将交强险保险公司列为共同被告,但保险公司已经赔偿且当事人无异议的除外;如果当事人请求的,则人民法院应当将商业三者险保险公司列为共同被告。

《司法解释》规定机动车在道路以外的地方通行时引发的损害赔偿案件,可以参照适用此《司法解释》的规定;此《司法解释》施行后尚未终审的案件,适用此解释;此《司法解释》解释施行前已经终审,当事人申请再审或者按照审判监督程序决定再审的案件,不适用此解释。

(2)《机动车交通事故责任强制保险条例》修订

2012 年 3 月 30 日,原国务院总理温家宝签署第 618 号国务院令,公布了《国务院关于修改〈机动车交通事故责任强制保险条例〉的决定》,自 2012 年 5 月 1 日起施行。本次修改将原条例中第五条第一款由原来的“中资保险公司经保监会批准,可以从事机动车交通事故责任强制保险业务”修改为“保险公司经保监会批准,可以从事机动车交通事故责任强制保险业务”。这标志着我国正式向外资保险公司开放机动车交通事故责任强制保险市场。

2012 年 12 月 17 日,原国务院总理温家宝签署第 630 号国务院令,公布了《国务院关于修改〈机动车交通事故责任强制保险条例〉的决定》,自 2013 年 3 月 1 日起施行。本次修改增加 1 条作为第四十三条:“挂车不投保机动车交通事故责任强制保险。发生道路交通事故造成人身伤亡、财产损失的,由牵引车投保的保险公司在机动车交通事故责任强制保险责任限额范围内予以赔偿;不足的部分,由牵引车方和挂车方依照法律规定承担赔偿责任。”

二、重大部署

1.国务院发布《关于加强道路交通安全工作的意见》

为适应我国道路通车里程、机动车和驾驶员数量、道路交通运量持续大幅度增长的形势,进一步加强道路交通安全工作,保障人民群众生命财产安全,国务院于2012年7月22日公布《关于加强道路交通安全工作的意见》(国发[2012]30号,简称《意见》)。

《意见》就加强道路交通安全工作做出全面、系统的重大决策部署,进一步明确了当前道路交通安全工作的指导思想和基本原则,提出了新形势下加强道路交通安全工作的一系列政策措施,涵盖道路运输企业安全管理、驾驶员培训考试、车辆安全监管、道路安全保障、安全执法、宣传教育、事故责任追究和组织保障等多个方面,还着重对农村道路交通安全工作提出了有针对性的措施,对于指导和推进道路交通安全工作的科学发展和长远发展具有极其重要的意义,是道路交通管理工作发展历史上的一个里程碑,是指导当前和今后一个时期道路交通安全工作的纲领性文件。《意见》在总结近年来道路交通安全工作经验教训的基础上,严格长途客运和旅游客运安全管理,加强运输车辆动态监管,加强客货运驾驶员安全管理,提高机动车安全性能,严格落实交通安全设施"三同时"制度,以城市公交同等优惠条件扶持发展农村公共交通,研究推动将客货运车辆严重超速、超员、超限超载等行为列入以危险方法危害公共安全行为,实现监控信息等资源共享,设立"全国交通安全日",加强重大道路交通事故联合督办,加大事故责任追究力度,完善道路交通安全保障机制等各方面提出了明确要求。

具体地,《意见》从10个方面提出了加强道路交通安全工作的28项重大政策措施,并在4个方面完善和强化现有工作措施。

一是实行道路交通安全地方行政首长负责制,进一步强化地方各级人民政府的领导责任。《意见》将加强道路交通安全组织领导,全面落实地方各级人民政府的领导责任作为重点,并首次提出实行道路交通安全地方行政首长负责制,将道路交通安全工作纳入政府工作重要议事日程,定期分析研判安全形势,研究部署重点工作。

二是创新完善企业安全管理制度,进一步强化企业安全主体责任的落实。强化道路运输企业安全管理,并作为落实企业主体责任的重中之重,强调建立专业运输企业交通安全质量管理体系。强化机动车生产企业的主体责任,要求积极推动机动车生产企业诚信体系建设,加强机动车产品准入、生产一致性监管。强化道路建设的安全责任,进一步加强国省干线公路安全防护设施建设,特别是临水临崖、连续下坡、急弯陡坡等事故易发路段要严格按标准安装隔离栅、防护栏、防撞墙等安全设施,设置标志标线。

三是创新完善客运安全监管制度,着力解决长途客运疲劳驾驶和夜间客运安全问题。《意见》要求严格客运班线审批和监管,加强班线途经道路的安全适应性评估,合理确定营运线路、车型和时段;严格控制1 000公里以上跨省长途客运班线和夜间运行时间,对现有的长途客运班线进行清理整顿,整改不合格的坚决停止运营;创造条件积极推行长途客运车辆凌晨2~5时停止运行或实行接驳运输;连续驾驶机动车不得超过4小时、停车休息时间不得少于20分钟的基础上,确保客运驾驶员24小时累计驾驶时间原则上不超过8小时,日间连续驾驶不超过4小时,夜间连续驾驶不超过2小时,每次停车休息时间不少于20分钟。《意见》明确要求客运车辆夜间行驶速度不得超过日间限速的80%,严禁客运车辆夜间通行达不到安全通行条件的三级以下山区公路，夜间遇暴雨、浓雾等影响安全视距的恶劣天气时，可以采取临时管理措施，暂停客运车辆运行。同时，《意见》进一步明确了加强旅游包车安全管理的规定。

四是创新管理制度和手段，强化科技装备和信息化技术在道路交通安全工作中的推广和应用。《意见》要求创新运输车辆动态监管制度，要求“两客一危”车辆和校车严格按规定安装使用具有行驶记录功能的卫星定位装置，卧铺客车应同时安装车载视频装置，鼓励农村客运车辆安装使用卫星定位装置。重型载货汽车和半挂牵引车应在出厂前安装卫星定位装置，并接入道路货运车辆公共监管与服务平台。创新驾驶员考试制度，推广应用科技评判和监控手段，强化驾驶员安全、法制、文明意识和实际道路驾驶技能考试。创新机动车生产制度，增设客运车辆限速和货运车辆限载等安全装置，提高车辆安全性能。创新应急管理制度，积极推进公路灾害性天气预报和预警系统建设，提高对暴雨、浓雾、团雾、冰雪等恶劣天气的防范应对能力。创新执法管理手段，推进高速公路全程监控等智能交通管理系统建设，整合道路交通管理力量和资源，实现监控信息等资源共享。全面推进交通违法记录省际转递工作。创新宣传教育手段，建立交通安全警示提示信息发布平台，加强事故典型案例警示教育。

五是创新完善客货运驾驶员安全管理制度，严格驾驶员聘用管理。《意见》提出严把客货运驾驶员从业资格准入关，加强从业条件审核与培训考试；建立客货运驾驶员从业信息、交通违法信息、交通事故信息的共享机制，设立驾驶员“黑名单”信息库；强化对长期在本地经营的异地客货运车辆和驾驶员安全管理；运输企业加强驾驶员聘用管理，对发生道路交通事故致人死亡且负同等以上责任的客运驾驶员，交通违法记满 12 分的客运驾驶员，以及有酒后驾驶、超员 20% 以上、超速 50%（高速公路超速 20%）以上，或者 12 个月内有 3 次以上超速违法记录的客运驾驶员，要严格依法处罚并通报企业解决聘用。

六是创新完善驾驶培训、考试制度，提升驾驶员安全、法制、文明意识和驾驶技能。《意见》提出进一步完善机动车驾驶员培训大纲和考试标准，并全面推广应用计算机计时培训管理系统，督促落实培训教学大纲和学时，强化驾驶员安全文明意识考试和实际道路驾驶技能考试。客、货车辆驾驶员培训考试增加复杂路况、恶劣天气、突发情况应对处置技能的内容，大中型客、货车辆驾驶员增加夜间驾驶考试。将大客车驾驶员培养纳入国家职业教育体系。实行交通事故驾驶员培训质量、考试发证责任倒查制度。提高驾驶员培训机构准入门槛，严格教练员资格管理，按照培训能力核定其招生数量。定期向社会公开驾驶员培训机构的培训质量、考试合格率以及毕业学员的交通违法率和肇事率等信息，并作为其资质审核的重要参考。

七是创新完善机动车生产准入制度，严格车辆安全监管。《意见》提出调整产品结构，鼓励发展安全、节能环保的汽车产品，加快传统汽车升级换代。大力推广厢式货车取代栏板式货车，尽快淘汰高安全风险车型。抓紧清理、修订并逐步提高机动车安全技术标准，进一步提高大中型客车车身结构强度、座椅安装强度，并增强车辆行驶稳定性和抗侧倾能力，客运车辆座椅要尽快全部配置安全带。落实和健全缺陷汽车产品召回制度，加大对大中型客、货汽车缺陷产品召回力度。严格报废汽车回收企业资格认定和监督管理，依法严厉打击制造和销售拼装车行为，严禁拼装车和报废汽车上路行驶。加强机动车安全技术检验和营运车辆综合性能检测，严格检验检测机构的资格管理和计量认证管理。

八是创新完善道路安全设施建设制度，强化道路安全保障。《意见》提出要加快修订完善公路安全设施设计、施工、安全性评价等技术规范和行业标准，科学设置安全防护设施。鼓励地方在国家和行业标准的基础上，进一步提高本地区公路安全设施建设标准。新建、改建、扩建道路工程在竣(交)工验收时要吸收公安、安全监管等部门人员参加，严格安全评价，交通安全设施验收不合格的不得通车运行。对因交通安全设施缺失导致重大事故的，要限期进行整改，整改到位前暂停该区域新建道路项目的审批。在保证国省干线公路网等项目建设资金基础上，加大车辆购置税等资金对公路安保工程的投入力度。强化交通事故统计分析，排查确定事故多发点段和存在安全隐患路段，全面梳理桥涵隧道、客货运场站等风险点，设立管理台账，明确治理责任单位和时限，强化对整治情况的全过程监督。

九是创新完善道路交通安全宣传机制和制度，加强道路交通安全文化建设。《意见》要求地方各级人民政府每年制订并组织实施道路交通安全宣传教育计划，加大宣传投入，督促各部门和单位积极履行宣传责任和义务。报刊、广播、电视、网络等新闻媒体要在重要版面、时段通过新闻报道、专题节目、公益广告等方式开展交通安全公益宣传。首次明确提出设立“全国交通安全日”，要求充分发挥主管部门、汽车企业、行业协会、社区、学校和单位的宣传作用，广泛开展道路交通安全宣传活动。广泛开展交通安全宣传进农村、进社区、进企业、进学校、进家庭活动，并创新内容和要求，推行实时、动态的交通安全教育和在线服务。继续贯彻交通安全教育从娃娃抓起的方针，要求有关部门督促指导中小学结合有关课程加强交通安全教育，鼓励学校结合实际开发有关交通安全教育的校本课程。要求以学校、驾驶员培训机构、运输企业为重点，广泛宣传道路交通安全法律法规和安全知识；建立交通安全宣传教育基地，推动开设交通安全宣传教育网站、电视频道，加强交通安全文学、文艺、影视等作品创作、征集和传播活动等。

十是创新完善保障制度，推动道路交通安全长远发展。《意见》提出研究建立中央、地方、企业和社会共同承担的道路交通安全长效投入机制，不断拓展道路交通安全资金保障来源，推动完善相关财政、税收、信贷支持政策，强化政府投资对道路交通安全投入的引导和带动作用。将交警、运政、路政、农机监理各项经费按规定纳入政府预算。根据道路里程、机动车增长等情况，相应加强道路交通安全管理力量建设，完善道路交通警务保障机制。地方各级人民政府要研究出台高速公路交通安全发展的相关保障政策，将高速公路交通安全执勤执法营房等配套设施与高速公路建设同步规划设计、同步投入使用并给予资金保障，高速公路建设管理单位要积极创造条件予以配合支持。

十一是完善和强化电动自行车安全管理制度，明确相关职能部门及地方人民政府落实电动自行车安全管理责任。《意见》提出了完善和强化措施，要求修订完善电动自行车生产国家标准，着力加强电动自行车生产、销售和使用监督管理，严禁生产、销售不符合国家强制标准的电动自行车。

十二是完善和强化农村道路交通安全基础，加强农村道路交通安全监管。《意见》要求各地深入开展“平安畅通县市”和“平安农机”创建活动，改善农村道路交通安全环境；县级人民政府要制订农村道路交通安全改善计划，落实资金，加大建设和养护力度；新建、改建农村公路根据需要同步建设安全设施，已建成的农村公路按照“安全、有效、经济、实用”的原则，逐步完善安全设施；以城市公交同等优惠条件扶持发展农村公共交通，拓展延伸农村地区客运的覆盖范围；调整优化交警警力布局，加强乡镇道路交通安全管控；发挥农村派出所、农机监理站以及驾驶员协会、村委会的作用，建立专兼职道路交通安全管理队伍，扩大农村道路交通管理覆盖面；完善农业机械安全监督管理体系，加强对农机安全监理机构的支持保障，积极推广应用农机安全技术，加强对拖拉机、联合收割机等农业机械的安全管理。

十三是完善和强化法律制度，加强对严重交通违法的惩处。《意见》提出要研究推动将客货运车辆严重超速、超员、超限超载等行为列入以危险方法危害公共安全行为，追究驾驶员刑事责任；同时，要研究推动将公民交通安全违法记录与个人信用、保险、职业准入等挂钩。

十四是完善和强化了道路交通事故责任追究制度，落实道路交通安全责任。《意见》要求严格执行重大事故挂牌督办制度，健全完善重大道路交通事故“现场联合督导、统筹协调调查、挂牌通报警示、重点约谈检查、跟踪整改落实”的联合督办工作机制，形成各有关部门齐抓共管的监管合力。研究制订道路交通安全奖惩制度，并进一步严格检查报告制度。研究制订重特大道路交通事故处置规范，完善跨区域责任追究机制，建立健全重大道路交通事故信息公开制度。对发生重大以上或6个月内发生两起较大以上责任事故的道路运输企业，依法责令停业整顿，并明确规定客运企业3年内不得新增客运班线、旅游企业3年内不得新增旅游车辆。对停业整顿仍不具备安全生产条件的，取消相应许可或吊销其道路运输经营许可证。对道路交通事故发生负有责任的单位及其负责人，依法依规予以处罚，构成犯罪的，依法追究刑事责任。发生重特大道路交通事故的，依法依纪追究地方政府及相关部门的责任。

为深入学习领会和贯彻落实《意见》精神，国务院安委会办公室于2012年8月13日发出通知（安委办［2012］39号），要求充分领会《意见》的重大意义，进一步增强做好道路交通安全工作的紧迫感、责任感和使命感；深入开展学习宣传，准确把握《意见》的基本内容和精神实质；细化相关工作措施，确保《意见》要求落到实处；加强督促检查。2012年12月13日，国务院办公厅印发了《贯彻落实〈国务院关于加强道路交通安全工作意见〉重点工作分工方案的通知》（国办函［2012］211号），将75项重点工作逐一分解落实。交通运输部（交运发［2012］490号）、国家工商行政管理总局（工商企字［2012］153号）等部委和宁夏回族自治区（宁政发［2012］143号）等省份已制订出台了贯彻落实《意见》的实施方案。

2. 继续开展打击非法违法生产经营建设行为专项行动

为深入贯彻落实2012年初全国安全生产电视电话会议部署和国务院领导同志关于加强安全生产工作的重要批示精神，有效防范和坚决遏制重特大事故，为党的十八大胜利召开创造良好的社会环境，经国务院同意，于2012年4月中旬~9月底，在全国集中开展打击非法违法生产经营建设、治理纠正违规违章行为（简称“打非治违”）专项行动。2012年4月16日，国务院办公厅印发了《关于集中开展安全生产领域打非治违专项行动的通知》（国办发明电［2012］10号），就“打非治违”专项行动进行总体部署。2012年“打非治违”专项行动的重点范围是在所有行业领域全面开展“打非治违”专项行动，突出以煤矿、非煤矿山、道路和水上交通、建筑施工、消防、危险化学品、烟花爆竹、民用爆炸物品、冶金等高危行业领域为重点，采取更加严厉、有效的措施，集中进行打击和整治。其中，道路交通方面的重点内容是营运车辆驾驶员超速、超载、超员、疲劳驾驶，以及无驾驶证、驾驶证与所驾车型不符、无从业资格证驾驶运输车辆，客运车辆不按规定线路行驶，旅游包车未取得包车证或持空白包车证，非客车违法载人，不具备营运资格车辆非法营运，非法改装车辆从事运输，高速公路违规停车。

2012年4月17日，国务院召开全国集中开展安全生产领域“打非治违”专项行动电视电话会议。原国务委员兼国务院秘书长马凯在会上强调，要认真贯彻落实党中央、国务院关于加强安全生产工作的一系列决策部署和年初全国安全生产电视电话会议精神，坚持科学发展、安全发展,从4月中旬至9月底集中6个月时间,在全国范围内深入开展"打非治违"专项行动,依法依规、依据政策,严厉打击各类非法违法生产经营建设行为,坚决治理纠正违规违章行为,及时发现和整改安全隐患,有效防范和坚决遏制重特大事故,促进全国安全生产形势持续稳定好转。

2012年4月19日,交通运输部印发了《交通运输系统集中开展"打非治违"专项行动方案》(交安委明电[2012]3号)。交通运输系统"打非治违"专项行动涉及道路交通方面的重点内容包括:一是无经营许可证件、证照不全或过期、超许可范围非法从事道路、出租车运输;二是非法用工、无从业资格证上岗;三是营运车辆超载超员、非法改装车辆从事运输;四是客运车辆不按规定线路行驶的,旅游包车未取得包车证或持空白包车证;五是非危险化学品运输车辆从事危险化学品运输的,集装箱非法夹带危险品运输;六是新材料、新设计、新装备、新技术未经安全检测核准投入使用;七是违章指挥、违反安全作业规定、违反安全操作规程,拒不执行安全监管指令、抗拒安全生产执法;八是瞒报谎报事故以及重大隐患隐瞒不报或不按规定期限予以整治;九是应急救援队伍、装备不健全,应急演练不及时,自救装备不足、培训不够;十是隐患排查治理制度不健全、责任不明确、措施不落实、整改不到位;十一是其他违反安全生产法律、法规、规章的生产经营建设行为。交通运输系统"打非治违"专项行动坚持企业自查自纠与督促检查相结合,全面排查与重点整治相结合,专项行动分制订方案、自查自纠阶段(4月中旬~5月底)、联合执法、集中整治阶段(6~7月)、全面检查、重点抽查阶段(8月)和总结经验、巩固提高阶段(9月)4个阶段进行。2012年6月6日,交通运输部召开了深入推进交通运输系统"打非治违"专项行动暨交通运输系统"安全生产月"活动电视电话会议。

教育部也制定了打非治违专项行动实施方案,并2012年5月24日印发了《教育部办公厅关于贯彻落实"打非治违"专项行动要求做好学校安全工作的通知》(教发厅[2012]7号),要求各地、各校从加强组织领导,严格落实责任,配合有关部门做好特种设备监察和校车专项整治,开展学校消防安全等安全隐患排查治理,加强宣传教育工作,营造氛围等方面来做好打非治违专项行动有关工作。

2012年6月20日,国务院安委会联络员会议通报了"打非治违"专项行动第一阶段工作进展情况,分析工作中存在的问题和薄弱环节,安排部署第二阶段重点工作。2012年6月21日,全国"打非治违"专项行动第二阶段动员部署视频会召开。

为全面检查掌握各地区、各行业领域贯彻落实《国务院办公厅关于集中开展安全生产领域"打非治违"专项行动的通知》(国办发明电[2012]10号)精神情况,推动"打非治违"专项行动深入开展、取得实效,有效防范和坚决遏制重特大事故的发生,努力实现2012年下半年安全生产三项目标任务,为党的十八大胜利召开营造安全稳定的环境,经报国务院领导同志同意,国务院安委会于2012年9月3日下发通知,对2012年9月中下旬在全国组织开展的安全生产督查进行部署。

2012年10月17日,国务院安全生产委员会召开全体会议,听取"打非治违"专项行动和安全生产督查情况汇报,安排部署下一阶段安全生产工作。原国务委员兼国务院秘书长马凯强调,要进一步深化"打非治违"工作,将专项行动延长至2012年年底,建立健全长效机制,认真组织开展"回头看",确保对非法违规行为打击治理到位,真正取得实效。2012年10月19日,国务院安全生产委员会下发通知,就进一步深化"打非治违"专项行动并集中开展"回头看”活动进行部署。“打非治违”专项行动“回头看”活动主要包括四方面内容:一是企业自查自纠是否到位。二是“四个一律”要求是否落到实处。其中“四个一律”指对非法生产经营建设和经停产整顿仍未达到要求的一律关闭取缔;对非法生产经营建设的有关单位和责任人一律按规定上限予以处罚;对存在非法生产经营建设的单位一律责令停产整顿,并严格落实监管措施;对触犯法律的有关单位和人员一律依法严格追究法律责任。三是非法违法行为是否得到有效遏制。四是煤矿“打非治违”专项行动是否取得更大实效。

2012 年 10 月 23 日,交通运输部安全生产委员会办公室转发了国务院安全生产委员会关于进一步深化“打非治违”专项行动集中开展“回头看”活动的通知,并提出了交通运输行业的贯彻意见。

3. 继续深化“安全生产年”活动

2012 年 2 月 14 日,国务院办公厅印发《关于继续深入扎实开展“安全生产年”活动的通知》(国办发[2012]14 号,简称《“安全生产年”通知》)。《“安全生产年”通知》特别要求深化交通运输安全整治。加快研究制订进一步加强道路交通安全工作的政策措施,以长途客运、校车安全、危险品运输管理为重点,完善技术标准和监管措施,加强重点路段安全防护设施建设,强制安装动态监控装置,严格交通执法,严厉整治超速、超载、超限以及酒后驾车、疲劳驾驶、违规停车等各类违法违规行为。

《“安全生产年”通知》还要求健全完善道路交通部际联席会议制度,加强工作协调和督促指导,紧密结合经济社会发展、转变发展方式、调整产业结构的新要求,抓紧制定完善高速公路等建设、运行、管理方面的安全法规规章,加快修订制定国家和行业安全技术标准,建立完善与科学发展安全发展相适应的安全生产法律法规和标准制度体系。同时,《“安全生产年”通知》还要求着力推进企业安全生产达标创建。加快制定和完善重点行业领域、重点企业安全生产的标准规范,以工矿商贸和交通运输行业领域为主攻方向,全面推进安全生产标准化达标工程建设。

2012 年 2 月 29 日,国务院安委会办公室《印发了关于认真学习贯彻落实〈国务院办公厅关于继续深入扎实开展“安全生产年”活动的通知〉的通知》(安委办[2012]9 号),要求各地区各有关部门和单位以科学发展安全发展为总要求,以深入扎实开展“安全生产年”活动为载体,以强化预防落实责任依法治理应急处置科技支撑基础建设为主要措施,以进一步减少事故总量有效防范和坚决遏制重特大事故为目标,围绕“一个树立三个坚持三个强化”等重点工作,明确责任,狠抓落实,扎实做好 2012 年安全生产各项工作。

交通运输部于 2012 年 3 月 23 日印发了交通运输系统继续深入扎实开展“安全生产年”活动方案(交安监[2012]121 号,简称《方案》)。《方案》规划了 6 个方面的活动内容:一是突出思想建设,坚持科学发展安全发展,包括深刻把握《国务院关于坚持科学发展安全发展促进安全生产形势持续稳定好转的意见》(国发[2011]40 号)精神实质、大力开展全员宣传教育活动、大力推进行业安全文化建设。二是突出责任落实,强化激励约束机制,包括强化企业安全生产主体责任、强化管理部门安全监管责任、加强考核兑现和责任追究。三是突出“双基”(基层、基础)建设,夯实科学发展安全发展保障基础,包括:进一步完善安全生产法规、标准和规范、认真落实“十二五”安全生产规划要求的年度目标、深入开展安全生产竞赛活动、扎实推进安全生产标准化建设、切实加强交通运输安全生产队伍建设。四是突出重点领域,坚决遏制重特大事故的发生，包括：加强道路客运安全监管、加强长大桥隧通行安全监管等。五是突出重点时段，严防死守确保安全稳定，包括：做好节假日、“十八大”等重点时段的安全稳定工作、加强汛期、台风季节和冰冻雨雪及寒潮大风期间的安全管理。六是突出预防预控，继续深入开展隐患排查治理，包括：加强形势研判、强化隐患排查治理、加强督导落实。

4. 部署加强道路交通安全工作措施

2012 年 1 月 12 日下午，国家安监总局、公安部、交通运输部联合召开了道路交通安全专题形势分析会。会议分析了近年来特别是 2011 年道路交通安全形势和道路交通安全存在的突出问题，研究提出了 2012 年加强道路交通安全 8 个方面的工作措施。

一是认真贯彻落实《国务院关于坚持科学发展安全发展促进安全生产形势持续稳定好转的意见》（国发[2011]40 号）和国务院安委会全体会议、全国安全生产电视电话会议精神，高度重视道路交通安全工作，积极做好国务院关于进一步加强道路交通安全工作若干意见的调研和起草工作，着力解决道路交通安全长远性、根本性、基础性、源头性问题。

二是大力宣传贯彻《道路交通安全“十二五”规划》（安委办[2011]50 号），积极推动各有关部门和地方各级政府，认真抓好规划的组织实施，进一步细化、分解工作任务，落实重大工程项目。

三是将 2012 年作为“道路客运安全年”，由交通运输部、公安部、国家安全监管总局联合部署开展，抓紧研究拟定活动方案，主要内容涵盖：继续以长途客车、旅游客车、卧铺客车和县级客运企业为重点，巩固和深化客运整治成果；以大培训、大教育为主要措施加强驾驶员素质教育；以贯彻落实《道路旅客运输企业安全管理规范》为主要内容开展客运企业标准化工作；以动态监管为主要手段加强营运车辆安全监管；以修订完善相关标准为主要抓手提高客货运车辆安全性能。

四是进一步加强和改进驾驶员培训考试工作，区分专业运输驾驶员和普通驾驶员，实施有针对性的驾驶技能和安全意识教育培训，并严格考核。继续以客货运车辆为重点，加强路面通行秩序管理，开展集中整治超速、超员、超载、疲劳驾驶违法行为的“三超一疲劳”专项行动，并依法加大对“三超一疲劳”违法行为的治理和行政、刑事处罚力度。严格执行《劳动法》有关规定，督促运输企业采取有效措施，强制客货运驾驶员 24 小时累计驾驶时间不得超过 8 小时，并严格夜间客运班线的审批，合理调整班线时间，从源头上解决疲劳驾驶问题。积极会同最高人民法院、人力资源社会保障部、全国总工会等部门和单位开展法律政策研究，对胁迫驾驶员疲劳驾驶的运输企业负责人、车主追究法律责任。

五是进一步加强安全技术标准化建设。强制推行公路客运和旅游客运车辆、校车的所有座椅安装汽车安全带，强制要求大型公路客运和旅游客运车辆、校车安装限速装置和采用全承载整体式结构车身，提高客运车辆主被动安全性。对新出厂的货车强制安装使用具有行驶记录功能的卫星定位装置和限载装置，接入道路货运公共监管与服务平台，并研究安装缓速装置的可行性，以技术手段不断强化源头管理，有效减少客货运车辆重特大事故。

六是进一步加强道路安全隐患排查整治工作，建立健全各有关部门联合排查道路安全隐患的工作机制，深入开展道路安全设施生命防护工程，以排查整治险桥险路、完善标志标线和安全防护设施为重点，改善道路通行安全条件，相关部门加强信息交换和共享，形成对隐患的整治合力。

七是积极开展交通安全宣传教育。组织各地区对所有客运企业及其从业驾驶员开展走访活动,通报重特大事故和宣传安全形势,开展面对面的宣传教育。充分发挥传统媒体和现代媒体的优势,大力开展互动式、体验式交通安全宣传教育,组织开展各种形式的宣传教育活动。加强组织策划,加强公益宣传,建设宣传教育基地,强化志愿者队伍。抓好中小学生、农村群众、客货运驾驶员等重点群体的宣传教育。

八是进一步加强道路交通重大事故挂牌督办和各类事故查处工作,严格责任追究。继续抓好重大事故联合督导、联合通报、联合约谈、联合分析和挂牌督办,通过挂牌督办,督促各地区加大事故查处力度,并通过严肃问责,促进运输企业切实落实安全生产主体责任。研究建立事故整改措施督办制度,加强对每一起重特大事故整改措施落实情况的监督检查,督促有关地方政府和企业切实吸取事故教训,及时整改事故隐患,防止类似事故再次发生。

5. 国务院印发《服务业发展“十二五”规划》

2012 年 12 月 1 日,国务院印发了《服务业发展“十二五”规划》(国发[2012]62 号,简称《服务业规划》)。这是我国制订的第一部服务业发展规划。《服务业规划》全面、客观、深入地分析了“十二五”时期我国服务业的发展基础、发展机遇和面临挑战,提出了“十二五”时期我国服务业发展的总体要求、主要任务和保障措施。

《服务业规划》要求要加快发展交通运输业。《服务业规划》提出“十二五”时期,交通运输基础设施网络更趋完善,创新能力不断增强,管理能力不断提高,服务质量和效率不断提升,构建网络设施配套衔接、技术装备先进适用、运输服务安全高效的综合交通运输服务体系。为实现上述目标,要加快国家高速公路网剩余路段、“瓶颈”路段建设,加强路网运行监测和交通出行信息服务;继续推进农村公路建设,推进城乡客运一体化。实施公共交通优先发展战略,大力发展农村客运和农村物流,推进综合运输大通道和综合交通枢纽建设。

《服务业规划》要求加快发展现代物流业。《服务业规划》提出“十二五”时期,物流业信息化、智能化和标准化水平将明显提高,重点行业物流服务能力显著增强,初步建立社会化、专业化、信息化的现代物流体系。大力发展第三方物流,建设覆盖全国的物流通道网络,加快推进城市配送体系建设。鼓励物流业与制造业联动发展,拓展邮政物流,推动快递与电子商务、制造业协同发展,培育一批具有国际竞争力的现代物流企业。

在扩大开放方面,《服务业规划》提出要引导外商投资发展交通运输、现代物流等生产性服务业,并分类指导,积极引导运输等有比较优势的企业对外投资。完善珠三角地区与港澳跨界交通运输体系,建立跨界交通监管合作机制,加强口岸综合配套服务功能和区域物流信息平台建设。

在创新政策支持方面,《服务业规划》提出鼓励和引导民间资本进入交通运输等行业。推进服务业质量体系建设,加快交通运输等领域认证认可制度的建立和实施。

6. 国务院印发《关于城市优先发展公共交通的指导意见》

为实施城市公共交通优先发展战略,国务院于 2012 年 12 月 29 日印发了《关于城市优先发展公共交通的指导意见》(国发[2012]64 号,简称《指导意见》)。

《指导意见》明确了城市优先发展公共交通的总体发展目标。提出要构建以公共交通为主的城市机动化出行系统,同时改善步行、自行车出行条件。科学研究确定城市公共交通模式，根据城市实际发展需要合理规划建设以公共汽(电)车为主体的地面公共交通系统，包括快速公共汽车、现代有轨电车等大容量地面公共交通系统，有条件的特大城市、大城市有序推进轨道交通系统建设。提高城市公共交通车辆的保有水平和公共汽(电)车平均运营时速，大城市要基本实现中心城区公共交通站点500米全覆盖，公共交通占机动化出行比例为60%左右。

根据《指导意见》，城市公共交通可享有优惠政策，城市人民政府要将公共交通发展资金纳入公共财政体系，重点增加大容量公共交通、综合交通枢纽、场站建设以及车辆设备购置和更新的投入。"十二五"期间，免征城市公共交通企业新购置的公共汽电车的车辆购置税；依法减征或者免征公共交通车船的车船税；落实对城市公共交通行业的成品油价格补贴政策，确保补贴及时足额到位。对城市轨道交通运营企业实施电价优惠。

《指导意见》要求，加快建立健全城市公共交通发展绩效评价制度，国务院有关部门研究制订评价办法，定期对全国重点城市公共交通发展水平进行绩效评价。同时，《指导意见》要求保障公共交通路权优先，允许机场巴士、校车、班车使用公共交通优先车道。鼓励智能交通发展，要求建设公众出行信息服务系统、车辆运营调度管理系统、安全监控系统和应急处置系统。《指导意见》还要求各地城市在"十二五"期间要全面普及城市公共交通"一卡通"，加快其在城市不同交通方式中的应用，并逐步实现跨市域公共交通"一卡通"的互联互通。初步建立出租汽车服务管理信息系统，大力推广出租汽车电话约车服务，方便群众乘车，减少空驶。

《指导意见》要求健全安全管理制度。城市人民政府要切实加强公共交通的安全监管，完善安全标准体系，健全安全管理制度，落实监管责任，加大安全投入，制订应急预案。重大公共交通项目建设要严格执行法定程序和工程标准，保证合理工期，加强验收管理。城市公共交通企业作为安全责任主体，要完善各项规章制度和岗位规范，健全安全管理机构，配备专职管理人员，落实安全管理责任，加大经费投入，定期开展安全检查和隐患排查，严格实施车辆维修和报废制度，增强突发事件防范和应急能力。规范技术和产品标准，构建服务质量评价指标体系。要高度重视轨道交通的建设、运营安全，强化风险评估与防控，完善轨道交通工程验收和试运营审核及第三方安全评估制度。

为深入贯彻落实《指导意见》，进一步推进城市公共交通优先发展，充分发挥公共交通对改善城市交通状况、促进经济社会协调和可持续发展的作用，交通运输部提出了具体实施意见(交运发[2013]368号，简称《公共交通实施意见》)，提出了城市公共交通发展的总体目标，即到2020年，基本确立城市公共交通在城市交通中的主体地位，安全可靠、经济适用、便捷高效的公共交通服务系统基本形成，较好满足公众基本出行需求。具体体现在：公共交通引领城市发展能力显著提升；公共交通服务质量显著提升；公共交通可持续发展能力显著提升。《公共交通实施意见》同时提出从落实企业安全生产主体责任、加强应急管理、加强安全监管和增强公众安全意识4个方面提升公共交通安全保障能力。

三、主要行动

1. 深入推进"文明交通行动计划"

2012年3月12日，中央文明办、公安部、交通运输部联合召开电视电话会议，总结2011年

"文明交通行动计划"实施情况，部署2012年深入推进实施工作。会议指出，2012年是"文明交通行动计划"的攻坚年，核心任务是抓巩固深化、抓整体提升。要实现政府主导、部门联动、全民参与、综合施策的工作机制进一步完善，交通参与者守法出行的文明素质显著提高，机动车交通违法率、道路交通事故万车死亡率显著下降，城市和公路建成一批交通秩序好、事故少的示范路，群众交通出行安全感和对交通环境的满意率进一步提升，全社会文明交通的良好风尚进一步形成。2012年要着力在健全工作机制、拓展文明交通理念传播途径、创新警务机制、创造安全有序道路通行环境、进一步深化示范创建5个方面提高实施"文明交通行动计划"的水平。交通运输部要求全国交通运输系统把推进实施"文明交通行动计划"作为行业精神文明建设的重点工作之一，按照全国实施"文明交通行动计划"领导小组的统一安排要求，加大工作力度，全面落实各项任务，重点要抓好两方面工作：一是进一步强化源头管理，全面落实交通运输企业的主体责任，切实做好道路运输安全监管工作。二是积极参加高速公路交通违法行为专项整治行动，保障路网安全畅通，为"文明交通行动计划"深入实施提供良好的交通运输条件。

"文明交通行动计划"以"关爱生命、文明出行"为主题，目标是通过三年努力，力争使公民交通出行的法制意识、安全意识、文明意识明显增强，文明交通长效机制进一步完善，2010年由中央文明办、公安部联合部署实施，2011年交通运输部全面参与。

甘肃、山西等省陆续召开会议，部署2012年"文明交通行动计划"实施工作。2012年7月26日，江苏省人民政府在常州市召开全省推进实施文明交通工程工作会议，明确"十二五"期间率先建成文明交通管理体系，会上，省政府办公厅正式下发由江苏省文明办、省公安厅、省交通运输厅等7部门联合制定的《关于深入实施江苏文明交通工程的工作意见》（简称《江苏省工作意见》），在全国率先开展包括进行城市文明交通指数测评、建立文明交通安全信用管理、构建文明交通教育体系、建立文明交通公共服务体系等9大项22方面内容的文明交通工程，对今后继续巩固扩大江苏文明交通行动成果，牢固树立现代文明交通理念制定了具体目标。《江苏省工作意见》提出在实施文明交通工程中积极引入诚信机制，主要通过建立文明交通信用等级评价制度，将公民遵守交通法律法规情况纳入全省社会信用体系，实现道路交通违法行为和交通责任事故信息与全省企业、个人信用基础数据库对接，建立公民和单位文明交通信用档案。有严重交通违法行为、发生重特大、有影响的道路交通事故负同等以上责任的，将被认定为严重失信行为。

为推动"文明交通行动计划"深入开展，营造安全和谐的交通环境，最大范围内普及传播交通安全知识，公安部交通管理局、交通运输部道路运输司、国家安全监管总局政策法规司、原国家广电总局电影局联合印发了《关于用好〈文明出行安全驾驶〉交通安全教育系列电影科教片的通知》（公交管[2012]309号），在全国驾驶员中推荐学习用好《文明出行 安全驾驶》交通安全教育电影科教片。该片以安全驾驶为主线，通过典型案例警示，集中针对酒后驾驶等严重交通违法行为的危害及复杂路况、恶劣天气的应对处置进行了客观解析。该片共十部，分别是《违法驾驶的危害》、《不良驾驶心理的危害》、《驾驶陋习的危害》、《恶劣天气条件下的驾驶技巧与禁忌》、《城区驾驶技巧与禁忌》、《高速公路驾驶技巧与禁忌》、《女性驾驶注意事项》、《汽车驾驶应急处理与自救》、《乡村和山区道路如何驾驶更安全》、《特殊时段、特殊路段驾驶技巧与禁忌》，旨在使广大驾驶员和交通参与者充分了解交通信号，包括交通信号灯、交通标志、交通标线和交通警察指挥的重要性,大力倡导遵守交通规则就是尊重生命、珍爱生命的理念,使安全出行成为广大交通参与者的共识。

2. 开展“道路客运安全年”活动

为进一步贯彻落实党中央、国务院关于加强道路交通安全工作的决策部署,深入扎实开展“安全生产年”活动,坚决遏制重特大道路交通事故,交通运输部、公安部、国家安全监管总局决定 2012 年联合开展“道路客运安全年”活动。2012 年 3 月 16 日,《“道路客运安全年”活动方案》(交运发[2012]112 号,简称《活动方案》)印发。

根据《活动方案》,“道路客运安全年”活动的目标任务是深入贯彻科学发展观,始终坚持把安全发展作为加强交通运输公共服务能力建设的核心内容,坚持安全第一、预防为主、综合治理,坚持把生命高于一切的理念贯穿于交通运输服务的全过程,以有效遏制和减少重特大道路交通事故的发生为目标,以落实道路客运企业安全生产主体责任为主线,以提升客运驾驶员安全意识和应急处置能力,增强客车被动安全性,完善并落实道路客运企业安全管理机制和规范,建立健全道路运输车辆动态监管制度,细化和完善客运站各项安全管理制度为主要手段,努力解决道路客运安全工作中存在的薄弱环节和突出问题,提高道路客运安全生产水平。

“道路客运安全年”包括七方面活动内容:

(1)全面开展道路客运驾驶员安全素质教育。一是严格客运驾驶员培训、考试。二是把好客运驾驶员从业准入关。三是全面推进道路运输驾驶员继续教育。四是强化经常性交通安全宣传教育。五是全面开展“牵手平安行”活动。

(2)全面落实道路客运企业安全管理规范。一是加强客运企业规范化管理。二是联合组织宣贯活动。三是联合组织专项检查。

(3)建立健全道路运输车辆动态监管制度。一是交通运输部、公安部、国家安全监管总局联合制定《道路运输车辆动态监管工作管理办法》。二是各地交通运输部门要督促运输企业按照行业标准及规定时间要求,完成系统平台的改造,尽快通过标准符合性审查。三是完善联合监管机制。

(4)加强和改进旅游包车客运安全管理。一是交通运输部门要研究加强旅游包车客运安全管理制度。二是联合开展旅游包车专项整治。

(5)在高速公路客运全面推广使用安全带。一是联合开展宣传教育活动。二是各地交通运输部门要督促运输企业对通行高速公路未按规定安装座椅安全带的客运车辆,联系客车生产厂家进行安装改造。三是道路客运企业和客运站场要建章立制,并对相关人员进行培训,把握好客运车辆出站前、上高速公路前、服务区休息发车前等环节,提醒、检查旅客佩戴安全带。四是加强执法检查。

(6)严管客运车辆严重交通违法行为。一是启动省际交通安全服务站,会同交通运输部门,对长途客车、卧铺客车、旅游包车等客运车辆进行检查。二是依托区域警务合作机制,联合开展客运车辆交通违法区域集中整治。三是建立联动执法机制。四是倒查企业负责人责任。

(7)进一步完善和细化客运站安全管理制度。

2012 年 3 月 28 日,交通运输部、公安部和国家安全监管总局联合召开“道路客运安全年”动员部署电视电话会议。2012 年 4 月 7 日,“道路客运安全年”活动领导小组办公室第一次会议在北京召开。会议对“道路客运安全年”活动进行了部署,研究了“道路客运安全年”活动有关工作进度安排，并提出近期要加大做好活动宣传，同时将于近期对部分地区“道路客运安全年”活动启动和安排部署情况开展督察，初步确定了10项具体工作，分别是编写刊发工作简报，在全国范围内组织客运驾驶员开展以危险源辨识、应急处置为重点的安全知识竞赛，联合中央人民广播电台开设《空中安全大讲堂》栏目，组织开展《道路旅客运输企业安全管理规范（试行）》培训，开展“安全带—生命带”专项行动，制订《道路运输车辆动态监管工作管理办法》，开展运输企业车辆监控平台的标准符合性审查工作，加强旅游包车客运安全管理，细化客运站关键岗位人员职责，组织联合检查督察工作。同时，本次会议商议了“道路客运安全年”活动督察有关工作，明确要重点督察各地活动实施方案的制订情况、活动领导小组和相关工作机制的建立情况以及活动宣传情况。2012年5月，交通运输部、公安部、国家安全监管总局组成联合督察组，对部分地区推进“道路客运安全年”活动启动和安排部署情况进行了督察。

2012年5月30日，交通运输部印发了《关于开展“安全带—生命带”专项行动有关事项的通知》（厅运字[2012]127号），部署开展“安全带—生命带”专项行动，在高速公路客运全面推广使用安全带，要求督促企业按时完成规定车辆座椅安全带的安装，广泛开展各项宣传活动，督促道路客运企业和客运站建章立制，并加强对安全带安装使用情况的检查，要求自2012年7月1日起，客运站要把旅客佩戴安全带的情况作为出站检查的一项内容，高速公路客车旅客不佩戴安全带的，禁止出站。

为进一步贯彻落实交通运输部《关于积极推行道路客运安全告知制度有关事项的通知》（交运发[2011]396号），充分发挥社会监督作用，落实企业安全责任，保障道路客运安全，交通运输部组织拍摄了《道路客运安全告知视频》（简称《安全告知》视频）和《道路客运驾驶员安全告知培训示范片》（简称《培训示范片》）。交通运输部要求把推广使用《安全告知》视频和《培训示范片》作为落实道路客运安全告知制度的一项重要措施，并对推广使用《安全告知》视频和《培训示范片》作了具体要求（厅运字[2012]318号）。

3. 加强长途客运安全管理

2011年7月29日，交通运输部在河北廊坊市召开了北京市、天津市、河北省、山东省、河南省、山西省交通运输部门和大型客运企业负责人的座谈会，就如何加强长途客运汽车的安全管理，听取建议，商讨对策。时任交通运输部部长李盛霖要求全国长途客运班车要建立安全告知制度，公布举报电话，接受旅客监督，交通运输部门要加强对长途客运班车的监管，形成有利于长途客运安全的长效机制。

2012年8月26日凌晨2时31分许，内蒙古呼运（集团）有限责任公司一辆号牌为蒙AK1475的卧铺客车从呼和浩特发往西安，当车辆行驶至包茂高速安塞段K484+95米处时，与河南孟州市第一汽车运输公司号牌为豫HD6962的大型罐车（装有甲醇）追尾，两车起火，造成36人死亡、3人受伤。次日，交通运输部发出了《关于进一步加强长途客运安全管理工作的紧急通知》（交运明电[2012]0831号，简称《紧急通知》），要求认真吸取事故教训，加强长途客运安全管理，有效防范和坚决遏制重特大道路交通事故的发生。

《紧急通知》要求各地交通运输管理部门将此次事故的情况通报到本地区的每一家运输企业、每一名驾驶员，深刻吸取事故教训，对照企业实际，举一反三，全面做好事故预防和应急处置工作。迅速对长途班线客车开展全面排查整治，立即对长途客运进行全面清理，逐车逐线对长途客车隐患开展全面排查整治。进一步完善长途客运班线的审批和管理,加强班线途经道路的安全适应性评估,合理确定营运线路、车型和时段。严格执行对夜间途径达不到安全通行条件的三级(含)以下山区公路,不得批准客运班线的规定。采取有效措施切实防止驾驶员疲劳驾驶,创造条件积极推行长途客运车辆凌晨2时至5时停止运行或实行接驳运输;严格落实驾驶员停车换人、落地休息制度,确保驾驶员按照规定时间休息,避免疲劳驾驶。加强对客运车辆运行全过程的动态监控,督促运输企业进一步落实监控主体责任,制订和完善卫星定位装置安装使用管理规定,对车辆出站、超速、中途停车等状态加强监控,及时发现和制止车辆各类违法违章行为,并及时进行处理。严格旅游包车安全管理,深入开展好旅游包车客运安全专项整治行动,切实加强旅游包车客运的安全管理。要对旅游包车企业的资质进行严格审查,对没有取得省际班线资格的企业,禁止从事省际包车业务。集中开展督导检查,严肃事故报告制度。

4."文明交通示范公路创建"活动

2012年4月至12月,公安部组织各地连续第三年(自2010年启动)开展文明交通示范公路创建活动,以进一步改善公路通行秩序,预防重特大道路交通事故。2012年创建活动在京哈(G1)、京沪(G2)、京港澳(G4)、沪昆(G60)四条高速公路的基础上,将增加京台(G3)、连霍(G30)两条高速公路作为全国文明交通示范创建路。各地在巩固前两年创建成果的基础上,再增加一条高速公路和一条国道开展创建。力争参加创建活动的高速公路百车违法率降至5%以下,国省道百车违法率降至6%以下,通过示范创建带动道路交通事故预防工作。

公安部要求在2012年创建活动期间,公安机关交通管理部门要进一步加强公路巡逻管控,深化"三超一疲劳"专项整治,以及不按规定车道行驶、违法占用应急车道、违法停车、无牌无证、遮挡号牌等严重影响高速公路通行秩序的违法行为;进一步提高违法处罚执行率,通过公路卡口系统及时发现违法车辆,并对驾驶员进行现场处罚,定期清理交通违法和记分,定期转递交通违法信息;进一步提高交通应急处置能力,与交通、安监、卫生、气象等部门建立部门协调联动机制,相邻交警总队、支队、大队建立区域协调联动机制;进一步加大隐患排查整治力度,会同交通部门对高速公路弯道、坡道中央隔离护栏进行改造,对事故多发路段增设完善减速提示标志、减速垄以及震动减速带等设施;进一步加强科技应用,加强电子监控系统建设;进一步规范执勤执法,强化考评监督,对民警执勤执法过程进行动态检查监督,坚决杜绝公路"三乱"。

4月12日是2012年度文明交通示范公路创建第一次集中统一行动日。各地公安交通管理部门按照公安部统一部署,全面启动文明交通示范公路创建活动。据公安部统计,各地在集中统一行动日共出动警力16.4万余人次、警车6.3万余辆次,查处"三超一疲劳"等各类严重交通违法行为20余万起。

2012年5月25~31日,全国公安交管部门开展了为期一周的文明交通示范公路创建活动统一行动。本次行动以区域为主,河北、辽宁、江苏、湖北、四川、甘肃等省公安厅交警总队分别负责组织华北、东北、华东、中南、西南、西北地区统一行动,针对片区道路交通特点,确定整治重点,共同组织开展区域性集中统一行动。统一行动周期间,文明交通示范公路沿线公安交管部门将最大限度调动警力上路执法,每个交警大队将设置2处以上临时执勤点,实行24小时勤务,对长途客车、旅游包车、危险化学品运输车辆、校车等重点车辆逐车检查登记,从严查处"三超一疲劳"、不按规定车道行驶、违法停车、遮挡号牌、无牌无证等严重交通违法行为。

5. 加强交通运输安全生产

2012 年 2 月 20 日，交通运输部制定了《2012 年交通运输安全生产工作要点》（交安监发[2012]60 号，简称《要点》），要求以深入扎实开展“安全生产年”活动为载体，以强化安全生产标准化建设为着力点，加强交通运输安全生产“双基”（基层、基础）建设，进一步减少事故总量，有效防范和坚决遏制重特大事故发生，持续推进交通运输安全生产形势稳定好转。

《要点》要求继续开展安全生产“双基”建设活动，不断加大安全科技投入和技术推广，进一步推进重点车辆动态监管系统等项目建设，继续推进安全生产相关标准规范建设，大力开展安全生产先进适用技术产品推广应用，积极研究通过安全生产物联网示范建设等手段，提高事故预报预警、综合防范、有效处置和执法监管等智能化水平。

《要点》要求大力推进企业安全生产标准化建设，出台交通运输企业安全生产标准化考评管理办法、达标标准和考评程序以及考评机构和考评人员等管理办法，并完善相关配套实施细则；积极推进交通运输企业安全生产标准化管理信息系统建设；加快推进交通运输企业安全生产标准化考评机构的资质审核认定、考评人员的培训发证等工作；尽快启动客运企业和危险品运输企业的标准化建设的达标工作。2012 年 4 月 23 日，交通运输部印发了《交通运输企业安全生产标准化考评管理办法》和《交通运输企业安全生产标准化达标考评指标》（交安监发[2012]175 号）。

《要点》要求深化重点领域的安全专项整治，做好重点时段安全生产工作。深入开展安全隐患排查治理，继续抓好以“两客一危”车辆、桥梁隧道、城市轨道交通和大型结构工程施工现场等为重点的安全隐患排查治理。进一步巩固和扩大“打非”专项行动成果，依法严厉打击无证无照进行运输经营、超载超限超员运输、非法夹带危险化学品运输等非法违法行为。做好重要节假日和“两会”等重大活动期间以及寒潮大风、冰雪凝冻、台风、洪涝等极端天气下的交通运输安全保障。加强重点领域安全生产监管力度，高度重视道路客运安全，会同有关部门开展“道路客运安全年”活动，继续开展超载超限等专项整治活动，推广公路桥隧工程和大型水工结构工程设计、施工安全风险评估制度，开展平安工地达标考核评价工作，推进平安工地、平安车站等长效机制建设。

6. 加强吸毒人员驾驶机动车管理

近年来，因吸毒后驾驶机动车引发的交通事故不断增多，特别是致多人伤亡的恶性交通事故时有发生，给道路交通安全带来重大隐患。为有效遏制吸毒人员驾驶机动车违法行为的发生，确保道路交通安全，2012 年 7 月 31 日，公安部印发了《关于加强吸毒人员驾驶机动车管理的通知》（公通字[2012]35 号，简称《管理通知》）。

《管理通知》要求集中排查清理吸毒驾驶员。2012 年 8 月底前进行全面排查清理，掌握本地有吸毒记录的驾驶员基本情况和底数。公安机关交通管理部门应当在 8 月底前，通过电话、信函、手机短信等方式通知正在执行社区戒毒、社区康复措施的驾驶员，三十日内到驾驶证核发地车辆管理所申请注销驾驶证。

《管理通知》要求建立吸毒驾驶员核查机制。在驾驶证申领和使用环节，公安机关要严格审查比对已登记的吸毒人员信息，对申请人属于吸毒成瘾未戒除人员的，不予受理申请，不予核发驾驶证。同时，要求各地公安机关在办理驾驶证补换证、提交身体条件证明等业务，或者处理交通违法、交通事故时，严格审查比对吸毒人员信息，对发现驾驶员属于吸毒成瘾未戒除人员的，要按规定注销驾驶证。

《管理通知》要求全面清理校车驾驶员，对有吸毒行为记录的驾驶员，不予核发校车驾驶资格许可或注销其校车驾驶资格，对属于吸毒成瘾未戒除人员的，还应注销其机动车驾驶证。对现有的客货运驾驶员进行集中清理，对发现大中型客货车和出租车驾驶员属于吸毒成瘾未戒除人员的，注销其机动车驾驶证，取消其营运资格。

《管理通知》要求公安机关加大路面执法检查力度，定期开展吸毒人员驾驶机动车违法行为专项治理工作，严格查处吸毒后驾驶机动车违法行为。交通警察对在路面检查中发现有明显吸毒特征、表现或者有证据表明属于吸毒后驾驶机动车的，将按规定进行现场检测或者移送公安机关禁毒部门或者有吸毒检测资质的实验室、医疗机构进行检测。对经检测确认为吸毒后驾驶机动车，依据《中华人民共和国道路交通安全法》、《中华人民共和国治安管理处罚法》、《中华人民共和国禁毒法》进行处罚和处理；属于吸毒成瘾未戒除的，按规定注销驾驶证。对发生交通事故的驾驶员，公安机关将审查比对吸毒人员信息，对属于三年内有吸毒行为记录的，将按规定对驾驶员进行检测。对经检测被认定为吸毒后驾驶机动车的，依法处罚处理，对属于吸毒成瘾未戒除人员的，按规定注销驾驶证。

7. 深化“牵手平安行”活动

2012 年 7 月 10 日，公安部召开全国公安机关深化“牵手平安行”活动电视电话会议。公安部要求，全国交警系统要坚持部门联手、齐抓共管、社会联动、形成合力，以全面深化“牵手平安行”活动为载体，转变作风，狠抓落实，真正与各有关部门、运输企业、驾驶员和广大交通参与者手牵手、心连心，共同做好道路交通安全工作，预防重特大交通事故。

公安部要求，要真正与有关部门牵起手来，进一步形成齐抓共管的工作合力。要充分发挥联席会议的牵头作用，积极会同有关部门，深入推进道路安全防护“生命工程”，着力解决影响道路交通安全的基础性、源头性问题。要真正与运输企业牵起手来，进一步推动企业主体责任的落实。要帮助企业完善制度措施，督促企业严格落实责任，加强源头管理。要真正与驾驶员牵起手来，进一步构建和谐的道路交通环境。要紧紧围绕开展“文明交通进驾校”活动，做对新驾驶员安全文明和法制宣传教育工作。要真正与广大交通参与者牵起手来，进一步营造全民文明交通的良好风尚。

据公安部统计，“牵手平安行”活动启动两个月来，全国道路交通事故起数、死亡人数同比分别下降 13% 和 18%。一次死亡 3 人以上事故同比减少 51 起，下降 23.8%；一次死亡 5 人以上道路交通事故同比减少 13 起，下降 23.6%。

2012 年 9 月 13 日，公安部交通管理局在河北召开深化“牵手平安行”活动推进会，全国 15 个省区公安交通管理部门共同研究进一步深化“牵手平安行”活动。会议要求，各地公安交通管理部门要深入查找开展深化“牵手平安行”活动以来存在的问题，切实按照全国公安机关开展深化“牵手平安行”活动电视电话会议和全国交通安全电视电话会议要求，出实招、求实效，真正做到认识到位、牵手到位、宣传到位、检查到位，真正发挥预防事故作用。要主动牵手相关部门，重点针对长途客运特别是卧铺客车存在的突出问题，严格客运班线审批和监管，严格控制 1 000 公里以上的跨省长途客运班线和夜间运行时间，积极创造条件推行长途客运车辆凌晨 2 时至 5 时停止运行或实行接驳运输，不符合条件的，采取坚决措施予以调整或停运。要主动牵手运输企业，重点帮助、督促运输企业加强车辆动态监管，用好动态监控平台，发现超速行驶、疲劳驾驶等违法行为，及时提醒，及时纠正。要主动牵手驾驶员，重点建好用好交通安全信息发布平台，通过向驾驶员提供交通安全出行警示、提示服务和严格路面执法、现场教育等措施，不断提升广大驾驶员遵纪守法、安全文明意识。要主动牵手广大交通参与者，重点建立健全客运车辆违法举报奖励制度，公开举报方式、公布奖励措施，真正把群众发动起来，加强社会监督。

8. 设立12月2日“全国交通安全日”

2011年，公安部决定将每年12月2日定为“交通安全日”。2012年11月18日，国务院批复同意将每年12月2日设立为“全国交通安全日”（国函[2012]195号）。据公安部交管局有关负责人介绍，确定12月2日为“全国交通安全日”，主要考虑数字“122”作为我国道路交通事故报警电话，于1994年开通并投入使用，群众对此认知度高，方便记忆和宣传；同时考虑每年12月2日我国已进入冬季，是交通事故多发期，春运等道路交通出行和运输高峰也即将开始，在此时间节点组织开展全国范围的道路交通安全主题宣传活动有利于预防道路交通事故，保证广大民众出行安全。

为不断提高全民法治意识、安全意识和公德意识，切实保障人民群众生命财产安全，公安部、中央文明办、教育部、司法部、交通运输部、国家安监总局等部门围绕“遵守交通信号，安全文明出行”的主题，联合部署“全国交通安全日”活动，通过开展形式多样的宣传活动，积极营造全社会共同关注交通安全、共建共享文明交通的浓厚氛围，力争实现“四普及、四增强”的效果（公交管[2012]320号）：一是普及全民守法理念，增强法治意识。要全面宣传交通信号的法定含义和法律效力，使广大交通参与者充分了解交通信号包括交通信号灯、交通标志、交通标线和交通警察指挥的重要性，认识到遵守交通信号就是遵守法律。二是普及尊重生命理念，增强安全意识。要大力倡导遵守交通信号就是尊重生命、珍爱生命的理念，使安全出行成为广大交通参与者的共识。三是普及安全文化理念，增强文明意识。要强化安全行车、文明礼让交通安全文化理念普及，使良好的行为规范、文明的驾车习惯成为汽车时代风尚。四是普及以人为本理念，增强科学管理意识。要本着以人为本、公平效率的原则，充分听取民意，兼顾各种交通参与群体的通行权利，科学设置交通信号，合理分配路权，完善道路交通安全和管理设施。

2012年12月2日，全国各地开展了声势浩大的“全国交通安全日”主题宣传活动。

9. 遏制重特大道路交通事故

2012年1月1～4日，全国共发生6起一次死亡5人以上，2起一次死亡10人以上的道路交通事故。为全力遏制特大道路交通事故，确保春运道路交通安全，2012年1月4日晚，公安部交通管理局召开紧急视频会议，要求各级公安交通管理部门坚决落实春运道路交通安全各项工作措施，坚决遏制特大道路交通事故。会议要求各地做到“四个坚决落实”：坚决落实路检路查各项措施；坚决落实客运车辆安全管理措施；坚决落实应急管理措施；坚决落实客运驾驶员源头管理措施。2012年1月11日，国务院安委会办公室发布重大交通事故情况通报（安委办[2012]3号），要求进一步采取有效措施，确保春运期间道路运输安全；加大公路安全管理力度，进一步提高道路安全程度；加强客运包车安全监管，进一步落实企业主体责任；进一步加强道路交通安全宣传教育，提高交通参与者的安全意识；严肃查处事故，加大责任追究力度。

2012 年春运结束后，贵州、云南、广西等地相继发生重特大道路运输事故。为进一步加强道路运输安全管理工作，切实预防和减少重特大道路运输事故，交通运输部于 2012 年 2 月 20 日印发《关于切实抓好春运后道路运输安全管理工作的通知》(交运明电[2012]0205 号)，要求各级交通运输部门切实加强组织领导，高度重视运输安全工作，进一步加强对道路运输企业的安全监管，进一步加强道路运输车辆动态监管，进一步督促汽车客运站认真履行安全管理职责，并认真做好恶劣天气应急预案工作。2012 年 2 月 24 日，国务院安委会办公室发布贵州省遵义市“2·18”重大交通事故情况通报(安委办[2012]7 号)，要求认真开展道路交通安全检查，及时排查治理安全隐患；进一步落实道路客运企业安全生产主体责任，加强对客运车辆的安全管理；进一步深化路面交通秩序管控，加大道路交通安全源头治理力度；严肃事故查处，严格责任追究。

进入 2012 年 4 月，全国连续发生 4 起重大道路交通事故和 1 起死亡 9 人的较大道路交通事故，共造成 74 人死亡、81 人受伤。2012 年 4 月 13 日，公安部交通管理局召开全国预防重特大道路交通事故视频会，对预防重特大交通事故工作再部署再强调。国务院安委会办公室于 2012 年 4 月 28 日印发了《关于进一步加强道路交通安全工作的通知》(安委办[2012]18 号)，要求突出工作重点，全力开展道路交通“打非治违”专项行动，尤其要严厉打击客货运输车辆驾驶员超速、超载、超员、疲劳驾驶等非法违法行为；加强营运驾驶员安全素质教育和管理，切实提高驾驶员安全意识和应急处置能力；加强重点车辆安全监管，进一步落实企业主体责任；加强道路安全隐患排查整治，进一步提升道路交通安全保障水平；加强道路交通事故查处工作，进一步严肃责任追究。2012 年 4 月 28 日上午，国务院安委会办公室召开道路交通安全专题形势分析会，分析了当前道路交通安全的严峻形势，研究提出了加强道路交通安全管理的针对性措施。针对“4·28”和“4·30”2 起共造成 29 人死亡的重大道路交通事故，国务院安委会办公室于 2012 年 5 月初发出通报，要求严厉查处车辆超员等严重交通违法行为，并以七座以上的客运车辆为重点严格落实各项检查措施；以打击客运车辆超速超员和非营运车辆非法载客为重点，加大对超速超员超载、违法占道行驶、无证驾驶等行为的执法力度；强化培训，提高驾驶员安全意识和驾驶技能。

2012 年 5 月 3 日下午，国务院安委会办公室组织召开了加强道路交通安全工作视频会议，会议传达了国务院领导同志的重要批示精神，通报了近期发生的多起重大道路交通事故情况，分析了事故发生的原因，查找了存在的突出问题，部署了进一步加强道路交通安全的各项工作。会议要求，各地区、各有关部门和单位要做好十方面工作：一是要高度重视道路交通安全工作，落实道路交通安全责任。二是要深入开展道路交通安全“打非治违”专项行动。三是要深入推进“道路客运安全年”活动。四是要立即开展旅游包车专项整治。五是要严格驾驶员和机动车管理。六是要尽快开展“安全带—生命带”专项行动。七是要加强车辆动态监管。八是要加快做好车辆安全标准制修订工作。九是要严肃道路交通安全事故调查处理工作。十是要加大宣传教育力度，营造道路交通安全良好氛围。

2012 年 5 月 19 日 2 时 15 分，一辆个人所有的车牌号为鲁 GKA068 的长安牌小型普通客车(核载 8 人)，载 12 名施工工人从山东省潍坊市青州市返回潍坊市区，在潍坊市潍城区宝通街拥军路路口西侧 500 米处，与山东山水水泥集团有限公司潍坊水泥厂的一辆无牌重型货车发生追尾事故，造成 10 人死亡、2 人受伤。针对此事故，国务院安委会办公室于 2012 年 5 月

20 日发出通知，要求进一步加强道路交通安全工作（安委办明电[2012]13 号），严格路面执法，下大气力解决突出问题。

2012 年 6 月 8 日和 13 日，国务院安委会办公室就 3 起特大交通事故发出通报（安委办[2012]22 号和安委办[2012]24 号），要求加强交通安全宣传教育，提高驾驶员安全防范意识；深化道路隐患排查治理，加强重点路段交通管控；强化高速公路恶劣天气的预警和协调联动，提升应急处置工作水平。

2012 年 7 月 2 日，国务院安委会办公室就广东省广州市“6 · 29”重大事故情况的通报（安委办明电[2012]18 号），要求全力推进“打非治违”专项行动第二阶段取得实效；加大对货运车辆及货运驾驶员的监管力度；实施更加严格的危险化学品运输监管措施；严厉打击高速公路建筑控制区内违法修建建筑物、构筑物等非法违法行为；深入排查消防火灾隐患；严肃事故查处和问责。

2012 年 7 月 3 日，国务院安委会举行全体会议。会议要求着力加强道路交通安全监管，严格驾驶员、营运车辆、运输企业准入和安全管理，严厉整治各类交通违法违规行为。

2012 年 7 月 4 日，湖南省一辆卧铺客车严重超员，经乘客举报，被公安交管部门及时拦截处置。2012 年 8 月 22 日，国家安全监管总局、公安部、交通运输部、工业和信息化部联合发出《关于湖南省常德市“7 · 4”卧铺客车严重超员问题查处情况的通报》（安监总管二[2012]109 号），要求举一反三，有效防范和坚决遏制大客车严重超员情况的发生。

2012 年 8 月 26 日，陕西省延安市境内包茂高速延安段 K484 + 95 米处，发生一起客车与货车追尾相撞并引起燃烧的特别重大事故，造成 36 人死亡、3 人受伤。2012 年 8 月 28 日，国务院安委会召开全国交通安全紧急电视电话会议，传达国务院领导同志重要指示精神，通报“8 · 26”陕西延安市境内包茂高速公路特别重大道路交通事故情况。会议要求强化交通运输企业主体责任和交通安全监管执法责任，严格抓好相关法规制度和措施落实，有效防范和遏制重特大交通事故发生。

2012 年 9 月 7 日，国务院安委会办公室就 2012 年 8 月下旬以来发生的 4 起特大道路交通事故发出的通报（安委办函[2012]37 号），要求迅速组织开展对辖区内营运车辆的全面排查整治，逐车逐线排查整治事故隐患；深入宣传贯彻落实《关于加强道路交通安全工作的意见》；严格长途客车等重点客运车辆安全监管；狠抓路面执法管控，严格落实检查措施，严把客运车辆出站、出城、上高速、过境“四关”，对七座以上客车、旅游包车、危险品运输车实行“六必查”，特别是对省际交通安全服务站，要严格落实 24 小时勤务，坚持逢车必查。

2012 年 9 月 18 日上午，交通运输部召开全国交通运输安全电视电话会议。会议进一步学习贯彻了党中央、国务院领导同志近期关于加强安全生产尤其是加强交通安全的重要批示指示精神，通报了近一时期交通运输安全生产大检查督查工作情况，对当前和今后一个时期交通运输安全生产工作进行了部署：一是要深刻把握交通运输安全生产的新形势、新特点，深刻认识交通运输安全领域呈现出的“六个不到位”现象；二是以遏制重特大事故为重点，切实提高交通运输安全管理水平，不断强化长途客运、公路超载超限、危化品运输、水上客货运输、城市轨道交通和重点工程施工安全管理治理；三是抓好“十一”黄金周和党的十八大期间的交通安全工作，确保交通运输行业稳定。同时，对保证查出的隐患整改到位、加强应急值守、加快推进企业安全标准化建设等工作进行了强调。

公安部交通管理局于2012年10月22日召开视频会，研判近期道路交通事故形势，进一步部署事故预防和规范执法工作。会议要求各地交管部门要会同交通运输、安全监管等部门继续狠抓客运整治重点措施的落实；大力整治路面通行秩序，确保每天三分之二的警力上路执勤；科学加强恶劣天气条件下的事故预防工作，会同气象、交通部门和高速公路经营单位，建立高速公路团雾多发路段预警和联动机制，特别要加强恶劣天气条件下的客运安全应急管理。

公安部交通管理局于2012年10月29日召开视频会，通报10月26日广西、云南、甘肃发生的3起涉及幼儿园和中小学生的较大事故，分析事故暴露出的突出问题，部署进一步加强农村地区交通事故预防工作。会议强调，各地要深入分析当前农村交通安全管理工作中存在的问题，研究提出加强农村交通安全工作的意见措施；全国公安交管部门要深刻吸取事故教训，坚决遏制农村地区群死群伤道路交通事故多发势头。

2012年12月31日，公安部、交通运输部、国家安全监管总局联合召开全国道路交通安全电视电话会议。会议要求进一步加强组织领导、明确责任分工、细化工作措施，推动全国道路交通事故总量继续较大幅度下降，为全国安全生产形势的持续稳定好转奠定了良好基础。

四、专项整治

1. 旅游包车专项整治

2012年上半年，旅游包车客运车辆事故呈现高发态势，在发生的14起一次死亡10人以上的道路交通事故中，有4起涉及旅游包车客运。2012年5月11日，国家旅游局印发了《关于今年（指2012年）以来涉旅道路交通事故情况的通报》（旅办发[2012]222号），要求各级旅游管理部门进一步提高认识，总结经验教训，进一步强化综合治理；抓好关键环节，进一步加强对旅行社用车的安全监管；开展旅保合作，进一步提高保险保障水平；强化应急值守，进一步提高应急处置工作水平。

为进一步贯彻落实“道路客运安全年”的工作部署，坚决遏制重特大道路交通事故特别是旅游包车重特大道路交通事故高发的势头，交通运输部、公安部、国家旅游局、国家安全监管总局决定从2012年7月15日~10月31日，在全国集中开展旅游包车客运安全专项整治行动（简称“专项整治行动”，交运发[2012]304号）。

专项整治行动要求进一步落实旅游包车客运企业、旅行社安全生产主体责任。各地交通运输、公安、旅游、安全监管部门要联合对旅游客运企业、旅行社开展一次全面的清理整顿，督促企业落实安全生产主体责任。对承担单程运行里程超过400公里（高速公路直达客运600公里）包车任务的旅游包车客运车辆，要配备两名以上客运驾驶员，并严格依法限定每日驾驶时间，落实落地休息制度；利用卫星定位监控平台，加强动态监管，及时提醒和纠正旅游包车各类违法违规行为。

专项整治行动要求切实加强对旅游包车运行全过程的动态监控。旅游包车客运企业要按规定为所属旅游客车安装符合《道路运输车辆卫星定位系统　车载终端技术要求》（JT/T 794—2011）的卫星定位装置，接入符合《道路运输车辆卫星定位系统　平台技术要求》（JT/T 796—2011）的监控平台，并建立监控制度，及时发现和纠正不按规定路线行驶、超速等各类违法违章行为。对未按规定安装车载卫星定位装置或未接入全国重点营运车辆联网联控系统的旅游包车，一律停止营运。

专项整治行动还要求进一步加大对旅游包车的监管力度,进一步加强旅游客运安全宣传教育,并集中开展督导检查。

2.“三超一疲劳”(超速、超员、超载和疲劳驾驶)专项整治

近年来,超速、超员、超载、疲劳驾驶等严重交通违法行为导致的重特大交通事故时有发生。2011 年发生的死亡交通事故中,因交通违法导致的比例高达 92.51%;发生的 27 起一次死亡 10 人以上特大交通事故中,25 起存在超速行驶、超员超载等严重交通违法行为。

为预防重特大道路交通事故发生,公安部部署于 2011 年 11 月 ~2012 年 3 月开展为期 5 个月的“三超一疲劳”专项整治,加大对超速、超员、超载、疲劳驾驶四类严重交通违法行为的查处力度。据公安部统计,“三超一疲劳”专项整治期间,各地公安交管部门共出动警力1 777 万人次,查处四类严重交通违法行为 1 837 万起,吊销驾驶证 2 万多本。

为有效遏制严重交通违法行为,保障道路交通安全畅通,公安部交通管理局印发《加强机动车驾驶员管理指导意见》,要求各地公安交管部门坚持严格执法与宣传教育相结合,加大对酒后、假牌假证、超速、超员、超载、疲劳驾驶等严重交通违法行为的查处力度,严格执行暂扣驾驶证、吊销驾驶证、拘留等处罚规定,加大现场查处交通违法行为的力度。每月组织民警深入客运企业,根据符合标准的卫星定位装置记录的监控资料,依法查处超速、疲劳驾驶等交通违法行为。要会同道路运输管理机构制订客货运车辆和驾驶员严重交通违法行为有奖举报办法,建立举报奖励制度,落实举报奖励经费,发动群众通过电话和手机短信等方式监督举报。

3. 机动车涉牌涉证违法行为集中整治

为切实解决群众反映突出的套牌假牌等机动车涉牌涉证违法行为,维护良好的道路交通秩序和群众的合法权益,公安部部署自 2012 年 8 月 20 日 ~10 月 31 日在全国范围开展机动车涉牌涉证违法行为集中整治,集中查处伪造、变造和使用伪造、变造机动车号牌、行驶证(简称“套牌套证”)或者其他车辆号牌、行驶证,故意遮挡、污损号牌和不按规定安装号牌等严重交通违法行为。

公安部要求整治期间各地公安交管部门保持路面严查严管高压态势,通过设置查缉卡点,成立执法小分队、查缉小组等专业化队伍,开展查缉行动。同时,各地公安交管部门要严格执行《中华人民共和国道路交通安全法》,从严惩处涉牌涉证违法行为。依法应当扣留车辆的依法扣留,依法应当收缴非法牌证的依法收缴,依法应当罚款的依法罚款,依法应当记分的依法记分。对伪造、变造、买卖机动车行驶证、登记证书,构成犯罪的,将依法追究刑事责任。公安部还要求各地公安交管部门加大对机动车品牌销售店、二手车交易市场等服务网点临时行驶车号牌核发工作的管理力度,并在办理登记、核发检验合格标志等业务时,严格监督车辆安装符合相关规定的固封装置,防止挪用号牌等违法行为发生。同时,公安部还要求各地公安交通管理部门设立举报电话,并开辟网上举报、短信举报等渠道,鼓励群众举报涉牌涉证违法行为以及制作和贩卖假牌假证窝点,对举报属实的,应给予奖励。

此外,公安部要求对经调查证实机动车被套牌的,当事人可持受理案件公安交管部门出具的受案回执单,向车籍地公安交管部门申请换发牌证。对无法证明车辆被套牌的,当事人可向车籍地公安交管部门申请换发牌证。但是,换发机动车牌证 6 个月内,仍未查获涉嫌套牌违法车辆的,车籍地公安交管部门将恢复其原牌证。

4. 校车安全专项治理行动

为深入实施《校车安全管理条例》并落实全国校车安全管理部际联席会议第一次会议精神,公安部于2012年秋季开学起启动了校车安全专项治理行动。此次专项治理行动严查非法拼装、没有校车资质、超速、超员等涉及校车的交通违法行为,并依法进行惩处。

公安部要求在整治期间,对使用拼装或者达到报废标准的机动车接送学生,公安交管部门将依法收缴并强制报废机动车,严格依法处罚机动车驾驶员和所有人。使用未取得校车标牌的车辆提供校车服务,或使用未取得校车驾驶资格的人驾驶校车的,将受到严格处罚;校车超速、超员等严重交通违法行为也将受到严格处罚。针对校车驾驶员群体,因交通违法、交通事故等原因,不符合国务院校车安全管理条例规定的校车驾驶员条件的,将依法坚决取消其驾驶校车的资格。同时,机动车不依法避让停靠上下学生校车的,也将受到处罚。

5. 报废汽车专项整治

针对一些地方非法回收拆解报废汽车、利用报废汽车"五大总成"拼装车的活动有所抬头,报废汽车、拼装车上路行驶问题日益突出,严重威胁道路交通和人民群众生命财产安全,并造成环境污染等问题,商务部、工业和信息化部、公安部、交通运输部、国家工商总局、国家质检总局决定于2012年9月~2013年2月,在全国集中开展报废汽车专项整治工作(商建发[2012]295号),整顿和规范报废汽车回收拆解秩序,切实加强报废汽车管理,严厉打击非法回收拆解和倒卖报废汽车、拼装车等违法行为。

本次专项整治工作的总体目标是坚持"立足源头、依法严管,标本兼治、长效治理"的原则,依法严厉查处非法回收拆解和倒卖报废汽车、利用报废汽车总成拼装车、驾驶报废汽车或拼装车上路行驶等违法行为,整顿违法违规的报废汽车回收拆解企业、二手车交易市场、汽车维修企业,曝光违法违规经营的企业和市场,力争使非法回收拆解和倒卖报废汽车、拼装车等违法行为得到遏制。同时,不断完善相关管理制度措施,探索长效监管机制,促进报废汽车回收拆解秩序根本好转。

整治工作的主要任务包括:

(1)全面整顿报废汽车回收拆解企业,对不符合《报废汽车回收拆解企业技术规范》(GB 22128—2008)的强制条款要求、不按其强制条款规定作业和回收车辆没有逐车登记的,要责令限期整改,并暂停发放《报废汽车回收证明》;报废汽车回收、存储、运输、拆解、注销等环节,严格程序、堵塞漏洞,坚决杜绝回收的报废汽车及其"五大总成"流向市场。

(2)大力整治报废汽车回收拆解市场,严厉打击和惩处利用报废汽车"五大总成"及其他零配件拼装汽车,出售报废汽车整车、"五大总成"、拼装车等违法行为。

(3)严厉打击报废和拼装车辆上路行驶行为。

(4)积极建立报废汽车管理长效机制,积极研究完善报废汽车管理制度,强化监管措施,抓紧出台《机动车强制报废标准规定》,加快推动《报废汽车回收管理办法》修订工作。

6. 道路交通秩序整治

公安部决定自2012年7月10日~9月底在全国集中开展道路交通秩序整治,要求全国公安交通管理部门全警动员、全力以赴投入防事故、保安全、保畅通的各项工作,转作风、上一线、抓落实、保平安,为党的十八大胜利召开创造良好的道路交通环境。

公安部要求各地要紧密结合夏季交通事故和违法行为的规律特点，严肃查处道路交通违法行为；各大警务合作区要积极依托区域警务协作机制，坚持滚动性、经常性集中治理，要抽调力量、充实一线，加强路面执勤，强化执法检查；要进一步建立健全对违法行为及时发现、及时查处、及时教育的良性运行机制；要严格查处重点车辆违法行为，严格落实管理责任，严把客运车辆出站、出城、上高速、过境“四关”；省际交通安全服务站要全面启动24小时勤务制度，对七座以上客运车辆、旅游包车严格落实“六必查”措施；要加强对事故多发路段的速度管控，加强凌晨、午后疲劳驾驶多发时段管控，加大对危险化学品运输车辆的检查力度。

公安部要求各地要紧密结合文明示范公路创建活动，加强高速公路通行秩序管理。要充分利用高速公路电子显示屏，及时提示宣传；要积极依托高速公路视频监控系统，全面开展网上巡查、网上执法；要切实加大现场执法力度，着力提高现场处罚率；对高速公路施工现场，各地要组织进行一次集中清理，督促施工单位完善标志标线、采取安全防护措施。要不断加大农村道路交通管理力度。要会同有关部门加强农村道路通行秩序管理，集中排查农村客运安全隐患，严厉打击非法营运行为；对农村道路安全隐患，要积极会同有关部门进行一次集中排查；要将酒驾专项整治范围进一步向农村延伸，把酒后驾驶摩托车、低速载货汽车等作为整治重点。

7. 整治酒驾集中统一行动

2012年，公安部继续开展整治酒后驾驶集中统一行动。2012年1月24日是全国整治酒驾集中统一行动日，各地共出动警力11.5万人次，设置检查点8 235个，共查处酒后驾驶1 949起，其中醉酒驾驶126起。行动中，各地交管部门科学调整勤务部署，增加巡逻次数、延长巡逻时间，加大对重点时段、重点区域和路段的执法力度，严查严处酒后驾驶违法行为。

《中华人民共和国刑法修正案（八）》“醉驾入刑”和修改后的《中华人民共和国道路交通安全法》实施以来，酒后驾车及引发的道路交通事故得到明显遏制。据公安部统计，自2011年5月11日~2012年4月20日，全国公安机关共查处酒后驾驶35.4万起，同比下降41.7%。其中，醉酒驾驶5.4万起，同比下降44.1%。

五、其他行动

1. 提升交通安全服务

（1）中国高速公路交通广播开播

2012年6月26日，由交通运输部和中央人民广播电台联合打造的国家级交通广播——中国高速公路交通广播（京津塘段）FM99.6开播。

作为中央人民广播电台第15套广播节目，中国高速公路交通广播采用了先进的小功率同步调频广播技术，定向传播、带状覆盖，按照“平时服务、突发应急”的原则进行建设，是国家应急广播体系的重要组成部分，除传统广播传媒基本功能外，还具有紧急广播和数据推送功能，可以实现基于位置的智能差异化交通信息服务，全面提升现有公路网络的信息服务水平和效率。

交通运输部将“中国高速公路交通广播”作为公路应急服务系统、公路信息化建设的重要内容，通过交通运输部和各省（自治区、直辖市）两级路网信息中心为其提供实时路况信息。在日常状态下，“中国高速公路交通广播”为行驶在高速公路上的驾驶员、乘客提供实时路况、天气、资讯、娱乐等信息服务；在发生重大突发事件时，可根据需要发挥应急功能，及时播发权威信息，部署应急措施，迅速调度资源，进行预警疏导。

“中国高速公路交通广播”将从京津塘高速路段开始，逐步覆盖全国主要高速公路。

(2)“交通安全微博发布厅”正式上线运行

“交通安全微博发布厅”于2012年9月26日正式上线运行，在公安部交通管理局“交通安全微发布”账号的带动下，首批共有全国2 600余个基层公安交通管理部门政务微博、交通警察个人微博加入“发布厅”，通过“发布厅”与网友沟通。

“交通安全微博发布厅”是公安交管部门利用互联网这一新媒体，进一步整合全国资源，扩大公安交管部门发布道路交通管理工作信息、传播道路交通安全知识，更好地服务广大网友的网络信息平台，也是安全出行、文明出行理念的传播从传统进家庭、进校园、进社区、进企业、进单位的“五进”模式到网上网下互动传播、丰富宣传内容的尝试。

“交通安全微博发布厅”发布的主要内容包括我国道路交通管理、交通安全政策法规、各地重大活动交通管理措施、重要节假日安全出行提示等服务性、实用性信息。同时，发布厅也带动各地结合典型案例，及时开展交通安全宣传，并汇集互联网上宣传交通安全的视频、音频资料，传播宣传交通安全知识。

(3)公安部公布全国高速公路报警服务电话

为落实公安部便民利民措施，提供高速公路应急救助服务，保障群众中秋国庆假期平安顺畅出行，公安部于2012年9月29日在其网站上集中对外公布各省、自治区、直辖市高速公路报警服务电话(表5-1)。高速公路报警服务电话由专人24小时值守，接听驾驶员报警求助，并协调有关部门提供相应的救助服务。

全国高速公路报警服务电话 表5-1

省(市、自治区)	报警电话	省(市、自治区)	报警电话
北京	010-122	湖北	027-96110、67122700
天津	022-110	湖南	0731-12122
河北	0311-12122	广东	020-110
山西	0351-5691110	广西	0771-5706588
内蒙古	0471-12122	海南	0898-68835027
辽宁	024-96199	重庆	023-12122
吉林	0431-12122	四川	028-87595581
黑龙江	0451-12122	贵州	0851-96122
上海	021-110	云南	0871-96122
江苏	025-110	西藏	0891-110
浙江	0571-12122	陕西	029-110
安徽	0551-2801593	青海	0971-8293700
福建	0591-12122	甘肃	0931-96969
江西	0791-96122	宁夏	0951-6030122
山东	0531-110	新疆	0991-12122
河南	0371-68208110	—	—

2. 加强交通安全服务保障

(1)《全国高速公路交通气象观测站网布局方案(2012～2014年)》印发

2012年6月8日,中国气象局召开全国高速公路交通气象业务电视电话会议。中国气象局要求充分认识交通气象服务需求快速增长的新形势,加快推进高速公路交通气象业务能力建设。一是打好基础,着力推进公路交通气象业务能力建设,印发《全国高速公路交通气象观测站网建设布局方案》,各省(自治区、直辖市)气象局要全面启动高速公路交通气象业务建设。二是加强合作,探索交通气象服务联合发展的途径。要同步推动与交通运输管理和运营部门的信息共享平台和应急联动机制建设,完善监测预警服务业务,努力改进和提高监测预警服务的针对性和精细化水平,促进交通气象服务的良性发展。

为大力推进交通气象观测能力建设,促进全国高速公路交通气象业务服务规模化发展,提高交通运输效率,减少交通气象灾害给人民群众生命财产安全带来的损失,中国气象局印发了《全国高速公路交通气象观测站网布局方案(2012～2014年)》(简称《布局方案》)。

《布局方案》指出,通过示范项目带动,经过2012～2014年的集中建设,将形成专业化、规模化、现代化的国家高速公路交通气象观测网络和西部重要国省干道交通气象观测网络,建设国家级和省级公路交通气象信息共享系统,使公路交通气象服务能力明显提升。

根据《布局方案》,气象部门将统筹规划建设国家高速公路交通气象观测站网,国家高速公路和西部(西藏、青海、新疆)重要国道、省道交通气象观测站平均间距约25公里;通过国家电子政务外网平台或中国气象局信息共享系统,实现中国气象局与交通运输部、省级气象与交通部门之间交通气象观测数据共享,建立共享数据库,5分钟到达用户业务系统平台的交通气象观测数据及时率达到95%;建成国家级和省级公路交通气象监测服务平台,国家级达到10分钟监测预警,省级达到实时监测预警;建立统一的公路交通气象观测技术标准。

(2)加强农村公路建设与管理

2012年3月29～30日,全国农村公路建设与管理养护现场会在大别山区湖北省黄冈市召开。会议明确了今后一个时期农村公路发展要"突出一个重点,实现三个转变",即突出集中连片特困地区的农村公路发展,实现由规模速度型向质量安全效益型转变、由整体推开向重点突破转变、由以建设为主向建管养运并重转变。

会议要求各级交通运输主管部门都要把工作重心放在扶贫开发任务上来,把农村公路建设的主战场转移到集中连片特殊困难地区,按照"外通内联、通村畅乡、班车到村、安全便捷"目标,采取集中攻坚、重点突破的方法,打赢扶贫攻坚战。

会议要求"十一五"期间已经完成通达和通畅任务的省份,要从建设社会主义新农村的现实需要出发,突出做好县乡道改造、连通工程和安保等附属设施方面的建设,提高服务水平和抗灾能力。

会议要求今后新改建农村公路要根据需要同步实施安保等附属设施。已建成的农村公路按照"安全、有效、经济、实用"的原则,逐步完善安保等附属设施。同时,要加强农村公路保护工作。

(3)公铁立交和公铁并行路段护栏建设与维护管理

为规范公路与铁路立交桥(简称"公铁立交")和公路与铁路邻近路段(简称"公铁并行路

段”)护栏的建设与维护管理,原铁道部和交通运输部联合印发了《关于公铁立交和公铁并行路段护栏建设与维护管理相关问题的通知》(铁运[2012]139号,简称《通知》)。

《通知》明确了公铁立交建设原则,要求新建、改建铁路与既有公路交叉时,优先采用铁路上跨公路的通过方式,原则上不改变既有公路高程并考虑公路规划需求;新建、改建公路与既有铁路交叉时,应对方案进行技术、经济和安全等综合比选后确定,择优采用通过方式;既有公铁立交,原则上不改变原有交叉方式,当公铁立交产生危及行车安全的病害或难以满足实际需求时,可在现桥位进行加固或改建。

对于公铁并行路段(指铁路路堑上的公路路段或位于铁路线路安全保护区内,公路路肩高程高于铁路路肩或与铁路路肩等高,或低于铁路路肩1.0m以内的公路路段)的护栏设置与管理,《通知》明确了护栏设置原则。要求公铁并行路段应在靠近铁路的公路路侧设置护栏。护栏应位于公路的土路肩内,并符合《公路交通安全设施设计规范》(JTG D81—2006)等公路相关标准、规范要求,其防撞等级应根据不同的设计速度,按照《公路交通安全设施设计规范》(JTG D81—2006)中“车辆驶出路外有可能造成二次特大事故”确定护栏防撞等级。高速铁路的公铁并行路段,应按上述标准提高一个防撞等级设置护栏。

(4)重点运输过程监控管理服务示范系统工程

2009年11月,国务院第86次常务会议审议并通过了《北斗重大专项实施方案》,为交通运输行业列了7个应用示范工程,其中“重点运输过程监控管理服务示范系统工程”(简称“示范工程”)是交通运输行业的第一个应用示范项目,也是北斗卫星导航系统应用示范在全国范围内的第一个项目。2011年9月,根据交通运输部和解放军总装备部的联合批复,在交通运输部和天津、河北、江苏、安徽、山东、湖南、宁夏、陕西、贵州9省(自治区、直辖市)交通运输厅,围绕道路运输车辆安全监管与服务应用领域开展示范工程,并于2011年10月24日在北京召开了示范工程启动会。

为进一步加快示范工程实施进度,确保按时完成各项任务,交通运输部于2012年12月31日印发了《关于加快推进“重点运输过程监控管理服务示范系统工程”实施工作的通知》(交运发[2012]798号,简称《实施通知》),要求进一步提高认识,切实加强组织领导,确保按时完成示范工程各项任务,并切实加快系统开发建设任务。

《实施通知》要求切实加快北斗双模车载终端安装进度。要求自2013年1月1日起,各示范省份在用的“两客一危”车辆(旅游包车、三类以上班线客车和危险品运输车)需要更新车载终端的,应安装北斗兼容车载终端;所有新进入运输市场的重型载货汽车和半挂牵引车应加装北斗兼容车载终端,并接入全国道路货运车辆公共监管与服务平台;鼓励农村客运车辆安装北斗兼容车载终端。自2013年6月1日起,所有新进入示范省份运输市场的“两客一危”车辆及重型载货汽车和半挂牵引车,在车辆出厂前应安装北斗兼容车载终端,重型载货汽车和半挂牵引车应接入全国道路货运车辆公共监管与服务平台。凡未按规定安装或加装北斗兼容车载终端的车辆,不予核发或审验道路运输证。各示范省份要高度重视车载终端安装工作,采取切实有效的措施,确保在2013年3月底前完成本省80%以上北斗兼容车载终端安装任务。

3. 危险化学品道路运输安全监管

2012年4月19日,国务院安委会办公室在北京召开京、津、冀、晋、蒙、辽、鲁7省(自治区、直辖市)危险化学品道路运输安全监管省际联席会议第二次会议。会议充分肯定了7省

(自治区、直辖市)危险化学品道路运输安全监管联控机制建设工作成效,研究了完善联控机制的工作措施。会议要求,要充分认识加快推进北京等7省(自治区、直辖市)危险化学品道路运输安全监管联控机制建设的重要性、必要性、紧迫性,切实增强责任感、紧迫感、使命感,不断完善联控机制,扎实推进区域危险化学品道路运输安全监管长效机制建设,为推动北京等7省(自治区、直辖市)经济健康发展、维护首都社会和谐稳定、促进中西部地区快速发展创造安定祥和的安全生产氛围。

北京等7省(自治区、直辖市)危险化学品道路运输安全监管联控机制于2010年10月建立,目的是增强北京等7省(自治区、直辖市)危险化学品道路运输安全监管合力,推动北京及其周边地区石油化工行业安全发展,保护人民群众生命财产安全,维护社会和谐稳定,目标是按照"源头严管、动态监控、区域联动、信息共享"的总体要求,北京、天津、河北、山西、内蒙古、辽宁、山东7省(自治区、直辖市)采取加强组织领导、推动信息化建设、强化协作配合等措施,大力推进区域危险化学品道路运输安全监管联控机制建设,危险化学品道路运输秩序明显好转,危险化学品道路运输事故防范能力明显增强。

2012年11月29日,危化品安全生产监管部际联席会议第五次全体会议召开。会议审议并原则通过了进一步强化危险化学品道路运输的监督管理、建立部际联席会议成员单位联合督导调研机制等议题及各项议定部门分工建议。

4. 关注儿童交通安全

2012年5月31日,公安部交通管理局发布了儿童交通安全出行提示,并提请广大家长、学校老师和驾驶员共同关注儿童交通安全。广大家长和学校老师要切实履行好监护责任,教育孩子们遵守交通信号,横过道路要走斑马线、过街天桥或地下通道等过街设施,切勿翻越隔离护栏;在没有过街设施的路段横过道路时要左右观望,确认安全后通过,千万不要在车辆临近时突然猛跑。对广大农村地区儿童,特别是公路沿线学校、村庄的儿童,要教育他们不要在公路上玩耍、嬉戏和打闹,以免发生交通意外。广大家长驾车带孩子出行时,应使用儿童安全座椅,切不要让孩子坐在前排:一旦发生碰撞,安全气囊弹出时产生的冲击力可能造成儿童窒息或颈椎骨折。公安部交通管理局提请广大家长注意,一定要遵守《中华人民共和国道路交通安全法》规定,不要让不满12岁的儿童骑车上路。

为保障儿童乘车安全,引导消费者科学选购、合理使用儿童安全座椅,2012年8月25日,由中国消费者协会主办、中国消费者杂志承办的"儿童交通安全大型公益活动"在北京石景山游乐园举办。本次活动发布了《儿童安全座椅消费指引》。

5. 全国部分省市交警队伍建设座谈会

全国部分省市交警队伍建设座谈会于2012年11月30日在江苏苏州召开。会议要求将学习党的十八大精神与加强交警队伍建设和执法规范化建设有机结合,着力解决思想认识、精神状态、工作作风问题,着力解决乱罚款、"收黑钱"等突出执法问题,着力提高为民服务的能力和水平,为保安全、保畅通,减少人民生命财产损失,增强广大交通参与者的安全感、幸福感提供队伍保障。要加强交警队伍日常教育管理,建立教育培训平台、预警平台、社会监督平台,强化警民互动,广泛听取意见、建议,切实改进工作,最大限度地争取群众理解和支持。要进一步健全队伍监管机制,完善执法制度,规范执法流程,严明执法纪律,严防违规清除交通违法记分、利用特殊号牌牟取私利等问题，坚决杜绝执勤人员“收黑钱”现象，切实减少执法不规范和违法违纪问题。要深化警民关系建设，提高执法公信力和群众满意度。要大力营造“快乐工作、幸福生活”的警营文化氛围，确保广大民警保持良好的精神状态。

6. 重大节假日免收小型客车通行费

2012 年 7 月 24 日，国务院批转交通运输部、国家发展和改革委员会、财政部、监察部和国务院纠正行业不正之风办公室制订的《重大节假日免收小型客车通行费实施方案》（国发[2012]37 号，简称《免费实施方案》）。根据方案，在春节、清明节、劳动节、国庆节 4 个国家法定节假日以及当年国务院办公厅文件确定的上述法定节假日连休日，免收七座及以下小型客车通行费。

为切实做好重大节假日免收小型客车通行费的实施工作，进一步提升重大节假日收费公路通行效率和服务水平，交通运输部于 2012 年 8 月 7 日就切实做好重大节假日免收小型客车通行费有关工作发出通知（交公路发[2012]376 号），决定自 2012 年国庆节假日起开始实施《免费实施方案》，要求各地全面做好重大节假日免收小型客车通行费的实施工作，切实加强收费站管理、收费公路出行信息服务和收费公路服务设施运行管理，并切实加强宣传引导工作。

为做好 2012 年国庆节长假期间小型客车免费通行工作，交通运输部于 2012 年 9 月 5 日发布紧急通知（交公路发[2012]7 号，简称《紧急通知》），要求各地加强领导，进一步加强免费通行的组织保障工作，制订符合本地区实际情况的具体实施方案并抓好组织落实工作，特别是要认真分析和提前研判可能出现的各类问题，提出有针对性的应对措施和预案。

《紧急通知》要求统一口径，进一步明确免费通行的各项政策措施。一是确保免费时间统一。二是确保免费通行车辆范围统一。三是确保现有收费公路运营管理模式不变。在重大节假日小型客车免费通行期间，各地高速公路收费站（点）仍应实行“入口领卡、出口收卡”的收费管理模式。2012 年 10 月 4 日，交通运输部决定取消“发（收）卡”模式。

《紧急通知》要求综合施策，切实做好免费通行期间交通保畅工作，避免出现严重的交通拥堵现象。一是合理利用现有收费车道。二是做好收费站广场的交通疏导与秩序维护工作。三是加强公路交通信息发布与交通流诱导工作。

《紧急通知》要求未雨绸缪，提前做好免费通行期间的各类应对措施。一是强化应急值守工作，坚持领导带班制度和 24 小时应急值班制度。二是强化公路养护管理。三是强化省际沟通协调。四是强化部门应急联动。在容易出现交通拥堵的大中城市周边高速公路主线收费站以及景区附近的收费站增派警力，加强交通疏导和秩序管控力度。一旦出现严重拥堵事件，要及时发布信息并提前实施车辆分流。要加强与景区管理部门的信息互通，在通往景区的公路沿线，及时发布景区旅客以及道路拥挤有关信息，提前引导游客调整行程，避免加剧景区拥堵。五是强化公路清障救援。六是强化服务设施保障。各地要加强对高速公路服务区加油站、超市、餐饮、卫生间、停车场等服务设施的运营和管理，确保相关设施功能完好，食品、油料供应充足，车辆维修快速便捷，环境整洁有序，为过往车辆和驾乘人员提供文明、满意的基本服务。

根据统计，受免收小型客车通行费政策影响，2012 年“十一”长假期间，全国收费公路小客车交通流量达到 1.89 亿辆次，占总交通流量的 79%，比上年同期增长 55%。

7. 公共假期交通安全

(1)春节长假

为做好 2012 年春节期间道路交通安全工作,公安交通管理部门强化组织部署,加强指挥调度。公安部交通管理局连续下发通知,对春节期间各项交通安全管理工作进行部署。同时,加强道路管控,维护良好秩序。据公安部不完全统计,2012 年春节期间,各地先后出动警力 65 万人次、警车 23 万辆次,查处交通违法行为 73 万起。公安交通管理部门针对节日期间酒后驾车交通违法行为多发的特点,开展两次集中整治酒后驾驶统一行动,查处酒后驾驶 3 601 起,其中醉酒驾驶 219 起。据公安部统计,2012 年春节期间,全国共发生因酒后驾驶导致的交通事故 30 起,造成 16 人死亡、28 人受伤,同比分别下降 61%、67% 和 74%。交通运输部也提前对 2012 年春节期间交通运输安全生产工作做出部署,要求切实加强道路客运安全监管,以长途客运、农村客运等为重点,加强道路客运企业安全源头防范,积极推行长途客车驾驶员强制休息制度,并切实加强危险化学品和烟花爆竹运输的安全监管。

根据公安部统计,2012 年春节期间(2012 年 1 月 22 ~ 28 日),全国共发生涉及人员伤亡的道路交通事故 1 795 起,造成 547 人死亡、2 080 人受伤,直接财产损失 563.9 万元,与 2011 年同期相比,分别下降 14.9%、34.3%、28% 和 48.5%。其中,发生一次死亡 3 人以上道路交通事故 16 起,同比减少 11 起;发生一次死亡 5 人以上道路交通事故 5 起,同比减少 4 起;未发生一次死亡 10 人以上道路交通事故,同比减少 2 起。全国主要高速公路、干线国省道畅通,未发生长时间、大范围的交通拥堵。

(2)清明节小长假

针对清明节期间扫墓、祭祀活动及中短途自驾车出游增加的情况,公安部交通管理局要求做好 2012 年清明节期间道路交通管理工作,防止发生重特大道路交通事故和严重交通拥堵,为群众出行创造良好交通环境。

公安部要求将警力投入到重点路段、重点时段,切实加强对车流、客流集中的高速公路、国省道、景区和墓区周边道路的交通管理;在研判交通流量变化趋势的基础上,发布清明交通预警,告知群众预计出现车流高峰的时段和路段,提示驾驶员合理安排出行;加强景区道路、城市出入口、高速公路省际交界服务区等车流密集点段的交通安全宣传;对因恶劣天气、交通事故采取临时交通管制措施的,通过各种方式,告知驾驶员交通管制原因和预计恢复时间,提醒广大驾驶员合理选择行驶路线;各地严格落实警力、车辆及装备保障,加强与交通运输、医疗卫生、气象等有关部门协作配合,全面做好应急准备,严防长时间长距离交通拥堵。

(3)"五一"小长假

为做好 2012 年"五一"小长假期间道路交通管理工作,2012 年 4 月 25 日,公安部交通管理局发出通知,要求各地交通管理部门要加强路面管控,加强车辆源头管理,预防和减少重特大道路交通事故,确保不发生长时间、长距离交通拥堵,为群众出行创造安全畅通的道路交通环境。

通知要求各地要针对"五一"期间旅游客运、中短途自驾车出游增加的情况,认真分析道路交通可能出现的新情况、新问题,结合加强旅游客车重特大道路交通事故预防工作视频会和深化拓展文明交通示范公路创建活动的要求,明确目标任务,细化工作措施;加强对自驾车、客运车辆集中的高速公路、国省道以及通往旅游景区道路的交通疏导和巡逻管控,及时查处严重交通违法行为;持续开展酒后驾驶专项整治,禁毒重点地区要加大路面管控力度,凡是发现驾驶员有吸毒嫌疑的，要及时控制并协调禁毒部门检测、查处。通知要求各地要联合交通运输、旅游、安监等部门，深入旅游、客运企业，对客运车辆特别是旅游客车安全性能状况和安装使用GPS监控系统情况进行一次检查，对客运车辆及其驾驶员的从业资质进行一次排查，对营运驾驶员吸食、注射毒品及长期服用依赖性精神药品情况进行一次排查，对营运驾驶员开展一次交通安全教育提示，对存在安全隐患的车辆和驾驶员，要督促客运企业停运整改，消除安全隐患。

(4)端午节小长假

针对端午节小长假自驾车中短途出行需求增多、城市周边及通往旅游景区道路的人、车流量增大的特点，公安部对端午节小长假期间道路交通管理工作进行专题部署。要求各地公安交管部门加强天气、流量、路况等交通安全状况的预判，有针对性地部署勤务，对人、车流量大的重点地段、繁华地区加大管理力度，加强责任段巡逻检查，保障群众的平安出行。同时，将重点加强通行速度管理，通过区间测速、警车动态摄录等措施严查超速行驶交通违法行为。为确保群众出行安全，针对节假日群众乘坐客车车辆出游明显增加的特点，依托省、市际交通安全服务站对长途客车、旅游包车逐车检查登记，坚决查处超员载客、疲劳驾驶、驾驶资格与准驾车型不符等严重交通违法行为。

(5)中秋节及国庆节长假

为加强2012年国庆节期间安全生产工作，国务院安委会办公室于2012年9月19日印发了《关于加强2012年国庆节期间及节后安全生产工作的通知》(安委办明电[2012]22号)，要求突出抓好节日期间道路交通安全工作。明确要求各地区和各级公安、交通、安全监管等部门充分估量重大节假日免收小客车通行费政策实施给道路交通安全带来的更大压力，认真分析国庆节期间群众出行大量增加的实际情况，及早做好预案，合理安排，及时疏导，科学应对，确保群众出行安全。切实加大安全监管力度，深入开展道路交通安全大检查，切实排查治理交通安全隐患；严格路面巡查执法，严厉打击超载、超速、超员、酒后驾驶、疲劳驾驶、不按规定车道行驶、无证非法载人等严重交通违法违规行为，严防发生群死群伤事故。要加强驾乘人员的安全管理和教育，严格车站、码头、机场的安全检查，坚决防止乘客携带易燃、易爆、剧毒等危险物品进站上车(船、飞机)。要严格对各类运输工具技术性能和状况进行全面检查，防止带病运营。同时，要加强对运输危险品车辆的安全监管。

交通运输部于2012年9月21日印发了《关于切实做好中秋、国庆和十八大期间安全工作的通知》(交安委明电[2012]8号)，要求切实把道路客运作为安全管理的重中之重，抓住关键、突出重点，切实落实各项安全工作措施。一是突出客运站的源头管理，严格落实“三不进站、五不出站”规定，重点把好驾驶员上岗审查关、乘客行包检查关、车辆运营前例检关、车辆出站时载客情况审核关，二级以上客运站运管部门要派专人驻站。二是突出长途客运和旅游包车安全管理，加强对从事长途客运和旅游包车企业的严格管理，重点检查相关规定和制度执行情况，对不落实或落实不到位的一律停业整顿，要建立举报制度，强化社会监督。三是突出农村客运的安全监管，切实掌握农村客源情况，严格农村客运班线审批，严格落实山区三级公路夜间禁行客车制度，严格车辆和驾驶员管控，强化跟踪检查，加强农村班线公路隐患排查治理。交通运输部同时要求切实加强危化品运输的安全监管。

公安部交通管理局于2012年9月26日召开视频会，部署进一步加强交通管理工作，全力保障中秋、国庆期间道路安全畅通，为广大群众节日出行创造良好交通环境。要认真研判免收小型客车通行费可能遇到的情况，加强节日期间收费站的交通组织疏导，引导收费车辆与免费车辆分道行驶、有序通行，切实把这项惠民利民的好事办好。会议要求，全国公安交通管理部门要把保畅通作为2012年中秋、国庆交通安保的重中之重，严格公路通行秩序管理，快速处置交通事故，并制订完善节日期间道路交通应急处置预案和易堵路段分流绕行方案，协调有关部门和单位，在交通流量大、易发生交通事故的重点路段周边部署应急救援车辆、装备，确保应急处置及时高效。要加强省际协调、区域合作，遇有交通事故、交通拥堵等突发情况，迅速通过近端疏导、远端绕行、多点分流等措施，快速疏导滞留车辆。针对近年来国庆长假重特大道路交通事故特点，将警力向节日首尾时段、景区路段倾斜，严查"三超一疲劳"、不按规定车道行驶、违法占用应急车道等突出违法行为，严把客车出站、出城、上高速、过境"四关"，严格落实省际交通安全服务站24小时勤务，加强对七座以上客车特别是长途客车、旅游包车、微型面包车的检查，坚决消除交通安全隐患，严防发生重特大道路交通事故。主动会同交通运输部门和收费公路经营管理单位，认真研判免收小型客车通行费可能遇到的情况，抓紧做好工作准备，进一步制订细致、可操作的方案预案，节日期间共同加强收费站的交通组织疏导，引导收费车辆与免费车辆分道行驶、有序通行，切实把这项惠民利民的好事办好。要准确掌握、及时播报节日期间主要道路通行信息、景区交通信息和停车场信息，引导群众合理选择出行方式、时间、路线，错峰出行或者减少出行。进一步落实便民利民措施，提供高速公路应急救助服务，遇有突发疾病、车辆故障、受困求助时，要积极协调相关部门予以救助。长假第一天，各地高速公路交通流量大幅上升，公安部交通管理局当日召开视频会，对北京、天津、河北等20个省（自治区、直辖市）进行调度，要求各地针对流量变化，及时调整完善应急预案，科学有效应对，加快交通事故处理效率，全力为群众平安出行创造良好交通环境。针对长假后期出现的返程客流高峰，公安部要求各地进一步完善应急工作预案，根据每天的交通情况变化和交通运输部决定取消发卡措施的新情况，及时调整工作措施和警力部署；进一步建立健全指挥、决策、协调等工作机制，及时与交通运输等相关部门协调，加强省际协调和区域合作，迅速采取应对措施；进一步提高事故快速处置水平，针对交通事故导致或加剧交通拥堵的问题，做到快速到达、勘查，快速清理、撤除；充分发挥媒体的引导作用，切实加强交通安全宣传提示和引导服务。

8. 特殊天气交通安全应急管理

（1）团雾天气交通应急联动

针对2012年6月中上旬一些高速公路相继发生因团雾天气引发的多车相撞事故，公安部交通管理局下发通知，要求各地公安交通管理部门积极会同气象、交通运输部门和高速公路经营单位，实地排查团雾多发路段的道路安全隐患，完善标志标线和安全设施，增设警示提示标志、电子显示屏，并协调有关部门研究增设爆闪警示设施和照明设施，改善道路通行条件；协调气象部门在团雾多发路段加装气象监控探测装置，协调交通运输部门和公路经营单位增设高清监控设备，对团雾多发路段天气变化情况进行实时监控，及早发现、提前预警；团雾多发路段沿线警队要科学安排勤务，实行联勤联动，在团雾多发路段两端设立临时执勤点，加强对团雾多发路段的管控；加大团雾多发时段的巡逻密度，通过警灯警示、巡逻喊话、车载显示屏提示等措施，警示驾驶员降低车速、保持安全车距，注意雾区行车安全；根据团雾多发路段的道路线形、交通流量等情况，在团雾易发季节和易发时段，采取分时段、分路段临时限速措施。发现或接报团雾警情后，要立即在团雾路段远端沿线电子显示屏连续发布预警信息，提示驾驶员减速慢行。

（2）强降雨天气交通应急管理

公安部交通管理局于2012年6月25日召开了强降雨恶劣天气交通应急管理工作视频调度会，对进一步加强强降雨恶劣天气交通应急管理工作进行部署。要求强降雨天气影响区域的各级公安交管部门要迅速启动应急机制，进入应急状态，在政府统一领导下做好强降雨恶劣天气交通应急管理工作。交警总队、支队领导要在岗在位，加强应急指挥调度，带头深入抗洪抢险工作一线，确保各项交通应急管理措施落实到位。要最大限度地将警力和装备投入受暴雨影响的重点地区、重点道路和重点路段。各级公安交管部门要加强区域警务协作，实行联勤联动，防止省际严重交通拥堵。要加强与气象、防汛等部门的信息沟通，及时掌握天气及汛情变化情况，并通过各种媒体，广泛发布强降雨恶劣天气和道路通行信息，及时发布安全出行提示。各级公安交管部门要全力以赴落实强降雨恶劣天气条件下各项交通应急管理工作措施，确保不发生重特大道路交通事故，不发生多车相撞交通事故，不发生长时间、长距离交通拥堵，确保人民群众生命财产安全。

（3）低温雨雪冰冻天气交通应急管理

针对2012年11月初北方大部分地区出现的大风降温和雨雪天气，公安部和相关地方公安机关启动应急机制，最大限度将警力和装备投入重点地区、重点道路，加强疏导分流和提示服务，全力以赴保障寒潮天气道路交通安全畅通。2012年11月9日公安部召开交通应急管理视频会，部署全国公安交通管理部门进一步加大工作力度，切实加强交通应急管理、路面秩序管理和源头安全管理，以更加积极主动科学有效的措施，应对冬季雨雪恶劣天气，全力保持道路交通安全形势平稳。要求各地要完善应对雨雪恶劣天气相关工作预案和机制，积极主动、科学有效应对，做到早发现、早处置、早报告；进一步加大路面管控力度；进一步强化道路交通源头管理，迅速对所有在用的客货运车辆定期检查情况和所有客货运驾驶员审验情况开展一次全面清理。

2012年11月20日，交通运输部发出通知，要求各级公路养护管理机构要全面加强冬季公路养护，加强国省干线公路路面病害处置，做好桥梁、隧道、高边坡等重点部位监管工作，及时发现并消除公路安全隐患；切实加强公路交通的雾、雨、雪、低温冰冻等灾害性天气预报预警，及时向社会公众提供预警信息和出行安全提示；切实做好冬季雨雪天气下公路抢通保通工作，明确各类公路作业标准和时限要求，高速公路和重要国省干线公路原则上应采用机械除雪。

2012年12月14日上午，公安部再次召开视频调度会，要求各地做好恶劣天气交通应急管理工作，广泛征求并听取气象、交通专家和一线民警的意见，做到综合研判、科学决策。要通过降低速度、控制流量、管住节点等措施，引导车辆有序通行。要将警力部署到容易发生拥堵的重要节点，提前防范，未堵先疏。要牢牢把住高架桥、长下坡、交通枢纽、桥梁等重要节点，积极协调交通运输等部门提前备足人员，备好物资，防患于未然。一旦出现交通堵塞，要立即协调相关部门开展救助，加强服务保障，确保群众不挨饿、不受冻，及时送去关怀，及时温暖人心。

9.春运交通安全

2012年春运自1月8日开始，至2月16日结束。2012年1月5日下午，国家发展和改革委员会、公安部、人力资源和社会保障部、交通运输部、原铁道部、国家安全监管总局、中华全国总工会、解放军总后勤部9部门在北京联合召开2012年全国春运电视电话会议，对全国春运各项工作进行全面动员和部署。会议要求切实加强对运输企业、站场(火车站、汽车站、机场、港口、渡口)、道路、航道、运输工具(客运车辆、机车车辆、船舶、飞机)、操作人员(驾驶员、机组、驾乘人员)的安全监管,全力开展道路隐患排查治理工作,严厉打击非法违法行为;进一步健全完善部门间的预报预警、协调联动机制和通报制度,及时将自然灾害预报预警信息通知到运输企业;进一步完善应急预案,加强应急演练,做好应急组织机构、救援队伍、装备、物资等应急资源的落实,提高应对极端天气事件的快速反应和科学处置能力。

为实现不发生特大道路交通事故、不发生大范围长距离交通拥堵的工作目标,努力为人民群众欢度新春佳节创造良好的道路交通环境,春运期间,公安部交通管理局主要采取了6项措施:

严管重点道路。以连接京津、长三角、珠三角等春运客流主要流入流出地的主要公路为重点道路,加大警力投入,通过联勤联动、错时巡逻等措施,加强重点时段、重点路段的巡逻管控。

严管重点车辆。部署全国于2012年1月3日提前启动8 300多个春运交通安全服务站,对长途客车、卧铺客车、旅游包车、货运车辆、危险化学品运输车辆等重点车辆逢车必查,消除超员载客、疲劳驾驶安全隐患。

开展秩序整治。结合集中整治"三超一疲劳"专项行动,严查超速行驶、客车超员、疲劳驾驶、不按规定车道行驶、违法超车、酒后驾驶等严重交通违法行为,对重点车辆实行"零容忍"。

加强应急管理。研究下发《应对低温雨雪冰冻雾霾恶劣天气交通应急管理工作预案》,要求各地加强应急预警,协调有关部门提前准备好应急物资和救援装备。科学采取管控措施,通过警车带道、间断放行、分车型放行等措施,引导车辆有序通行,不能简单采取封路的管制措施。

加强源头管理。配合交通运输、安全监管等部门,到运输企业、客运站场,对安全管理人员、客运驾驶员开展一次面对面的安全教育,上一次安全驾驶课,进行一次安全谈话。对客运驾驶员交通违法情况进行一次清理,督促客运企业对参加春运的车辆进行一次安全检查,并通过GPS监控平台,加强对客运车辆的实时动态监管。

开展便民服务。提供信息服务,通过广播、电视、互联网、微博、短信,实时发布道路通行信息,提示广大驾驶员选择合适时间路线出行。在春运交通安全服务站设立便民服务点,为驾驶员提供饮水、急救药品等便民服务。针对节前部分地区外出务工人员骑乘摩托车集中返乡的情况,采取警车带道、分段护送等措施,引导驾乘人员安全通行。

针对春节期间酒后驾驶可能增多的情况,公安部部署在正月初二、初五开展了两次全国酒驾集中整治行动,查处了3 601起酒后驾驶违法行为,其中醉酒驾驶违法行为219起。

2012年1月17日,交通运输部发出通知,要求进一步细致做好春运安全与服务工作,让旅客既走得了更走得好。通知要求各地务必狠抓安全生产不放松,始终将安全生产放在首位。进一步落实企业安全生产主体责任,切实履行对车辆运行的动态监控;落实客运站对进站"三品"检查和客车安全检查职责;加强对驾驶员的安全教育;落实道路客运安全告知制度,加强对驾驶员口头告知的培训。通知要求运输企业要针对老幼病残孕等特殊旅客、携带大量行包的旅客和异地旅客的实际困难,为他们提供帮助。交通部门要监督农村客运经营者严格执行客运班次安排,不得擅自停班、减班、改变运行线路。遇有影响客车正常运行的恶劣天气,客运站应尽早向旅客通告相关信息，并采取登记旅客联系方式、及时通知后续发车信息等方式为旅客提供便利。

2012 年春运期间，全国共接报涉及人员伤亡的道路交通事故起数、死亡人数、受伤人数与 2011 年春运同期相比分别下降 13.3%、15.6% 和 16.3%。其中，一次死亡 3 人以上道路交通事故同比减少 6 起，未发生一次死亡 10 人以上道路交通事故同比减少 3 起，取得了近年来春运交通安全工作的最好成绩。

六、地方行动

1. 出台规划和指导意见

（1）甘肃省出台道路交通安全“十二五”规划

2012 年 5 月 11 日，甘肃省安委会办公室印发了《甘肃省道路交通安全“十二五”规划》（简称《甘肃“十二五”规划》）。

《甘肃“十二五”规划》分析了甘肃省道路交通安全的现状与发展趋势，提出了“2015 年末，全省道路交通事故万车死亡率控制在 6 以内，营运车辆肇事导致的一次死亡 10 人以上特大交通事故下降 15% 以上”的工作目标；（明确了强化运输企业交通安全主体责任和安全监管、提升客货运输车辆运行安全性、进一步改善道路通行条件、进一步严格道路交通执法、进一步提高道路使用者的文明交通意识和安全驾驶能力、建立完善交通事故应急保障与救援体系、提高道路交通执法保障和科技应用水平 7 项重点任务），同时明确了客货运输车辆运行安全保障、公路交通安全保障、农村交通安全管理与服务体系建设、国家主干高速公路网交通安全管控和交通安全宣传教育工程 5 项重大工程。

（2）海南省出台道路交通安全“十二五”规划

为做好海南省“十二五”期间道路交通安全工作，保障道路交通有序、安全、畅通，确保道路交通环境适应海南国际旅游岛建设的发展需求，海南省委会办公室制订下发了《全省道路交通安全“十二五”规划》（简称《海南“十二五”规划》）。

《海南“十二五”规划》明确，到 2015 年，海南省道路交通安全工作机制健全，责任体系完善，基础条件明显改善，监管能力和应急处置保障能力明显提升，全民交通安全意识明显增强，道路交通安全形势总体平稳，道路交通事故死伤人数有所减少，重特大道路交通事故和万车死亡率明显下降，力争实现全省道路交通事故万车死亡率不超过 2.2。《海南“十二五”规划》要求强化运输企业交通安全主体责任和安全监管，逐步减少 1 000 公里以上的长途客运班线；提升客货运输车辆运行安全性；进一步改善道路通行条件；进一步完善道路交通安全管理工作机制；进一步提高道路使用者的文明交通意识和安全驾驶能力；进一步完善交通事故应急保障与救助体系；进一步提高道路交通安全科技应用水平。

《海南“十二五”规划》确定了交通安全 6 项重大工程：客货运输车辆运行安全保障工程；公路安全保障工程；农村交通安全管理与服务体系建设工程；高速公路交通监控等管理系统及交通基础设施建设工程；交通安全宣传教育工程；加强交通安全法制建设工程。

2012 年 9 月 17 日，海南省人民政府召开了全省道路交通安全工作会议。会议提出用 6 大措施解决影响道路交通安全的源头性、基础性、深层次难题：一是严格落实运输企业交通安全主体责任，至 2015 年，公路客运车辆、校车、旅游客运车辆、危险货物运输车、三类以上班线客车动态监管装置安装使用率达100%。二是建立完善事故多发路段和公路安全隐患路段排查治理制度,2015年年底前要全面完成国省干线公路的安保工程实施任务。三是建立健全政府领导、部门负责、社会参与的交通安全宣传教育工作格局,至2015年,建成16个市、县交通安全宣传教育基地。四是建立健全高速公路交通安全应急处置系统。五是建立健全农村地区交通安全管理网络,至2015年,设有专职交通管理员的乡镇政府达100%,平均2个乡镇设置1个乡镇交警中队,乡镇客运班线达100%,通村客运班线达90%以上。六是全面建成全省公安交警移动警务系统、环岛高速公路交通监控系统、高速公路区间测速系统、市县际车辆智能监测记录系统、出入岛车辆智能监测记录系统、全省道路交通查缉布控系统、高速公路交通流量及事件监测系统。

(3)山西省出台进一步促进全省道路运输行业健康稳定发展的意见

2012年6月2日,山西省人民政府办公厅印发了《关于进一步促进全省道路运输行业健康稳定发展的通知》(晋政办发[2012]38号),要求有效落实企业安全主体责任,推动道路运输行业安全发展。明确要求各县(市、区)人民政府承担本行政区农村客运安全监管责任,建立"县管、乡包、村落实"的农村客运安全监管责任制,保障机构、人员编制和工作经费;督促道路运输企业落实安全生产主体责任,把旅客运输安全作为道路运输安全工作的重中之重,加大安全生产资金投入,明确安全岗位责任制,开展安全生产标准化建设,夯实企业安全管理基础,提升本质安全水平;在现有全省道路运输卫星定位应用系统监管的基础上,进一步强化道路运输车辆安全监管与服务功能,切实加强对长途客运车辆、旅游客运车辆、危险品运输车辆的动态监管;道路运输企业要加强对营运车辆的动态监管,严格按规定强制安装具有行驶记录功能的卫星定位装置,并接入全省道路运输卫星定位应用系统和全国联网联控系统,保证设备完好率和上线率,配备专职人员实时监控车辆行驶状态,严防超速、超员和疲劳驾驶;健全并严格执行营运驾驶员安全驾驶制度和超速、超员、疲劳驾驶等严重交通违法行为的企业内部处罚制度,强化对驾驶员的安全教育和管理,切实加强对营运车辆的维护和检测;汽车客运站场要严格管理制度,严格执行"三不进站、五不出站"的规定,落实"三品"检查和车辆安全例检等责任。

2. 江苏实施交通安全生命保障工程

为筑牢全省道路交通安全责任网、监督网、保障网,有效预防道路交通事故,创造安全、畅通、有序的道路交通环境,为全省经济社会又好又快发展提供有力的安全保障,2012年3月23日,江苏省人民政府办公厅转发了江苏省公安厅、交通运输厅、教育厅和安全生产监督管理局《关于实施交通安全生命保障工程切实加强道路交通事故预防工作的意见》(苏政办发[2012]50号),决定在江苏全省范围内实施交通安全生命保障工程(简称"生命保障工程")。生命保障工程包括30条具体措施,涵盖强化企业安全主体责任、狠抓营运驾驶员安全教育管理、加快客运企业公司化和客运线路改造、加强超长途客运班线管理、强化校车安全监管、提高车辆安全运行动态监控水平、加大重点车辆路面执法力度、完善道路交通安全隐患排查治理长效机制、深化道路交通安全宣传教育和严肃道路交通事故责任追究十个方面。

在强化企业安全责任方面,将建立全省道路运输企业交通安全联合督察制度,联合制订道路客运、危险品运输安全达标考核标准;将进一步推进实施公路客运企业红、黄、绿三色交通安全信誉等级管理制度;信誉等级高的,给予政策优惠和扶持;信誉等级低的,将在车辆检审、银行贷款等方面强化监管。

在狠抓营运驾驶员安全教育管理方面，公安、交通运输、安监部门将共同设立营运驾驶员“荣誉驾驶员”和“黑名单”驾驶员信息库，并定期向社会发布运输企业安全状况排名；运输企业对新聘用驾驶员探索开展驾驶适应性检测。

在加快客运企业公司化和客运线路改造方面，将严把客运行业市场准入关，积极稳妥推进客运线路公司化改造，严禁挂靠经营；未按期完成公司化改造的，将停止有关线路、车辆的登记许可；全面清理卧铺客车超长途班线，鼓励运输企业停开卧铺客车，执行驾驶员强制休息制度。

在加强超长途客运班线管理方面，将严控超长客运班线，对已开通铁路、民航的地区，原则上不再发展长途客运班线，停止发展夜间经过三级及以上山区道路的超长线路；清理卧铺客车超长途班线；对卧铺客车进行安全改造，更新或新增卧铺客车，必须使用前后双开门型客车，鼓励运输企业停开卧铺客车；执行驾驶员强制休息制度。

在强化校车安全监管方面，将探索校车安全管理模式，积极推行“政府购买服务、家长合理分担，市场化运作、专业化管理”的校车运作模式，鼓励保险机构开办校车安全责任险。

在提高车辆安全运行动态监控水平方面，推行运输车辆卫星定位系统的安装使用，未按规定安装的，自 2012 年 6 月 1 日起停止营运；利用全国重点营运车辆联网联控系统实施联合监管。

在加大重点车辆路面执法力度方面，将强化公路行车秩序管理。沪宁高速等 8 条高速公路将实行固定测速、流动测速、区间测速、全程测速、GPS 定位测速五位一体的测速方式。2013 年上半年，江苏省公安厅将在环省、环宁、跨江通道统一规划建成 100 个公安检查站。在客车流量较大的高速公路主线收费站和省、市际进出道口，设置客车专用通道，严查七座以上客运车辆超速、超员、疲劳驾驶等严重交通违法行为。

在完善道路交通安全隐患排查治理长效机制方面，将开展道路交通安全隐患排查治理工作，每年确定 10 个治理示范样板，重点安全隐患整改率要达到 100%；改善公路安全通行条件，坚持交通安全设施、公路监控设施与新建、改建公路同设计、同建设、同使用，凡未落实“三同时”制度，未经交工验收的，不得通车；交通运输、公安部门将在全省普通国(省)道统一规划建设公路信息板，及时发布交通事故、安全提示等信息。

在深化道路交通安全宣传教育方面，将加强交通安全宣传阵地建设，所有运输企业、中小学校、机动车驾驶员培训中心、高速公路服务区、公安交通管理部门办事服务窗口等，均需建立交通安全宣传教育活动场所，设置、播放、展示和发放宣传资料，推广交通参与人体验式、互动式交通安全宣传教育模式。江苏省公安厅会同通信企业建立全省统一的手机短信平台，及时为全省机动车驾驶员提供交通安全信息服务，并接受群众对交通安全违法行为的投诉举报。

在严肃道路交通事故责任追究方面，将对发生一次死亡 5 ~ 9 人的道路交通责任事故调查进行挂牌督办。监管部门存在失职、渎职的，要严肃追究责任。重大交通责任事故原则上要追究县处级领导干部的责任，较大交通责任事故原则上要追究乡科级领导干部的责任。

3. 山东省出台《道路交通安全责任制规定》

为了落实道路交通安全责任，有效控制交通违法行为，预防交通事故发生，保障人民群众生命、财产安全，2012 年 11 月 19 日，山东省发布了《山东省道路交通安全责任制规定》(山东省人民政府令第256号,简称《责任制规定》),自2013年1月1日起施行。《责任制规定》将道路交通安全责任分为政府领导责任、部门监管责任和车辆所属单位主体责任。

关于政府领导责任,《责任制规定》明确各级人民政府主要负责人对本行政区域内的道路交通安全工作负主要领导责任;分管道路交通安全工作的负责人对道路交通安全工作负直接领导责任;其他负责人对分管范围内涉及的道路交通安全工作负相应领导责任。同时,《责任制规定》明确了县级以上人民政府履行的6个方面道路交通安全工作职责。

关于部门监管责任,《责任制规定》明确公安机关负责机动车和驾驶员的管理、道路交通秩序管理和道路交通事故处理等工作,同时明确了设区的市、县(市、区)人民政府公安机关在本级人民政府和上级公安机关的领导下,会同有关部门监督检查本行政区域车辆所属单位的道路交通安全责任制执行情况;教育主管部门负责指导和督促学校开展道路交通安全教育和乘车安全教育;经济和信息化主管部门负责汽车生产企业市场准入管理和生产一致性管理,会同公安、质量技术监督部门组织对电动自行车、燃油助力车和残疾人机动轮椅车进行安全技术认证;司法行政部门负责道路交通安全相关法律、法规和规章的普法宣传教育;住房和城乡建设主管部门负责规划、建设、养护城市道路和道路配套设施;交通运输主管部门负责设置和完善公路标志、标线、物理隔离等道路交通安全设施,监督管理道路客、货运输安全,严格机动车驾驶培训机构市场准入;农业(农业机械)主管部门负责农业机械号牌、行驶证、检验合格标志和农业机械驾驶证的发放与管理工作;卫生主管部门负责建立道路交通事故快速抢救机制,完善道路交通事故救援体系;广播电影电视主管部门负责建立完善交通安全公益宣传机制,对社会公众进行道路交通安全教育;工商行政管理部门负责机动车、非机动车生产企业登记,依法查处违法销售机动车、非机动车的行为;质量技术监督部门负责对机动车、非机动车成品及其配件生产企业和道路交通安全防护产品生产企业的产品质量监督;安全生产监督管理部门负责指导、协调和监督道路交通安全管理工作,组织对道路交通责任事故进行调查处理;旅游部门负责协助公安机关交通管理部门和交通运输部门加强对旅游包车及驾驶员的监管;气象部门负责及时向媒体、公安机关交通管理部门提供灾害性天气预警信息;监察机关负责对政府及其工作人员履行道路交通安全管理职责实施监察。

关于车辆所属单位主体责任,《责任制规定》明确车辆所属单位应当建立健全道路交通安全制度,教育职工自觉遵守道路交通安全法律法规,组织开展道路交通安全检查,整改道路交通安全隐患,落实道路交通安全责任制。同时,《责任制规定》明确了车辆所属单位的法定代表人或者主要负责人是本单位的道路交通安全责任人,应当履行6个方面职责。

4. 改善交通安全管理

(1)建立省、市、县三级道路交通事故月公告制度

为加强社会管理创新,确保道路交通事故统计的规范、及时和准确,不断推动交通安全社会化管理进程,甘肃省、山西省等省建立了省、市、县三级道路交通事故月公告制度。要求各交警支、大队每月在固定时间通过互联网、新闻媒体以公告的形式向社会通告辖区道路交通事故基本情况和一次死亡3人以上事故情况。

(2)湖南出台进一步加强道路运输行业安全监管意见

湖南省交通运输厅于2012年8月31日印发了《关于进一步加强道路运输行业安全监管的意见》(湘交安[2012]433号,简称《监管意见》)。

《监管意见》要求强化对道路运输企业的安全管理。要求健全客运、危险品运输企业安全评估制度，推进道路运输企业诚信体系建设，将诚信考核结果与客运线路招投标、运力投放以及保险费率、银行信贷等挂钩，不断完善企业安全管理的激励约束机制。

《监管意见》要求强化对异地经营危货运输车辆的管理。要求危货运输车辆在异地经营3个月以上的，应当到经营地道路运输管理机构备案并纳入经营地道路运输管理机构日常管理，由经营地道路运输管理机构向车籍所在地道路运输管理机构出具备案证明材料。

《监管意见》还要求强化对汽车客运站的源头安全管理，强化对道路运输企业动态监控系统的使用和管理，强化对超速、超载（超员）车辆的处理和强化对疲劳驾驶行为的处理，并要求严格责任事故处理和严格运管工作人员履职要求。

5. 集中整治行动

（1）广西开展高速公路遏制重特大交通事故行动

为全力预防和减少高速公路重特大道路交通事故，广西壮族自治区公安厅交警总队决定自2012年5月1日~7月31日，在全区高速公路开展为期3个月的遏制重特大道路交通事故专项行动。专项行动期间，广西切实加强了对占道行车违法行为的现场纠正和交通技术监控工作，加强应急车道管理，通过增加提示牌、交通技术监控设备等措施，及时查处、纠正违法占用应急车道行驶、超车等交通违法行为，确保应急车道畅通，并加强涉牌涉证交通违法行为、行人进入高速公路和高速公路非法停车上下客行为的整治工作。

（2）西藏开展道路交通“双下降”专项整治行动

2012年5月4日，西藏自治区人民政府办公厅印发了《西藏自治区关于开展道路交通“双下降”专项整治行动的工作方案》，决定在全区范围内开展以降低道路交通事故起数和死亡人数为目标的“双下降”专项整治活动。

“双下降”专项整治活动的目标任务是从2012年5月起，通过3年时间的努力，充分发挥安委会各成员单位作用，积极调动一切社会力量，全力做好“客运企业专项治理，国省道、旅游干道和重点路段安全专项治理，农牧区道路交通安全专项整治和道路交通安全保障能力建设”4项重点工作，全面提升道路交通安全管控水平。力争到2015年年底，道路交通事故起数在2011年全区道路交通事故起数的基础上环比下降4%，死亡人数在2011年国务院安委会办公室下达的道路交通死亡控制指标的基础上环比下降8%，道路交通事故起数和死亡人数实现“双下降”，全区道路交通安全监管人防力量和技防力量有较大改观，运输企业安全生产基础工作有较大提高，农牧区道路交通安全形势有所好转，道路交通安全生产总体形势继续保持持续稳定好转的态势。

（3）福建开展道路交通安全综合整治大会战

2012年8月3日，福建省人民政府办公厅印发了《福建省道路交通安全综合整治“三年行动”实施方案》（简称《综合整治实施方案》）及《福建省道路交通安全集中整治大会战实施方案》（简称《集中整治实施方案》，闽政办[2012]137号）。2012年8月23日，国务院安委会办公室转发了《综合整治实施方案》及《集中整治实施方案》（安委办[2012]41号）。

综合整治“三年行动”的指导思想是以“关注安全，关爱生命”为主题，全面落实道路交通“一岗双责”和企业主体责任，全面加强人、车、路、环境的安全管理和监督执法，推进交通安全社会管理创新，有效减少道路交通事故总量，坚决遏制重特大事故发生，为福建全省经济社会发展、人民平安出行创造良好的交通安全环境。整治目标是健全完善政府统一领导、各部门协调联动、社会各界共同参与的交通安全管理格局,全面提升人、车、路、环境和交通安全管理水平。到2014年年底,福建全省道路交通事故死亡人数下降30%、较大事故起数下降20%以上,力争不发生重大及以上事故,万车死亡率低于全国平均水平。具体目标是:2012年年底前完成国省道干线安保提升工程3 000公里,2014年年底前完成其余危险路段的整治,实施年万里农村公路安保工程,2012年完成6 000公里,2013~2014年每年不少于5 000公里;高速公路、国省道、县乡道路显见交通违法行为百车违法率分别降至5%、6%、7%以下;非法载客行为、非法拼组装车辆取缔率分别达100%,大中型客货车检验率、驾驶员审验率分别达100%,报废注销率达100%,拖拉机上牌率、年检率、持证率分别达70%以上,摩托车上牌率达70%以上;福建全省道路运输企业安全标准化100%达标,福建全省省际班车、市际班车、旅游客车、校车、出租车、危货车和渣土车合格卫星定位装置安装率达100%,农村客车合格卫星定位装置安装率达90%以上,卧铺客车安装车载视频装置率达100%;建制村开通客车率达97%以上,新增、更新农村客车1 500辆。

《综合整治实施方案》要求采取以下几个方面的主要措施:一是在2012年8~10月集中力量开展为期3个月的道路交通安全整治"大会战";二是强化驾驶员源头管理,提高驾驶员培训机构准入门槛;三是加强车辆安全整治;四是提高道路安全保障水平,进一步加强国省道(含高速公路)安全防护设施建设;五是强化道路运输企业安全管理;六是加大农村道路交通安全管理力度,定期组织开展农村地区三轮汽车、低速货车和拖拉机等非法载人以及摩托车等交通违法行为专项打击行动;七是强化道路交通安全执法;八是深入开展道路交通安全宣传教育。

道路交通安全集中整治大会战的目标是福建全省道路交通事故死亡人数同比下降20%以上、较大事故起数同比下降15%以上,不发生重大以上事故。集中整治措施包括:一是实施道路隐患排查整治大会战;二是实施严厉打击非法车辆大会战;三是实施客运安全严管大会战;四是实施重点车辆管控大会战;五是实施路面秩序严管大会战;六是实施交通安全宣传大会战。

2012年8月13日下午,福建省召开全省道路交通安全综合整治工作电视电话会议。会议要求福建全省各级各部门要抓住重点,全力推进综合整治,宣传教育要全面覆盖,加大宣传攻势,突出重点人群,剖析典型案例;重点监管要全面到位,要严管运输企业、重点车辆、驾驶员培训机构、驾驶员,突出抓好重点环节、重点部门的安全监管;隐患治理要完全彻底,抓排查、整治、安保,彻底解决道路和设施上存在的安全隐患问题,确保不留盲区、不留死角;安全执法要严格、文明,要突出重点路段、重点车辆、重点区域,从严打击,文明执法,注重教育,形成长效机制;落实责任要毫不懈怠,加强组织领导、督察考核,严肃责任追究,各级政府要按照属地原则,落实监管责任。

为期3个月的福建全省道路交通安全综合整治大会战较好完成集中整治大会战的各项目标任务,交通安全形势总体好转。2012年11月5日,福建省召开了全省道路交通安全综合整治专题会议,要求深入推进道路交通安全综合整治"三年行动"。

(4)北京启动交通治安环境大整治

2012年12月6日~2013年3月,北京市公安局会同相关部门,在全市范围内发起交通、治安、环境三大秩序突出问题集中管理整治专项工作。此次集中整治重点对交通、治安、环境等影响城市秩序、车辆通行和群众反映集中的9类问题进行治理。其中,交通安全整治范围包括:路面非机动车闯灯越线、骑车带人、逆行以及行人违反交通信号、翻跨护栏等违法行为;机动车违法停车,加塞并线,违法驶入公交车道、非机动车道、应急车道等违法行为;机动车涉牌、非驾驶员、闯红灯、酒驾等严重交通违法和大货车、摩托车、电动自行车、老年代步车等重点车种;黑车、黑摩的无牌照上路、违法停车聚集、非法营运等严重影响交通秩序的问题。

(5)重庆实施交通安全七大专项整治

重庆市公安局交巡警总队自2012年8月27日起启动实施为期3个月的交通安全七大专项整治,包括货车、大中型客车、校车、摩托车、农用车辆以及交通安全设施隐患排查治理等。

本次专项整治行动的重点是客运车辆和旅游包车,整治重点是疲劳驾驶、超员、超速、不按规定车道行驶等严重交通违法行为,对七座以上的公路客运、旅游客运车辆逢车"六必查",即查乘载人数、驾驶时间、驾驶资格、车辆审验情况、车辆安全设施配备情况和车辆轮胎磨损状态等。同时,针对专用校车、非专用校车、无资质的黑校车进行重点整治,做好校车标牌发放和回收工作。在本次整治中,还将重点整治包括商品混凝土车(俗称水泥罐车)、运渣车、危化品运输车、重中型在内的货车,并首次把"有牌证、不超载、不超速、靠右行"的警示语张贴进驾驶室内。

(6)河北开展道路交通安全大整治专项行动

2012年6月8日~9月30日,河北省开展交通安全大整治专项行动。本次整治行动中,河北省建立健全客货运驾驶员分级管理制度,按交通违法记录、事故情况及严重程度,实行红、黄、绿3个等级管理。重点整治城区酒驾、毒驾,不按信号通行,不按线行驶,涉牌涉证,机动车乱停乱放,违法安装警灯,警报器和乱鸣警报7类严重违法行为;重点整治农村非营运车辆载客、无牌无证、酒后驾车、骑摩托车不戴头盔4类严重违法行为;在高速公路和国省道,重点整治违章占道行驶、超速行驶、超员超载、违法停车、遮挡号牌、行人上高速公路6类严重违法行为。

(7)甘肃、青海、陕西、宁夏、新疆5省(自治区)交通安全大整治

2012年10月30日~11月20日,甘肃、青海、陕西、宁夏、新疆5省(自治区)交警总队联合组织开展西北片区区域联动整治,维护良好通行秩序,稳定交通安全形势,严防发生群死群伤重特大交通事故。此次区域联动主要对京昆、京藏、连霍、包茂、福银高速公路,以及312、314、315、307、310、214、217、109等国道及各省(自治区)交通流量大、地位重要的通道和今年以来发生一次死亡5人以上道路交通事故或2起以上一次死亡3人以上道路交通事故的路段进行重点整治,重点对客运车辆、旅游包车、校车、重型货车、危险品运输车等车辆进行全面检查,坚决查处超速行驶、超员载客、疲劳驾驶、涉牌涉证、不按规定车道行驶、违法停车以及低速货车、三轮汽车、拖拉机违法载人等交通违法行为。

第六章 科技改善道路交通安全

一、科技规划

1. 加快推进交通运输行业科技创新能力建设

2012 年 10 月 25 日,交通运输部印发了《关于加快推进交通运输行业科技创新能力建设的若干意见》(交科技发[2012]549 号,简称《若干意见》),从 17 个方面进一步明确了加快推进行业科技创新能力建设的指导思想、目标任务、体制机制等。

《若干意见》提出了加快推进行业科技创新能力建设的目标任务,到 2020 年,基本建成适应交通运输发展需要的科技创新体系,科技创新支撑引领行业发展的能力和效益大幅提升,在工程建设与养护、运输组织与管理、安全与应急保障、资源节约与环境友好和信息化等领域有关共性关键技术的研究开发和集成应用上,取得一大批国际领先、实用性强的自主创新成果,行业科技进步贡献率达到 55% 以上,创新型交通运输行业建设取得显著成效。

《若干意见》要求行业在健全和完善科技创新体制机制方面,强化企业技术创新的主体地位,提高科研院所和高等院校的创新服务能力,增强科技创新的开放性和协同性,提高国际科技合作水平;在增强科技创新的动力和活力方面,完善科技创新工作的管理模式,深化标准管理改革,加强科技成果推广与知识产权保护,完善竞争机制和科技成果评价、奖励制度。

2. 节能与新能源汽车产业发展规划(2012 ~ 2020 年)

2012 年 7 月 9 日,国务院正式发布《节能与新能源汽车产业发展规划(2012 ~ 2020 年)》(国发[2012]22 号,简称《规划》)。

《规划》明确新能源汽车产业发展将以纯电驱动作为新能源汽车发展和汽车工业转型的主要战略取向,当前重点推进纯电动汽车和插电式混合动力汽车产业化。此外,《规划》还对新能源汽车产业发展目标做出了具体要求:在销量上,到 2015 年,纯电动汽车和插电式混合动力汽车累计产销量力争达到 50 万辆;到 2020 年,纯电动汽车和插电式混合动力汽车生产能力达 200 万辆、累计产销量超过 500 万辆;在电动车里程上,到 2015 年,纯电动乘用车、插电式混合动力乘用车最高车速不低于 100 公里/小时,纯电驱动模式下综合工况续驶里程分别不小于 150 公里和 50 公里;电动车节油性能上,到 2015 年,当年生产的乘用车平均燃料消耗量降至 6.9 升/百公里,节能型乘用车燃料消耗量降至 5.9 升/百公里以下。

《规划》还要求大力推进动力电池技术创新,重点开展动力电池系统安全性等相关研究;

加强新能源汽车安全标准的研究与制定，根据应用示范和规模化发展需要，加快研究制定新能源汽车以及充电、加注技术和设施的相关标准；发展新能源汽车及关键零部件质量安全检测服务平台。

二、相关会议

1. 运输安全

（1）第十一届中国国际交通技术与设备展览会暨2012中国交通发展论坛

2012年5月15日，由交通运输部主办的"第十一届中国国际交通技术与设备展览会暨2012中国交通发展论坛"在北京举行。本届展览会有筑养路机械制造、运输装备制造、交通工程设施及路用材料生产、道路养护等领域的400余家企业参展，参展企业数量为历届展会之最。展会特别开设"交通运输安全主题馆"和"节能减排专区"。

在同期举行的"2012中国交通发展论坛"上，时任交通运输部部长李盛霖以"突出主题，贯穿主线，努力推进交通运输安全发展绿色发展"为题发表主旨演讲。李盛霖要求从以下几个方面推进交通运输安全发展、绿色发展：一是继续加强基础设施建设，着力提升交通运输服务实体经济稳健发展的保障能力。进一步加强综合运输通道以及城市群、都市圈和城镇带城际交通通道建设，加快形成布局合理、功能完善、有机衔接、安全环保的交通运输基础设施网络。强化国省干线改造，着力提升技术等级、服务能力和水平。继续加强农村公路建设，构筑安全、耐久、便捷、畅通的农村公路网络。二是积极推进综合运输体系建设，着力提升优化交通运输资源配置能力。三是加快建设资源节约型环境友好型行业，着力提升交通运输可持续发展能力。四是深入实施科技强交战略，着力提升交通运输科技和信息化水平。五是大力加强安全监管和应急保障能力建设，着力提升交通运输安全发展水平。认真落实好"安全第一、预防为主、综合治理"的方针，强化交通运输企业安全生产的主体责任和管理部门的监管责任，不断探索创新与交通运输经济运行、社会管理相适应的安全监管模式。进一步加强交通运输安全生产法规制度体系建设，全面推进交通运输企业安全生产标准化建设，加强安全生产教育培训，提高从业人员的安全意识和素质。六是不断深化管理体制机制改革，着力提升交通运输行业管理水平。

本届论坛为期3天，除主题论坛外，还分设"低碳交通，我们同行"、"中国公路养护技术大会"、"公路建设技术创新论坛"、"客车安全论坛"、"城乡交通运输新技术应用论坛"5个分论坛，60余位来自各领域的领导和专家、学者发表了演讲。

（2）第八届西部道路运输新概念论坛

2012年8月16日，以"新时期新西部新机遇新发展"为主题的"第八届中国西部道路运输新概念论坛"在内蒙古呼和浩特召开。

本届论坛由中国交通报社主办，内蒙古自治区交通运输管理局承办。论坛上各成员单位就促进西部道路运输一体化、拓展转型、车辆监控等问题进行了交流。西部道路运输新概念论坛的12家成员单位［内蒙古自治区、广西壮族自治区、重庆市、四川省、贵州省、云南省、陕西省、甘肃省、青海省、宁夏回族自治区、新疆维吾尔自治区的道（公）路运输管理局和中国交通报社］以及来自北京、河北、山西、辽宁、黑龙江、江苏、山东、湖南、广东等省（直辖市）有关部门的代表参加了会议。会议组织各成员单位签署了《"道路客运安全年"西部共同宣言》（简称

《西部共同宣言》)。《西部共同宣言》提出了加强区域联动,共创平安交通;建立完善的安全生产制度,深入开展安全隐患排查治理活动;加强客运站源头监管,加大安全生产投入;提高服务质量,树立良好行业形象等十大措施。

(3)2012 年全国大型交通运输企业安全工作座谈会

2012 年 8 月 16 日,“2012 年全国大型交通运输企业安全工作座谈会”在上海举行。会议要求,交通运输企业要把安全责任落实作为长期工作目标,进一步建立牢不可破的安全工作保障链条;要把安全投入保障作为关键工作要素,下定决心夯实安全生产基层基础;要把加强队伍建设作为中心工作内容,全力提升全体员工安全生产能力和水平;要把规范安全行为作为重要工作任务,持续推进企业安全生产标准化建设;要把强化现场管理作为务实工作重点,大力强化过程监控和动态监管。针对当前安全生产工作重点,会议提出,要高度重视党的十八大和国庆长假期间安全稳定工作,切实做好防汛防台风工作,加强危险品运输管理,加强客运安全管理,扎实推进客滚运输安全工作,加强工程建设施工安全管理。

本次会议由交通运输部安全监督司主办,上海国际港务集团承办,中远集团等 5 家央企、全国部分大型港口集团以及渤海湾和琼州海峡的客滚运输、道路运输、工程施工等企业的代表参会。

2. 城市交通

(1)城市交通管理工作座谈会

为进一步加强城市交通管理工作,2012 年 7 月 3 ~ 4 日,公安部交通管理局、公安部道路交通安全研究中心在上海、江苏联合举办城市交通管理工作座谈会,通过实地观摩、座谈研讨、专家授课等形式,总结交流了城市交通管理基础工作的经验,并研究进一步加强城市交通科学管理的措施。公安部交通管理局,公安部道路交通安全研究中心,上海、天津、江苏、浙江总队及杭州、广州、常州等 20 个大中城市交警支队领导和部门负责人共 60 余人参加会议。

会议指出,“畅通工程”实施 12 年以来,城市交通管理工作取得了长足进步,交通管理科学化、规范化、精细化水平明显提升。公安部交通管理局要求各地交管部门认真梳理当前存在的问题,积极提出落实各项措施的意见、建议;加强城市交通规划和交通政策的研究,积极参与城市交通规划以及步行、自行车、停车系统等交通专项规划的制订、修编和论证工作;加强城市交通秩序管理,注重执法效果评估,提高执法效能,加大执法监督考核力度,提高路面管事率;切实提高科学组织管理交通的能力水平,整合城市交通管理信息,加强信息分析研判,进一步提高指挥、调度和快速反应能力;进一步提升执法形象,着力建设服务型交警队、服务型车管所;加强城市交通管理专业化指导培训,建立专业化的技术队伍。

(2)全国中心城市交通改革与发展研讨会第二十九次会议

2012 年 9 月 13 日,全国中心城市交通改革与发展研讨会第二十九次会议在陕西省西安市召开。本次研讨会的主题为“城市交通运输发展趋势与未来”。与会代表围绕公交都市建设、低碳交通运输体系建设、城乡交通运输公共服务均等化、出租汽车和谐劳动关系建立等进行深入交流和探讨。

全国中心城市交通改革与发展研讨会是全国 36 个中心城市自发形成的重要工作交流平台,每年举办一次。来自全国 30 多个中心城市交通局(委)的相关部门负责人参加了本届会议。第 30 届研讨会将于 2013 年在南京举办。

(3)第三届中德城市道路交通安全研讨会

由同济大学、中德交通研究中心、上海联合道路交通安全科学研究中心、德意志学术交流中心以及上海汽车工程学会等联合主办的第三届中德城市道路交通安全研讨会暨第七届中国道路交通事故研究研讨会于2012年10月8～9日在上海同济大学召开。100名来自国家质检总局缺陷产品管理中心、公安部道路交通安全中心，德国达姆施塔特大学、斯图加特大学，美国佛罗里达大学等国内外汽车行业的安全专家及技术人员代表参加了本次会议。

本次研讨会上，相关专家就我国国家安全行动计划、国家车辆事故深度调查体系以及德国、美国和中国的道路交通安全现状作了报告。此外，研讨会还分别按“交通行为研究与交通安全教育”，“交通事故研究及其成果应用”，“道路设施规划、设计、运行、管理中的安全问题及其对策”三个议题进行了交流。

在交通事故研讨会上，国内外专家学者针对城市道路交叉口信号控制的若干基本问题，特别是对黄灯问题展开了深入研讨。

(4)全国城市公共交通工作会议

2012年10月29～30日，全国城市公共交通工作会议在深圳市召开。国务院办公厅、国务院法制办、国家发改委、公安部、住房和城乡建设部、各省级交通运输部门及道路运输管理机构、骨干公共交通运输企业、中国道路运输协会等单位的代表，受表彰的全国城市公交先进集体和个人代表，15个公交都市创建城市的特邀代表等参加了会议。与会代表围绕深入实施公交优先发展战略，就推进公交都市创建活动、完善公交扶持政策、发展智能绿色公交、加强安全和应急能力建设、提升公交吸引力等话题展开了讨论。

会议提出要进一步实施公共交通优先发展战略，充分发挥公共交通建设对城市发展的引领和带动作用，大力开展公交都市建设示范工程，让人民群众“出行更便捷、乘坐更舒适、换乘更方便”。会议要求各地交通运输部门完善法规政策体系，推动公交制度化规范化发展；强化规划编制实施，发挥公共交通对城市发展的引领和带动作用；加快基础设施建设，提高公交服务保障能力；建设智能低碳公交系统，引导绿色低碳出行；加强运营服务管理，增强公交可持续发展能力；强化安全应急管理，提高安全防范水平；落实财税扶持政策，改善公交发展的外部环境；实施公交都市建设示范工程，增强公交引领城市发展的能力。

会议要求建立城市人民政府负总责，公安、交通、安全监管、建设、质检等部门明确职责、各司其职、配合主动、齐抓共管的安全监管体系；要督促公交企业落实安全生产主体责任，设立安全生产专项经费并纳入运营成本，加强从业人员安全和应急知识培训，定期开展安全检查，加强动态监管，消除事故隐患；要加强城市轨道交通运营安全管理，定期组织开展城市轨道交通安全评价和安全认定工作；要制订和完善城市公共交通安全事故应急预案和防范措施，加强应急演练，提高事故防范和应急处理能力；要加强对公众文明安全乘车的宣传教育，增强公众防范个人极端暴力犯罪、恐怖袭击和自救互救的意识和能力。

3. 汽车安全

(1)电动汽车安全、环境全球技术法规讨论会

为进一步完善电动汽车技术标准法规体系，发挥技术标准法规对电动汽车技术进步和结构调整的引领作用，2012年10月15日，工业和信息化部装备工业司在杭州组织召开了电动汽车安全、环境全球技术法规讨论会。中国汽车技术研究中心、中国汽车工程研究院、北汽集

团、长安集团、东风汽车、上汽集团、万向集团、上海机动车检测中心等汽车及电池电机生产企业、汽车检测机构和汽车科研机构等单位的代表参加了会议。

本次研讨会介绍了我国参与电动汽车安全、环境全球技术法规制定的情况,并对下一步工作计划进行了认真讨论,提出了中国作为 WP29[1]框架下电动汽车安全、电动汽车与环境两个工作组副主席国的工作建议。

(2)2012(第三届)中国汽车安全技术发展国际论坛

2012 年 11 月 10 日,由中国汽车技术研究中心主办的"2012(第三届)中国汽车安全技术发展国际论坛"在天津召开。本次论坛以"汽车安全"为主题,包括整车企业、零部件企业、汽车安全技术企业和媒体在内的 300 余位嘉宾参会。

本届论坛的议题涵盖了我国汽车召回管理制度、商用车安全标准、C-NCAP 发展与研究等汽车安全制度与标准领域的内容,也包含了车辆安全与舒适解决方案、汽车顶置气囊、行人保护气囊、行车安全与实时互联等最新汽车安全技术领域等方面。

4. 基础设施安全

(1)第六届全国公路养护技术研讨会

2012 年 3 月 30 ~31 日,"第六届全国公路养护技术研讨会暨公路养护新工艺现场观摩会"在河南新乡召开,来自全国众多知名专家、学者及各省市公路养护行业的 1 400 名代表参加了此次会议。

本次大会分别就国内公路养护领域的检测技术、施工新技术(新工艺)、养护评价体系等方面,进行专题技术讲座与交流。会议围绕交流施工新技术、新设备、新材料及质量控制展开,为与会者提供相关成功应用经验。

(2)第九届中美桥梁技术交流会

2012 年 11 月 14 ~19 日,"第九届中美桥梁技术交流会"在南京召开。来自中美两国的 34 位桥梁专家及代表就长大公路桥梁建设、管养技术和标准、规范研究等方面展开广泛而深入的交流。

结合目前桥梁工程普遍问题,会议安排了中美两国的桥梁设计标准规范、公路桥梁安全性和耐久性、抗震设计标准和维护、健康监测等 19 个专题报告进行交流讨论。美国和我国专家分别就桥梁的建管养安全管理及中美和欧洲的混凝土桥梁设计差异作了主旨报告。

中美桥梁技术交流会主旨是广泛交流、达成共识、建立合作和互利互赢,每年举行一次。

(3)2012 武汉国际桥梁科技论坛

2012 年 11 月 21 ~22 日,"2012 武汉国际桥梁科技论坛"在湖北省武汉市召开。原铁道部、住房和城乡建设部、交通运输部、湖北省有关领导、桥梁届的权威专家、学者及桥梁行业人士 400 余人参会。

在本次论坛上,来自美国、法国、俄罗斯、西班牙等国家和国内的 14 位权威专家就桥梁科技发展的最新思路先后进行了学术演讲,介绍了世界各国近期桥梁技术的研究动态和发展状况。

---

[1] WP29 为"世界车辆法规协调论坛"(World Forum for Harmonization of Vehicle Regualtions)的简称,负责制定全球统一的汽车技术法规。

5. 交通安全

(1)《中华人民共和国刑法修正案(八)》和修改后的《中华人民共和国道路交通安全法》实施一周年专题研讨会

2012 年 5 月 11 日,中国法学会与公安部联合召开了《中华人民共和国刑法修正案(八)》和修改后的《中华人民共和国道路交通安全法》(简称“两法修正案”)实施一周年专题研讨会。研讨会总结了“两法修正案”实施以来取得的成效,并重点围绕如何正确贯彻执行法律规定,建立依法治理酒后驾驶长效机制进行了深入研讨。

与会专家、学者充分肯定了“两法修正案”实施一年来取得良好的法律效果和社会效果,认为“两法修正案”的出台对法学研究部门和法律实务部门有深刻的启发意义,其顺利实施将有益于进一步树立我国立法、执法和司法的权威。同时也指出,“醉驾入刑”的适用仍存在许多难题,各地对“醉驾入刑”的法律精神和规定在理解上还存在一定偏差,有必要予以研究和纠正。一是要准确把握“醉驾入刑”的法律和政策精神。二是正确理解“醉驾应否一律入刑”。对醉驾行为不应一律入刑,但不入刑的醉驾行为应当是少数,大量醉驾行为均应入刑。三是要不断完善“醉驾入刑”的法律适用。正确区分醉驾行为构成不同犯罪的界限,要正确看待“醉驾入刑”的地方差异。针对目前缺乏统一的法律适用和定罪量刑标准问题,建议相关部门积极配合,尽快出台配套的司法解释等。针对因酒驾造成的交通事故仍时有发生,特别是农村酒驾问题较为突出的问题,专家学者呼吁要齐抓共管综合治理,加大“醉驾入刑”宣传力度,倡导文明交通,摒弃交通陋习。

“两法修正案”实施后,我国酒后驾车违法行为明显减少。据公安部统计,2011 年 5 月 1 日~2012 年 4 月 20 日,公安机关共查处酒后驾驶 35.4 万起,同比下降 41.7%。其中,醉酒驾驶 5.4 万起,同比下降 44.1%。

(2)中国学生道路交通安全国际研讨会

2012 年 5 月 22 日,世界银行和全国中小学生交通安全教育办公室在北京共同举办了“中国学生道路交通安全国际研讨会”。此次研讨会旨在通过学生交通安全政策制订、校车管理运营和资金筹措等方面的国际经验分享,与我国中央部门和地方政府的领导共同探讨如何加强我国学生道路交通安全。世界银行邀请了美、英等国学生交通安全领域的国际专家,与国内专家和各有关部门的代表共同开展研讨。通过上午的国内外经验分享和圆桌讨论,国内外专家一致认为,要建立一个安全、高效和可持续的学校交通系统,需要多管齐下,更需要多部门间的通力合作。

(3)第六届中国道路交通安全论坛

2012 年 7 月 24 日,“第六届中国道路交通安全论坛”在北京召开,来自国家发展和改革委员会、工业和信息化部、公安部、交通运输部等部门及汽车交通相关领域的专家,围绕“提高安全意识,减少交通事故”主题探讨了国内外道路交通安全管理经验。

出席论坛的专家认为,我国要通过借鉴国外先进的交通安全管理经验,利用先进的汽车安全技术,有效提高道路交通的安全性。另外,我国交通环境情况复杂,深入研究交通事故基础数据有助于找到我国交通安全问题的症结。专家建议要以实现“零事故的和谐社会”为目标,以详细的事故数据为基础,让所有的交通参与者积极参与到把握现状、分析问题、积极对策的活动中,通过大家的共同努力来提高汽车的安全性能,改善我国的交通安全状况。

(4)第四届中美交通论坛安全与灾难救援协调研讨会

2012 年 9 月 11 ~ 14 日,"第四届中美交通论坛安全与灾难救援协调研讨会"在上海召开。中美双方代表就海上志愿者管理、应急物资储备、路网安全评价方法和指标、大型活动的公共交通安全管理、轨道交通安全应急管理、石化港区的安全监管与应急管理、特大桥梁的安全管理和应急救援、交通卫生突发事件应急响应 8 个议题进行了交流研讨。

(5)2012 年道路交通安全研讨会

2012 年 9 月 25 ~ 26 日,2012 年道路交通安全研讨会在贵阳市召开。来自全国 23 个省(自治区、直辖市)交通安全领域的 170 余名代表参加了会议。研讨会上,15 位专家分别就交通安全评价、路网交通风险评估、物联网技术在交通安全中的应用、安全设施养护检测等内容进行了演讲。

6. 交通事故

(1)道路交通事故防治工程论坛

2012 年 9 月 13 日,"道路交通事故防治工程论坛"在北京召开。国内外 100 余名专家出席了本次论坛,围绕交通事故防治对策和战略进行了研讨。就道路交通事故防治工程,专家们认为是复杂的系统工程科学,也是工程管理科学领域的重要研究方向;交通安全工作的重心必须前移至事故预防环节;人是造成交通事故的主要原因,特别是驾驶员的状态是引发交通事故的最重要因素,因此,在车辆、道路大规模增加之后,对驾驶员,尤其是职业驾驶员的全方位安全监控,应作为事故预防工作的重点。围绕交通事故防治模式,专家们认为交通事故防治不是单个部门的职责,而应是多部门协调联动综合防治的系统工程,构建"企业—政府—交通参与者"共同参与的交通事故区域防治模式值得推广。

(2)道路交通事故司法鉴定新技术研讨会

2012 年 11 月 17 ~ 19 日,"道路交通事故司法鉴定新技术研讨会"在广州召开。来自全国各地大专院校、司法鉴定机构 110 余名代表及广东省各级公安交警部门技术骨干 70 余名代表出席了研讨会。本次研讨会旨在提高我国交通事故司法鉴定整体水平,加强各交通事故鉴定机构间的学术交流,促进涉及人、车、道路等多个学科及专业在交通事故鉴定中的信息互通,技术共享,推广交通事故鉴定新技术的应用,共识交通事故综合鉴定方向的重要性。

7. 其他

(1)第三届智能运输大会

2012 年 7 月 31 日 ~8 月 1 日,"第三届智能运输大会(ITSCC)"在北京举行。来自交通运输部、工业和信息化部、地方交通运输主管部门、国内企业和高校、相关国际组织的相关负责人和专家,围绕 ITS(智能运输系统)发展的问题、趋势、应用及产业化等多个角度进行了深入探讨。本次会议上,交通运输部科技司相关负责人第一次向公众解读了即将完成的《交通运输行业智能交通发展战略(2012 ~ 2020 年)》(简称《战略》)。《战略》提出智能交通发展"以人为本、服务民生,统筹规划、协调发展,需求引导、自主创新,市场驱动、开放合作"的基本原则和方针,明确智能交通发展要在支撑交通运输管理的同时,应更加注重为公众出行和现代物流服务;在为小汽车出行服务的同时,更加注重为公共交通和慢行交通出行服务;在关注提高效率的同时,更加注重安全发展和绿色发展;要在借鉴国外、技术跟踪的基础上,更多面向国内需求,立足我国国情,充分利用新一代信息技术,推进具有自主知识产权的智能交通技术和产品的研发和集成应用;要由过去以技术引领发展的阶段,转变为充分发挥市场配置资源的基础性作用,调动社会优质资源,加快建立技术、应用和资本共同引领的智能交通发展模式,鼓励和引导民间资本投资,促进跨部门、跨行业的互利合作,推动信息开放、共享的市场化服务。

(2)首届两岸四地公路交通发展论坛

2012 年 10 月 24 ~ 25 日,“首届两岸四地公路交通发展论坛”在苏州举行。来自我国大陆、台湾、香港、澳门公路界的 150 多名专家学者和科技工作者参加了论坛。此次活动也是“2012 中国科协海峡两岸青年科学家学术活动月”的一项重要内容。本届论坛由我国公路学会、台湾中华道路协会、香港公路学会、澳门工程师学会联合主办。本届论坛的主题为:共融·共享·共赢——低碳、安全、环保的公路交通发展模式,共收录了我国大陆和台港澳学术论文 41 篇,提交大会交流的学术报告有 14 场,其中台港澳学术报告 8 场。

两岸四地公路交通发展论坛由我国大陆、台北、香港、澳门轮流主办,每年举办一次。“第二届两岸四地公路交通发展论坛”于 2013 年下半年在台北市举行。

(3)中美交通论坛第五次会议

2012 年 11 月 29 ~ 30 日,“中美交通论坛第五次会议”在杭州举行。来自中美两国交通主管部门、研究机构和企业界约 160 名代表参加会议。中国交通运输部副部长翁孟勇和美国运输部部长助理苏珊·柯蓝分别率代表团与会。会议以“技术与创新创造发展机会”为主题,旨在通过两国政府、研究机构和企业代表的深入交流,以技术创新为手段,拓展双方在交通运输领域的合作,为两国交通运输业安全、高效、绿色和可持续发展创造有利条件。会议期间,代表们重点就进一步加强在解决城市拥堵、安全与灾难应急协调、危险品运输、铁路新技术以及港口和内河等方面的技术和创新合作充分交换了意见,并取得了广泛共识。

(4)第十二届国际交通科技年会(CICTP 2012)

2012 年 8 月 3 ~ 6 日,“第十二届国际交通科技年会”(12^{th}COTA International Conference of Transportation Professionals,简称“CICTP 2012”)在北京召开。来自中国、美国、德国、英国、加拿大等国家的 350 余人参加了会议。本次会议以“便捷、安全、经济、高效的综合交通运输”为主题,共收录论文 370 余篇,设立 9 个学术论文专题分会场、3 个国际特邀专家分会场、5 个海外华人交通协会(Chinese Overseas Transportation Association,简称“COTA”)特邀专家分会场、5 个国内专家分会场以及政府论坛、世界银行论坛等。主题报告数量达到 140 余人次。会议期间还邀请国内重点实验室、交通领域知名企业开展了技术成果展示。

三、标准规范

1. 校车相关标准

2012 年 4 月 10 日,国家质量监督检验检疫总局、国家标准化管理委员会批准发布《专用校车安全技术条件》(GB 24407—2012)和《专用校车学生座椅系统及其车辆固定件的强度》(GB 24406—2012)两项强制性国家标准,于 2012 年 5 月 1 日正式实施。

新修订的两项标准明确了专用校车及座椅系统的各项技术指标和试验方法,更加注重车辆的安全性能、更加注重车辆配置的人性化、更加注重车辆安全管理的可操作性。一是车辆安全性能要求明显提升，标准在车身结构强度、碰撞防护结构、制动装置、驾驶员视野、轮胎、安全带设置、应急逃生配置、座椅性能等方面的要求均有提升；二是车辆配置更加人性化，标准提出了专用校车的踏步（台阶）不能太高，必须设置上下车扶手、通道必须平整防滑、座椅和隔板必须软化处理、车内空气质量必须达标等一系列要求；三是安全管理相关配置更加完善，标准对限速装置、乘员数量限制、急救箱配备、照管人员座椅配置、灭火装置、专用校车标志灯、停车指示牌、停车提醒标示、行驶记录仪录像监控系统等做出了一系列规定。

（1）《专用校车安全技术条件》（GB 24407—2012）

《专用校车安全技术条件》（GB 24407—2012）主要适用于幼儿园阶段3周岁以上及九年制义务教育阶段受教育的群体所乘坐的专用校车，全部技术内容均为强制性。本标准代替《专用小学生校车安全技术条件》（GB 24407—2009）。

《专用校车安全技术条件》（GB 24407—2012）将校车分为轻型和大中型两种，轻型校车车长大于5米且小于或等于6米，大中型校车车长大于6米且小于或等于12米。专用校车都要安装前、后保险杠，以提供最大的保护。校车车高不得大于3.7米，不得设置车外行李架，铰接客车和双层客车都不能作为专用校车使用。

《专用校车安全技术条件》（GB 24407—2012）增加了校车最大乘员数量限制、急救箱配备、内装饰件、信号系统、车内空气成分等30余项要求，并对学生座椅、应急出口、踏步等30多项内容进行了修改。幼儿专用校车的最大乘员数应不超过45人，小学生专用校车和中小学生专用校车的最大乘员数应不超过56人。

《专用校车安全技术条件》（GB 24407—2012）规定专用校车应只有一个乘客门并位于右侧前后轮之间，为方便撤离和车外救助，车辆的左侧、右侧应至少各有一个出口。专用校车的踏步（台阶）不能太高；必须设置上下车扶手、座椅；隔板须软化处理；车内空气质量必须达标；要安装具有卫星定位功能的行驶记录仪和车内车外录像监控系统。

（2）《专用校车学生座椅系统及其车辆固定件的强度》（GB 24406—2012）

《专用校车学生座椅系统及其车辆固定件的强度》（GB 24406—2012）主要适用于专用校车上的学生座椅以及用于安装该座椅的车辆固定件，也适用于专用校车上安装于座椅前方的约束隔板。本标准代替《专用小学生校车座椅及其车辆固定件的强度》（GB 24406—2009）。

与《专用小学生校车座椅及其车辆固定件的强度》（GB 24406—2009）相比，《专用校车学生座椅系统及其车辆固定件的强度》（GB 24406—2012）修改了标准适用范围，由专用小学生座椅扩展为校车学生座椅，并增加了校车上安装于座椅前方的约束隔板；将验证座椅前倾性能和座椅靠背后部的吸能特性的静态试验方法修改为动态试验方法，并相应修改了座椅前倾性能要求；删除了车辆固定件试验；增加了与动态试验方法相关的检测仪器要求和允许伤害指标的确定方法。

2.《机动车儿童乘员用约束系统》（GB 27887—2011）

2011年12月30日，国家质量监督检验检疫总局、国家标准化管理委员会批准发布《机动车儿童乘员用约束系统》（GB 27887—2011）国家标准，于2012年7月1日正式实施。

《机动车儿童乘员用约束系统》（GB 27887—2011）规定了机动车儿童成员约束系统在车辆上的安装及固定要求、约束系统的结构以及对约束系统总成及其组成部件的性能要求和试验方法,适用于适合安装在三个车轮或三个车轮以上机动车上的儿童乘员约束系统,但不适用于安装在折叠座椅或侧向座椅上的儿童约束系统。

2012 年 8 月 25 日,中国消费者协会发布了《儿童安全座椅消费指引》。一是明确提出儿童乘坐汽车时,应当使用儿童安全座椅。在安全驾驶的前提下,科学选购、合理使用儿童安全座椅能够有效降低儿童乘车风险。二是应选购符合国家强制性标准的品牌座椅。不应以牺牲质量安全为代价,换取座椅价格上的便宜。应尽量选购符合节能、环保、低碳要求的儿童安全座椅。三是应根据儿童年龄、身高、体重等选购适当的儿童安全座椅。应严格按照产品使用说明书规范安装儿童安全座椅。四是应根据汽车的品牌、型号,选购与之相匹配的儿童安全座椅。应严格按照产品使用说明书操作使用,避免误操作、乱操作造成的安全隐患。五是应定期对儿童安全座椅进行检查、保养,确保正常使用。出现使用故障时,应尽快进行专业检修,及时排除安全隐患。六是应到正规经营场所购买儿童安全座椅,主动索取并妥善保存购物发票(凭证)。一旦合法权益受到损害,应及时出示相关证据,做到维权有据。

3.《纯电动乘用车技术条件》(GB/T 28382—2012)

2012 年 5 月 11 日,国家质量监督检验检疫总局、国家标准化管理委员会批准发布《纯电动乘用车技术条件》(GB/T 28382—2012)国家标准,于 2012 年 7 月 1 日正式实施。该标准适用于使用动力蓄电池驱动、五座以下的纯电动汽车,提出了 30 分钟最高车速不低于 80 公里/小时、工况法续驶里程大于 80 公里的基本要求,同时规定了电动汽车安全、质量分配、加速性能、爬坡性能、低温性能、可靠性等方面的技术指标。

4. 机动车运行安全技术条件(GB 7258—2012)

2012 年 5 月 11 日,国家质量监督检验检疫总局、国家标准化管理委员会批准发布《机动车运行安全技术条件》(GB 7258—2012)国家标准,于 2012 年 9 月 1 日正式实施。本标准代替《机动车运行安全技术条件》(GB 7258—2004)国家标准。

国家标准《机动车运行安全技术条件》(GB 7258)是我国机动车国家安全技术标准的重要组成部分。GB 7258 是我国机动车运行安全管理最基础的技术标准,是新车注册登记检验和在用车安全技术检验、事故车检验鉴定的主要技术依据,也是新车定型强制性检验、新车出厂检验和进口机动车检验的重要技术依据之一。

与 GB 7258—2004 相比,GB 7258—2012 进一步明确了标准的适用范围,规定标准适用于在我国道路上行驶的所有机动车,但有轨电车及并非为在道路上行驶和使用而设计和制造、主要用于封闭道路和场所作业施工的轮式专用机械车除外;采用了与公安交通管理要求一致的机动车分类,将汽车分为载客汽车(乘用车和客车的合称)、载货汽车(货车)和专项作业车,将原摩托车和轻便摩托车合称为摩托车,以与《中华人民共和国道路交通安全法》及其实施条例的相关规定相适应;同时,增加了公路客车、旅游客车、校车、幼儿校车、小学生校车、中小学生校车、专用校车、危险货物运输车、纯电动汽车、插电式混合动力汽车、燃料电池汽车、教练车、残疾人专用汽车、特型机动车等术语和定义,修改了公共汽车、专项作业车(专用作业车)、轻便摩托车等术语和定义,以使标准使用者能更清晰地理解标准相关条款适用的主体;细化了车辆识别代号相关要求,以期提升汽车(主要是乘用车)的可追溯性,更好地打击和预防盗抢机动车违法犯罪行为;提高了客车主动安全和被动安全性方面的安全技术要求;提高了客车的防火安全性要求和安全逃生要求；明确了校车运行安全的基本技术要求；提高了重中型货运车辆、危险货物运输车的运行安全技术要求；从确保车辆安全使用的角度增加了乘用车的部分运行安全技术要求；提高了正三轮摩托车的运行安全技术要求；适当调整了机动车制动性能检验的部分要求。

5.《道路车辆外廓尺寸、轴荷及质量限值》(GB 1589—2004)修订

2012 年 10 月 16 日，全国汽车标准化技术委员会整车分委会在杭州组织召开了强制性国家标准《道路车辆外廓尺寸、轴荷及质量限值》(GB 1589—2004)修订的汽车行业讨论会。会议通报了对道路车辆外廓尺寸、轴荷及质量限值等前期研究工作的有关情况，听取了各相关企业代表对修订 GB 1589—2004 的意见和建议，就成立 GB 1589—2004 修订工作组及下一阶段工作进行了讨论。会议决定，由汽车业内相关企业联合成立专项小组，开展外廓尺寸等指标修订的技术研究和试验验证工作，为标准修订提供相应的数据支撑；由整车分委会组织成立标准修订工作组，联合行业专家共同研究修订该标准。

GB 1589—2004 是我国汽车产品设计制造最基本的技术标准，也是保障道路交通安全、规范道路运输管理的理论依据。GB 1589—2004 的修订和完善，对提高大中型客货车安全技术性能、加强违规载货和超载等问题管理、减少重大事故发生具有重要意义，将进一步推动我国道路交通安全管理工作。

6. 青海省《机动车道路交通安全气象指数等级》地方标准

为了更好地落实“公共气象、安全气象、资源气象”的战略发展理念，由青海省气象局编制的《机动车道路交通安全气象指数等级》地方标准由青海省质量技术监督局发布，并于 2012 年 7 月起在青海省实施。本标准通过分析机动车交通事故中天气条件影响，从而对交通安全指数进行定级，最终确定了以气温、风力、雾、霾、降雨、降雪和沙尘天气七种气象指标及天气现象对机动车交通安全的影响因子的变化制订出机动车道路交通安全指数等级，以确保《机动车道路交通安全气象指数等级》符合机动车交通安全的要求。青海省是全国首个实施《机动车道路交通安全气象指数等级》地方标准的省份。

四、重要科研事件

1. 国家重大科技专项课题《面向公路智能交通系统的无线物联网总体技术研究》正式获批并启动

国家重大科技专项课题《面向公路智能交通系统的无线物联网总体技术研究》正式获批并启动。此课题由交通运输部公路科学研究院牵头，工业和信息化部电信传输研究院、北京邮电大学、中国电信集团公司、大唐电信科技产业集团参加。此课题将以公路交通领域应用需求为基础，结合无线通信前沿技术的发展，研究我国交通运输领域无线物联网发展的总体思路和关键技术，完成无线物联网在交通运输行业应用的体系框架设计，为我国新一代智能交通的发展奠定基础。

2. 国家车辆驾驶安全工程技术研究中心揭牌

2012 年 9 月 17 日，国家车辆驾驶安全工程技术研究中心揭牌仪式举行。国家车辆驾驶安全工程技术研究中心是针对驾驶员的安全素质、驾驶安全状态、行车驾驶环境等存在的各种事故危险源,开展全程、全方位识别、检测与控制技术研究及工程化开发的机构。该中心的研究重点是以交通体系的主体"车辆驾驶员"为控制对象,通过对驾驶员的安全素质检测技术、安全素质训练与行为矫正技术、高危驾驶环境监控技术、区域控制系统工程技术等一系列交通主动安全技术的工程化、标准化,推进驾驶员主动安全技术成果的广泛应用,并向以驾驶员为重点的道路交通事故防治模式转变,实现驾驶员交通事故致因可识别、可预测、可控制,以最终达成驾驶主动安全,减少驾驶员发生事故的研究目标。2011 年 6 月 14 日,国家车辆驾驶安全工程技术研究中心经科技部批准、依托安徽三联科技股份有限公司组建。

3. 国家汽车移动物联网联合设计中心成立

2011 年 12 月 8 日,由中国华录集团有限公司北京易华录信息技术股份有限公司、中国电子信息产业集团、中国航天科技集团、中国航空工业集团、上海汽车工业集团、中国移动通信集团、清华大学、武汉大学、吉林大学、同济大学、南京理工大学等 20 多家单位发起成立的国家汽车移动物联网联合设计中心在北京成立。

国家汽车移动物联网联合设计中心由总体研究设计中心、中央智能控制研究设计中心、中央指挥调度研究设计中心、中央信息服务研究设计中心、商业运营服务网研究设计中心等十大研究设计中心组成。汽车移动物联网的核心就是利用先进传感技术、移动互联技术、智能控制与智能计算技术,对道路进行交通全时空控制,对车辆进行交通全程控制,实行有序进路、有序行驶,并最终实现道路交通"零堵塞"、"零伤亡"和"极限通行能力"。它主要包括交通拥堵控制、交通安全控制、交通信息服务、商业运营服务四大功能。

4. 中国—瑞典交通安全研究中心成立

2012 年 5 月 28 日,交通运输部与瑞典企业、能源与交通部在北京签署中国—瑞典交通安全研究中心合作备忘录。2012 年 12 月 18 日,中国—瑞典交通安全研究中心[简称"中瑞(典)交通安全中心"]正式成立。中瑞(典)交通安全中心由交通运输部公路科学研究院、上海同济大学、瑞典查尔姆斯理工大学,沃尔沃汽车集团和沃尔沃集团共同设立并运营,研究领域涵盖主被动安全系统研发、中国交通参与者(驾驶员、乘员、行人)行为研究和实车道路测试、交通安全数据平台搭建、新能源车辆安全系统研究以及车联网技术、无人驾驶技术的研发等。中心的研发费用由两国政府及中心成员方共同出资。研发分项目采取开放模式,其他企业也可参与共同投资并一起享受研发成果。

中瑞(典)交通安全中心由中瑞(典)两国政府倡导成立,是两国间最高水平的交通安全研究中心,愿景是建设成为全球最新先进的交通安全研究机构,增进中瑞(典)两国先进安全技术的交流和合作,为构建和谐交通环境贡献力量。行政总部将设立在交通运输部公路科学研究院北京办公室,并在上海同济大学和瑞典查尔姆斯大学设立分中心。

五、科研成果

1. 有交通事故倾向的驾驶员具有明显特征

一项涉及交通事故倾向性的研究表明,6% ~8% 的驾驶员有交通事故倾向,他们制造了约 30% 的交通事故,而且事故倾向性驾驶员普遍具有对车速估计偏差、注意力缺陷、安全意识不足及对危险的感知力低下等 11 项生理心理行为特征。为减少事故倾向性驾驶员“犯错”概率，该项研究提出筛选、矫正、治理“三步曲”，通过分析交通事故倾向性驾驶员的心理生理、行为习惯，采用“人、机”结合的方式，为这些有事故倾向的驾驶员系上“安全带”。此研究开发出了智能代理技术、计算机支持协调学习平台技术、视频检测技术等多项技术，目前已经在全国 400 多个城市运用，涵盖驾驶员考试科目、驾驶员筛检测试、道路交规管理、逆行超载监控、信号系统等多个环节。

2. 道路交通事故现场快速处置与事故重建系统

道路交通事故现场快速处置与事故重建系统研制成功，并已于 2010 年全面应用于道路交通事故处理工作中。该系统主要实现了两大功能：一是交通事故现场的快速处置功能。实现了现场勘查、取证的数字化、自动化，大大提高了现场处置效率，重大事故现场勘查时间平均缩短了 50 分钟。二是交通事故重建功能。依靠事故再现、动态演示、视频信息还原、综合鉴定 4 个子系统，能够准确还原事故过程，科学揭示事故真相，保证了事故办案的公平、公正。该系统已荣获 2011 年度国家科学技术进步奖（二等奖）。

3. 重特大道路交通事故综合预防与处置集成技术开发与示范应用

2012 年 10 月 12 日，国家科技支撑计划——国家道路交通安全科技行动计划一期项目“重特大道路交通事故综合预防与处置集成技术开发与示范应用”通过技术验收。

该项目于 2008 年由科技部、交通运输部、公安部共同发起并组织实施，针对我国重特大交通事故预防亟待解决的问题，以集成创新为手段，重点研究了交通安全信息集成、分析及平台构建技术，山区公路网安全保障技术体系，国家高速公路安全和服务技术，营运车辆与客运安全保障技术，全民交通行为安全性提升综合技术，区域公路网交通安全态势监测、评估及应急指挥、道路交通安全执法等关键技术，并在全国 14 个省、自治区、直辖市组织实施应用示范工程 23 项，旨在降低道路交通事故特别是重特大道路交通事故数量、减少交通事故伤亡，初步构建我国道路交通安全技术支撑体系。

交通运输部承担的课题有三项，分别为课题二“山区公路网安全保障技术体系研究与示范工程”、课题三“国家高速公路安全和服务技术开发与工程应用示范”和课题四“营运车辆安全保障技术开发及大范围集成应用”，共包含 18 项重点任务和 65 项研发专题。三个课题共取得技术研究成果 126 项，完成了涉及 15 个省（自治区、直辖市）、覆盖公路里程 1 万余公里的示范工程，对 8 000 余名营运车辆驾驶员开展安全行车技能培训，维护、检测车辆 13 800 余台次。与示范工程实施前相比，云、贵、川、渝山区公路示范路段群死群伤事故率降低 30% 以上，京津塘高速公路、广东佛开高速公路、连霍高速公路河南段示范路段亿车公里事故率降低 30% 以上，亿车公里死亡率降低 40% 以上。

4. 西部地区超限超载车辆联网监控系统关键技术

交通运输部西部交通建设科技项目“西部地区超限超载车辆联网监控系统关键技术研究”通过验收。该项目通过开发站—省—部三级治超信息系统，可实现治超数据共享与业务协同的信息系统，能够在车辆称重、开具执法文书、处理超载车辆等行为发生的同时，实时采集相关数据，并能实现数据由省到部的逐级上报以及各省路政与运政部门相互在部级平台上的数据共享。

六、其他科技事件

1. 交通运输部将在四大领域布局科技示范工程

2012 年 5 月 11 日，四川雅泸高速公路科技示范工程技术交流会在成都召开。交通运输部副部长高宏峰在会上指出，围绕转变发展方式的重点任务，交通运输部将进一步做好科技示范工程的顶层设计，下一步着重在基础设施建设与维护（包括水路基础设施）、综合运输体系建设、安全与应急保障、绿色交通四大领域布局科技示范工程。

2. 交通运输部路网监测与应急处置中心挂牌

2012 年 7 月 18 日，交通运输部路网监测与应急处置中心（简称“路网中心”）正式挂牌运行，标志着对全国公路系统信息实现一体化实时监测，对突发事件的应急处置也进入常态化运行。

路网中心主要承担路网运行监测、应急处置、出行服务三项核心职能。目前，路网中心基本建立了覆盖重要干线通道、易堵路段、省界收费站、特大桥梁、长大隧道、重要服务区和治超站的路网运行监测网络，可以初步掌握全国干线路网路况运行信息；积极推进部、省两级全国公路网管理与应急处置平台系统建设，相继开通了“中国公路信息服务网”、《公路服务站》直播栏目、中国高速公路交通广播（FM99.6）等平台，全面开展全国干线公路网运行监测、突发事件应急处置与出行信息服务工作。每年春运、重大节假日期间，路网中心都及时通过新闻媒体发布路况信息，为公路出行者提供及时、便捷、有效的信息服务。

3.《中国儿童伤害报告》通过专家论证

2012 年 5 月 4 日，《中国儿童伤害报告》正式通过专家组论证。来自卫生部疾控局、中国疾病预防控制中心、联合国儿基会驻华办、北京妇儿工委办公室、北京市疾病预防控制中心、暨南大学、安徽医科大学、中南大学以及新探研究中心的 17 位领导及专家出席了会议。专家组认为，《中国儿童伤害报告》基于国家第三次死因流行病学调查、第二次全国残疾人抽样调查及部分地区的流行病学调查等资料，详细描述了我国常见儿童伤害发生、致残及死亡的流行现状和影响因素，全面分析和总结了近年来我国儿童伤害防控方面的成绩和不足，提出了针对儿童伤害防控的工作建议，为全面实现《中国儿童发展纲要（2011 ~ 2020）》的儿童伤害防控目标提供了技术支持和决策参考，具有现实意义。《中国儿童伤害报告》正式通过专家组论证。

参 考 文 献

[1] 公安部交通管理局.中华人民共和国道路交通事故统计年报[R](1995—2012年度).

[2] 交通运输部.公路水路交通行业发展统计公报[EB/OL](2000—2007).交通运输部网站:http://www.mot.gov.cn.

[3] 交通运输部.公路水路交通运输行业发展统计公报[EB/OL](2008—2012).交通运输部网站:http://www.mot.gov.cn.

[4] 国家统计局.国民经济和社会发展统计公报[EB/OL](1978—2012).国家统计局网站:http://www.stats.gov.cn.

[5] U.S. Department of Transportation. Traffic Safety Facts 2008. http://www.nhtsa.dot.gov.

[6] U.S. Department of Transportation. Traffic Safety Facts 2009. http://www.nhtsa.dot.gov.

[7] U.S. Department of Transportation. Traffic Safety Facts 2010. http://www.nhtsa.dot.gov.

[8] U.S. Department of Transportation. Traffic Safety Facts 2011. http://www.nhtsa.dot.gov.

[9] Ministry of Home Affairs, India. Accidental Deaths & Suicides in India 2012. http://www.nic.in.

[10] Department for Transport, Scottish Government, Welsh Assembly Government. Reported Road Casualties Great Britain:2012. http://www.gov.uk.

[11] 住房和城乡建设部.城市建设统计公报[EB/OL](2004—2006).住房和城乡建设部网站:http://www.mohurd.gov.cn.

[12] 住房和城乡建设部.城市、县城和村镇建设统计公报[EB/OL](2007—2010).住房和城乡建设部网站:http://www.mohurd.gov.cn.

[13] 交通部公路科学研究院.中国道路交通安全蓝皮书(2006)[M].北京:人民交通出版社,2007.

[14] 交通部公路科学研究院.中国道路交通安全蓝皮书(2007)[M].北京:人民交通出版社,2008.

[15] 交通运输部公路科学研究院.中国道路交通安全蓝皮书(2008)[M].北京:人民交通出版社,2009.

[16] 交通运输部公路科学研究院.2010年中国道路交通安全蓝皮书[M].北京:人民交通出版社,2010.

[17] 交通运输部公路科学研究院.2011年中国道路交通安全蓝皮书[M].北京:人民交通出版社,2011.

[18] 交通运输部公路科学研究院.2012年中国道路交通安全蓝皮书[M].北京:人民交通出版社,2012.

[19] KOPPITS E, CROPPER M. Traffic Fatalities and Economic Growth [J]. Accident Analysis & Prevention, 2005, 37:169-178.

[20] Organisation for Economic Co-operation and Development (OECD). IRTAD Annual Report

2011[R],2011.

[21] Organisation for Economic Co-operation and Development (OECD). IRTAD Annual Report 2012[R],2012.

[22] Organisation for Economic Co-operation and Development (OECD). IRTAD Annual Report 2013[R],2013.

[23] 国务院安全生产委员会办公室. 道路交通安全"十二五"规划[EB/OL]. 国家安全生产监督管理总局网站:http://www.chinasafety.gov.cn.

[24] 国务院. 关于加强道路交通安全工作的意见(国发[2012]30号)[EB/OL]. 中国政府网:http://www.gov.cn.

[25] 公安部. 机动车驾驶证申领和使用规定(公安部第123号令)[EB/OL]. 公安部网站:http://www.mps.gov.cn.

[26] 公安部,交通运输部. 关于进一步加强客货运驾驶人安全管理工作的意见(公通字[2012]5号)[EB/OL]. 2012-1-20.

[27] 公安部. 加强机动车驾驶人管理指导意见(公交管[2012]77号)[EB/OL]. 2012-3-23.

[28] 交通运输部,公安部. 机动车驾驶培训教学与考试大纲(交运发[2012]729号)[EB/OL]. 2012-12-13.

[29] 交通运输部. 出租汽车驾驶员从业资格管理规定(交通运输部令2011年第13号)[EB/OL]. 2011-12-26.

[30] 交通运输部,公安部,国家安全生产监督管理总局. 道路旅客运输企业安全管理规范(试行)(交运发[2012]33号)[EB/OL]. 2012-1-19.

[31] 交通运输部. 汽车客运站营运客车安全例行检查工作规范(交运发[2012]762号)[EB/OL]. 2012-12-24.

[32] 交通运输部. 汽车客运站营运客车出站检查工作规范(交运发[2012]762号)[EB/OL]. 2012-12-24.

[33] 交通运输部. 关于开展长途客运接驳运输试点工作的通知(交运发[2012]784号)[EB/OL]. 2012-12-31.

[34] 校车安全管理条例(第617号国务院令)[EB/OL]. 2012-4-5. 中国政府网:http://www.gov.cn.

[35] 缺陷汽车产品召回管理条例(第626号国务院令)[EB/OL]. 2012-10-22. 中国政府网:http://www.gov.cn.

[36] 国家质量监督检验检疫总局. 家用汽车产品修理、更换、退货责任规定(国家质量监督检验检疫总局令第150号)[EB/OL]. 2012-10-29. 中国政府网:http://www.gov.cn.

[37] 商务部,国家发展和改革委员会,公安部,等. 机动车强制报废标准规定(商务部令2012年第12号)[EB/OL]. 2012-12-27. 商务部网站:http://www.mofcom.gov.cn.

[38] 公安部. 机动车登记规定(公安部令第124号)[EB/OL]. 2012-9-12. 公安部网站:http://www.mps.gov.cn.

[39] 工业和信息化部. 关于在汽车行业建立落后企业退出机制(工信部产业[2012]349号)[EB/OL]. 2012-7-12. 工业和信息化部网站:http://www.miit.gov.cn.

[40] 工业和信息化部.联合收割(获)机和拖拉机行业准入公告管理暂行办法(工信部装[2012]160 号)[EB/OL].2012-4-11.工业和信息化部网站:http://www.miit.gov.cn.

[41] 最高人民法院.关于审理道路交通事故损害赔偿案件适用法律若干问题的解释(法释[2012]19 号)[EB/OL].2012-11-27.最高人民法院网站:http://www.court.gov.cn.

[42] 国务院.关于修改《机动车交通事故责任强制保险条例》的决定(第 618 号国务院令)[EB/OL].2012-3-30.中国政府网:http://www.gov.cn.

[43] 国务院办公厅.关于集中开展安全生产领域打非治违专项行动的通知(国办发明电[2012]10 号)[EB/OL].2012-4-16.中国政府网:http://www.gov.cn.

[44] 交通运输部.交通运输系统集中开展"打非治违"专项行动方案(交安委明电[2012]3 号)[EB/OL].2012-4-19.交通运输部网站:http://www.mot.gov.cn.

[45] 国务院办公厅.关于继续深入扎实开展"安全生产年"活动的通知(国办发[2012]14 号)[EB/OL].2012-2-14.中国政府网:http://www.gov.cn.

[46] 国务院.服务业发展"十二五"规划(国发[2012]62 号)[EB/OL].2012-12-1.中国政府网:http://www.gov.cn.

[47] 国务院.关于城市优先发展公共交通的指导意见(国发[2012]64 号)[EB/OL].2012-12-29.中国政府网:http://www.gov.cn.

[48] 江苏省人民政府办公厅.关于转发省文明办等部门关于深入实施江苏文明交通工程工作意见的通知(苏政办发[2012]137 号)[EB/OL].2012-7-20.江苏省人民政府:http://www.js.gov.cn.

[49] 交通运输部,公安部,国家安监总局."道路客运安全年"活动方案(交运发[2012]112 号)[EB/OL].2012-3-16.交通运输部网站:http://www.mot.gov.cn.

[50] 交通运输部.关于进一步加强长途客运安全管理工作的紧急通知(交运明电[2012]0831 号)[EB/OL].2012-8-27.交通运输部网站:http://www.mot.gov.cn.

[51] 交通运输部.2012 年交通运输安全生产工作要点(交安监发[2012]60 号)[EB/OL].2012-2-20.交通运输部网站:http://www.mot.gov.cn.

[52] 公安部.关于加强吸毒人员驾驶机动车管理的通知(公通字[2012]35 号)[EB/OL].2012-7-31.公安部网站:http://www.mps.gov.cn.

[53] 国务院.关于同意设立"全国交通安全日"的批复(国函[2012]195 号)[EB/OL].2012-11-18.中国政府网:http://www.gov.cn.

[54] 交通运输部.关于切实抓好春运后道路运输安全管理工作的通知(交运明电[2012]0205 号)[EB/OL].2012-2-20.交通运输部网站:http://www.mot.gov.cn.

[55] 国务院安全生产委员会办公室.关于进一步加强道路交通安全工作的通知(安委办[2012]18 号)[EB/OL].2012-4-28.国家安全生产监督管理总局网站:http://www.chinasafety.gov.cn.

[56] 国家旅游局.关于今年以来涉旅道路交通事故情况的通报(旅办发[2012]222 号)[EB/OL].2012-5-11.国家旅游局网站:http://www.cnta.gov.cn.

[57] 吴楠.中国高速公路交通广播 FM99.6 昨日开播[N].中国交通报,2012-6-27.

[58] 中国警察报社."交通安全微博发布厅"正式上线运行[N].中国警察报,2012-9-27.

[59] 中国气象报社. 高速公路交通气象观测站网布局方案印发平均二十五公里将有一观测站[N]. 中国气象报,2012-8-3.

[60] 铁道部,交通运输部. 关于公铁立交和公铁并行路段护栏建设与维护管理相关问题的通知(铁运[2012]139 号)[EB/OL]. 2012-6-18. 交通运输部网站: http://www.mot.gov.cn.

[61] 交通运输部. 关于加快推进"重点运输过程监控管理服务示范系统工程"实施工作的通知(交运发[2012]798 号)[EB/OL]. 2012-7-24. 交通运输部网站: http://www.mot.gov.cn.

[62] 国务院. 关于批转交通运输部等部门重大节假日免收小型客车通行费实施方案的通知(国发[2012]37 号)[EB/OL]. 2012-7-24. 中国政府网:http://www.gov.cn.

[63] 交通运输部. 关于切实做好中秋、国庆和十八大期间安全工作的通知(交安委明电[2012]8 号)[EB/OL]. 2012-9-21. 交通运输部网站:http://www.mot.gov.cn.

[64] 甘肃省安全生产委员会办公室. 甘肃省道路交通安全"十二五"规划[EB/OL]. 2012-5-11. 甘肃省安全生产监督管理局网站:http://www.gssafety.gov.cn.

[65] 海南省安全生产委员会办公室. 全省道路交通安全"十二五"规划[EB/OL]. 海南省公安厅交通警察总队网站:http://www.hainanjj.gov.cn.

[66] 山西省人民政府办公厅. 关于进一步促进全省道路运输行业健康稳定发展的通知(晋政办发[2012]38 号)[EB/OL]. 2012-6-2. 山西省人民政府网站:http://www.shanxigov.cn.

[67] 江苏省人民政府办公厅. 关于实施交通安全生命保障工程切实加强道路交通事故预防工作的意见(苏政办发[2012]50 号)[EB/OL]. 2012-3-23. 江苏省人民政府网站: http://www.jiangsu.gov.cn.

[68] 山东省人民政府. 山东省道路交通安全责任制规定(山东省人民政府令第 256 号)[EB/OL]. 2012-11-19. 山东省人民政府网站:http://www.shandong.gov.cn.

[69] 湖南省交通运输厅. 关于进一步加强道路运输行业安全监管的意见(湘交安[2012]433 号)[EB/OL]. 2012-8-31. 湖南省交通运输厅网站:http://www.hnjt.gov.cn.

[70] 福建省人民政府办公厅. 关于印发福建省道路交通安全综合整治"三年行动"实施方案和福建省道路交通安全集中整治大会战实施方案的通知(闽政办[2012]137 号)[EB/OL]. 2012-8-3. 福建省人民政府网站:http://www.fujian.gov.cn.

[71] 交通运输部. 关于加快推进交通运输行业科技创新能力建设的若干意见(交科技发[2012]549 号)[EB/OL]. 2012-10-25. 交通运输部网站:http://www.mot.gov.cn.

[72] 国务院. 节能与新能源汽车产业发展规划(2012—2020 年)(国发[2012]22 号)[EB/OL]. 2012-7-9. 中国政府网:http://www.gov.cn.

[73] 李志宏,何玫. 突出主题、贯穿主线,努力推进交通运输安全发展绿色发展——"第十一届中国国际交通技术与设备展览会暨 2012 中国交通发展论坛"在北京隆重举行[J]. 交通标准化,2012(11).

[74] 郑宗杰. 第八届中国西部道路运输新概念论坛今日召开[N]. 中国交通报,2012-8-16.

[75] 黄玲,彭付平. 2012 年全国大型交通运输企业安全工作座谈会在沪召开[N]. 中国水运报,2012-8-20.

[76] 焦轩. 公安部交管局召开座谈会提出进一步加强城市交通管理[N]. 人民公安报,2012-7-7.

[77] 刘兴增,慕顺宗,柯营之,等. 全国农村公路建设与管理养护现场会召开[EB/OL]. 2012-3-31. 中国交通新闻网:http://www.zgjtb.com.

[78] 中国法学会办公室、研究部. 中国法学会与公安部联合召开《刑法修正案(八)》和修改后的《道路交通安全法》实施一周年专题研讨会[EB/OL]. 2012-3-31. 中国法学会网:http://www.chinalaw.org.cn.

[79] 高昂. 第六届中国道路交通安全论坛在京举办[N]. 经济日报,2012-8-8.

[80] 王瑞水,王熙,赵赟. 交通运输部:首届两岸四地公路交通发展论坛举办[EB/OL]. 2012-10-29. 中国政府网:http://www.gov.cn.

[81] 滕学蓓. 国际交通科技年会在京举行[EB/OL]. 2012-8-17. 交通运输部网站:http://www.mot.gov.cn.

[82] 中华人民共和国国家标准. GB 24407—2012 专用校车安全技术条件[S]. 北京:中国标准出版社,2012.

[83] 中华人民共和国国家标准. GB 24406—2012 专用校车学生座椅系统及其车辆固定件的强度[S]. 北京:中国标准出版社,2012.

[84] 中华人民共和国国家标准. GB 27887—2011 机动车儿童乘员用约束系统[S]. 北京:中国标准出版社,2011.

[85] 中华人民共和国国家标准. GB/T 28382—2012 纯电动乘用车技术条件[S]. 北京:中国标准出版社,2012.

[86] 中华人民共和国国家标准. GB 7258—2012 机动车运行安全技术条件[S]. 北京:中国标准出版社,2012.

[87] 戴随刚,任海[illegible]betw. 《机动车道路交通安全气象指数等级》在青海实施[N]. 青海日报,2012-9-2.

[88] 肖恒辉,李炯城,丁胜培,等. 面向公路智能交通系统的无线物联网技术研究[J]. 电信科学,2013(01).

[89] 汪永安,陈婉婉. 国家车辆驾驶安全工程技术研究中心揭牌[N]. 安徽日报,2012-9-18.

[90] 国务院国有资产管理委员会企业改革局. 国家汽车移动物联网联合设计中心成立[EB/OL]. 2012-5-23. 国务院国有资产管理委员会网站:http://www.sasac.gov.cn.

[91] 孙金凤. 中瑞国家级交通安全研究中心成立[N]. 北京晨报,2012-12-25.

[92] 刘敏,腾军伟. 专家研究发现:有交通事故倾向的驾驶员具有明显特征[EB/OL]. 2012-2-14. 新华网:http://www.xinhuanet.com.

[93] 封欢欢. 北京公安交管:事故快处与重建系统获国家科学技术进步奖二等奖[EB/OL]. 2012-2-24. 人民网:http://www.people.com.cn.

[94] 交通运输部西部交通建设科技项目管理中心. 信息化:治超的另一种表达——访交通运输部规划研究院信息所室主任林报嘉[EB/OL]. 2012-2-20. 交通部西部交通建设科技项目管理中心网站:http://www.glzx.gov.cn.

[95] 中国疾病预防控制中心.《中国儿童伤害报告》通过专家论证[EB/OL]. 2012-5-8. 中国

疾病预防控制中心网站:http://www. chinacdc. cn.

[96] 陈绍刚. 美国:驾驶员年龄对交通事故的影响[EB/OL]. 2012-12-10. 网易汽车:http://auto. 163. com.

[97] 中国驻胡志明市总领馆经商室. 越每年因交通事故造成经济损失近9亿美元[EB/OL]. 2012-6-12. 商务部网站:http://www. mofcom. gov. cn.

[98] 中国驻德国使馆经商参处. 2011年德国交通事故死亡人数增加[EB/OL]. 2012-7-12. 商务部网站:http://www. mofcom. gov. cn.

附　　录

一、2012年道路交通安全十大新闻

1. 十年来道路交通安全形势持续改善,年死亡人数下降近一半

2012 年,我国道路交通安全形势继续改善。全国共发生涉及人员伤亡且不适用简易程序处理的道路交通事故 204 196 起,造成 59 997 人死亡、224 327 人受伤,比 2011 年分别下降 3.14%、3.83% 和 5.52%。全国道路交通万车死亡率为 2.50,10 万人口死亡率为 4.43,同比分别减少 0.28 和 0.20。全国国道网和高速公路网亿车公里事故率分别降至 3.4 和 1.2,亿车公里死亡率分别降至 1.5 和 0.8。十年来(2003~2012 年),在公路通车里程净增 247.91 万公里,机动车保有量年均增长 11.64%,国道网、高速公路网车辆行驶量分别增长 189.34% 和 351.69% 的情况下,我国道路交通安全形势持续得到改善,道路交通事故年死亡人数下降 45.15%,受伤人数 60.09%。十年间,我国道路交通事故年死亡人数下降了近一半。

2. 国务院发布《关于加强道路交通安全工作的意见》

2012 年 7 月 22 日国务院发布《关于加强道路交通安全工作的意见》(国发[2012]30 号,简称《意见》)。《意见》就加强道路交通安全工作做出全面、系统的重大决策部署,进一步明确了当前道路交通安全工作的指导思想和基本原则,提出了新形势下加强道路交通安全工作的一系列政策措施,涵盖道路运输企业安全管理、驾驶员培训考试、车辆安全监管、道路安全保障、安全执法、宣传教育、事故责任追究和组织保障等多个方面,还着重对农村道路交通安全工作提出了有针对性的措施,对于指导和推进道路交通安全工作的科学发展、长远发展,具有极其重要的意义,是道路交通管理工作发展历史上的一个里程碑,是指导当前和今后一个时期道路交通安全工作的纲领性文件。

3. 12 月 2 日升格为"全国交通安全日"

2011 年,公安部决定将每年 12 月 2 日定为"交通安全日"。2012 年 11 月 18 日,国务院批复同意将每年 12 月 2 日设立为"全国交通安全日"(国函[2012]195 号),每年在此时间节点组织开展全国范围的道路交通安全主题宣传活动。2012 年 12 月 2 日,全国各地都开展了声势浩大的"全国交通安全日"主题宣传活动。

4.《机动车驾驶证申领和使用规定》修订

公安部于 2012 年 9 月 12 日发布了修订后的《机动车驾驶证申领和使用规定》(公安部令第 123 号,简称"123 号令"),自 2013 年 1 月 1 日起施行。123 号令在涉及机动车驾驶员考试、驾驶证日常管理、交通违法行为记分等方面的规定发生显著变化。由于123号令对驾驶员提出了严格的管理和处罚措施，颁布后引发持续热议。一部分人将其称为“史上最严交规”，并认为新规定处罚太严，但从舆论和网络反映看，123号令得到了广泛支持。

5.《校车安全管理条例》正式施行

2012年4月5日，国务院公布《校车安全管理条例》（简称《校车条例》），自公布之日起施行。《校车条例》确立了保障校车安全的基本制度，规定校车必须取得使用许可，驾驶员必须取得校车驾驶资格方可驾驶校车，且校车通行拥有优先权。随后，国务院批准成立了由教育部、公安部、交通运输部等20个成员单位组成的全国校车安全管理部际联席会议制度。新修订的《专用校车安全技术条件》（GB 24407—2012）强制性国家标准也于2012年5月1日起施行。

6.《关于审理道路交通事故损害赔偿案件适用法律若干问题的解释》发布

2012年11月27日，最高人民法院公布了《关于审理道路交通事故损害赔偿案件适用法律若干问题的解释》（法释[2012]19号，简称《司法解释》），共29条，涉及道路交通事故主体责任认定、赔偿范围认定、责任承担认定、诉讼程序规定和适用范围规定五个方面，自2012年12月21日起施行。《司法解释》的发布将有利于正确审理道路交通事故损害赔偿案件，统一道路交通事故损害赔偿案件的裁判尺度。

7. 公安部出台17项新规严格驾驶员管理

为进一步严格机动车驾驶员管理，全力预防和减少重特大道路交通事故，公安部交通管理局于2012年3月23日印发了《加强机动车驾驶员管理指导意见》（公交管[2012]77号），共出台17项新规，涉及实行复杂路口和恶劣天气驾驶考试、增加安全文明驾驶知识考试、开展新驾驶员领证前教育和领证后回访、实行考试全过程实时监管、每月清理一次客货运驾驶员交通违法记分、每年开展一次大中型客货车驾驶员审验教育、开展驾驶员手机短信安全提示、加大严重交通违法查处力度、实行交通违法处罚前教育制度、开展重特大道路交通事故案例教育、开展交通事故联合调查分析研判、建立考试发证和执法管理责任倒查制度、建立考试培训质量公开排名制度、落实驾驶培训质量全过程监管、建立与道路运输管理机构会商制度、开展安全文明驾驶员和驾校评选活动、发动社会单位和群众参与交通安全教育等方面。

8.“中国式过马路”引热议

2012年10月11日，有网友通过微博转发笑话称“中国式过马路，就是凑够一撮人就可以走了，和红绿灯无关”。这条微博引起了众多网友的共鸣，一天内就被近10万网友转发。中国式过马路是网友对部分国人集体闯红灯现象的一种调侃。但经网络传播，立刻引发网友对交通、国民素质和安全意识的大讨论。报纸、广播、电视等媒体迅速跟进加入讨论。除网友外，一些专家、学者也纷纷分析原因，发表意见和观点。

9. 交通运输部试行长途接驳运输保安全

为实现乘坐长途客车出行旅客夜间不停车等待而一站到达目的地和保证运营安全的目标，2012年12月28日，交通运输部印发了《关于开展长途客运接驳运输试点工作的通知》，要求自2013年1月20日起，在北京、上海、江苏、浙江、安徽等13个省（自治区、直辖市）开展长途客运接驳运输试点工作，即通过在客车运行途中选择合适的地点，实施驾驶员停车换人、落地休息，或换车换人，由在接驳点上休息等待的驾驶员上车驾驶，继续执行客运任务的运输组织方式，力求解决疲劳驾驶和客车夜间停驶产生的诸多问题，提高长途客运夜间运行的安全水平和服务质量。

10.《家用汽车产品修理、更换、退货责任规定》发布

国家质量监督检验检疫总局于2012年12月29日发布了《家用汽车产品修理、更换、退货责任规定》(国家质量监督检验检疫总局令第150号，简称《“三包”规定》)，自2013年10月1日起施行。《“三包”规定》明确规定了家用汽车产品的“保修期”和“三包有效期”。其中，保修期限为不低于3年6万公里，三包有效期限为不低于2年或者是行驶里程5万公里。保修期内出现产品质量问题，可以免费修理；在三包有效期内，如果符合规定的退货条件、换货条件，消费者可以凭三包凭证、购车发票等办理退货或换货手续。

二、2012年一次死亡10人以上的重大道路交通事故

1. 湖南沪昆高速公路怀化段"1·3"重大道路交通事故

2012年1月3日6时40分,河南省沈丘县驾驶员吕某某驾驶周口市路路发汽车运输有限公司豫PY0210号重型半挂牵引车,运载28.7吨货物(核载30吨),由贵州贵阳驶往福建厦门,行至沪昆高速公路湖南怀化市中方县境内K1 431+900米处,因过度疲劳驾驶、违法超速行驶和操作不当,车辆失控撞开中央隔离护栏,斜停于中央隔离带和对向部分车道后,与对向车道自河北省石家庄市无极县驾驶员贾某某驾驶的冀A61231号大型普通客车(乘载54人,核载55人)相撞,造成13人死亡、41人受伤。

2. 贵州沪昆高速公路黔南段"1·4"重大道路交通事故

2012年1月4日18时30分,安徽省黄山市休宁县五城镇驾驶员杨某某驾驶黄山市凯鸿旅游客运有限公司皖J06318号大型普通客车,乘载57人(含儿童及幼儿4人,核载53人),由浙江义乌驶往四川泸州叙永县,行至沪昆高速公路贵州黔南布依族苗族自治州贵定县境内K1 765+500米处时,因在冰雪路面上未保持安全车速行驶及处置险情不当,车辆越过道路中央隔离带驶入对向车道,之后又冲出对向车道路边护栏,坠入路外8.8米深的水沟,造成18人死亡、39人受伤。

3. 贵州遵义市道真县"2·18"重大道路交通事故

2012年2月18日12时10分,贵州省遵义市道真自治县驾驶员冯某某驾驶遵义集顺达交通运输(集团)道真华通运输有限公司贵C86256号中型普通客车,乘载35人(其中4名为儿童,核载19人),由道真县大礁镇街驶往石仁村,行至省道207线K8+400米处,因轮胎快速泄气,车辆驶离道路左侧、坠入路侧5.9米深的石头沟中,造成13人死亡、22人受伤。

4. 山西晋城市泽州县"2·25"重大道路交通事故

2012年2月25日9时27分,河南省三门峡市湖滨区驾驶员白某某驾驶三门峡市汽车运输有限责任公司旅游分公司的豫M08666号金龙牌大型普通客车,乘载34人(核载35人),由三门峡驶往山西晋城泽州县三河镇道宝河村旅游,行至国道207线泽州县境内K1 319+950米左转弯下坡处,因超速行驶和遇险处置不当,车辆失控撞断道路右侧水泥警示墩后坠入41.5米深的山谷,造成15人死亡、19人受伤。

5. 四川阿坝藏族羌族自治州马尔康县"3·13"重大道路交通事故

2012年3月13日12时27分，四川省马尔康县党坝乡驾驶员王某驾驶阿坝藏族羌族自治州九寨运业有限公司川U20777号大型普通客车，乘载21人（核载35人），由成都驶往马尔康，行至国道317线马尔康县境内梭磨乡K295+138米处长下坡弯道时，因车辆存有制动、转向安全隐患和驶过长下坡路段后车辆制动效能不足等问题，车辆刮擦护栏后冲出左侧道路并翻坠于垂高65米深的山沟下，造成15人死亡、6人受伤。

6. 辽宁大连市保税区"4·7"重大道路交通事故

2012年4月7日17时20分，辽宁省大连普兰店市驾驶员刘某某驾驶辽B2279W号大型普通客车，乘载25人（核载27人），由大连市金州新区驶往花园口经济区，行至大连保税区境内县道夏金线K1+500米附近道路变窄路段，车辆右侧违法超车、变道过程中因超速行驶导致车辆失控、从道路右侧驶出，侧翻坠入14米深的路外沟中，造成14人死亡、11人受伤。

7. 安徽宿州市萧县"4·12"重大道路交通事故

2012年4月12日6时30分，安徽省萧县驾驶员冯某某驾驶皖L60670号大型普通客车，乘载24人（核载29人），由南向北行至国道311线往萧县县城方向K58+930米处，因操作不当，驶入对向车道，与对向河南省永城市驾驶员陈某某驾驶的豫N60023重型自卸货车（实载23.65吨，核载15吨）发生正面相撞，造成24人死亡、2人受伤。

8. 江苏常合高速苏州段"4·22"重大道路交通事故

2012年4月22日9时12分，山东省单县驾驶员王某某驾驶上海益流汽车出租服务有限公司沪BL1290号大型普通客车，乘载33人（核载39人），由上海市驶往江苏苏州常熟市，行至省道常合高速公路常熟市境内K1+180米处附近时，因王某某吸毒后驾驶机动车并操作失当，车辆突向左偏驶，穿越中央隔离护栏后向右侧翻，车身前顶部与对方车道正常行驶的苏ED1655中型厢式货车车头相撞，造成14人死亡、20人受伤。

9. 河南漯河市舞阳县"4·23"重大道路交通事故

2012年4月23日14时30分，河南省泌阳县驾驶员曹某某驾驶漯河市锦程运输有限公司豫LA8979号重型货车，运载30吨化肥（核载19.8吨），由郑州驶往泌阳，行至漯河市舞阳县境内省道220线K132+500米处时，因超速、超载、超限运行，且违法超车并跨越道路中心线行驶，与对向正常行驶的豫L52929号中型普通客车（乘载23人，含3名婴幼儿，核载19人）正面相撞，造成14人死亡、11人受伤。

10. 云南临沧市云县"4·28"重大道路交通事故

2012年4月28日17时5分，云南省临沧市耿马县驾驶员俸某驾驶临沧市交通运输集团公司临沧分公司云S08156号中型普通客车，乘载20人（含1名儿童，核载19人），由临翔区驶往耿马县，行至省道羊耿线K25+30米处，因路面湿滑未降低行驶速度，在下坡转右急弯过程中采取紧急制动时，车辆驶向道路左侧、驶出路面，沿边坡翻下170米后左侧翻于边坡上，造成11人死亡、9人受伤。

11. 宁夏吴忠市同心县"4·30"重大道路交通事故

2012年4月30日7时许，宁夏吴忠市同心县城乡建筑公司驾驶员马某某驾驶本公司宁

C25628号中型普通客车，乘载23人（核载17人），由同心县城驶往王团镇，行至王团镇罗家河湾村省道101线K225+750米处，因占道强行超车、会车及处置不当，与对向行驶的马某某驾驶的宁E25889号重型货车（实载27.3吨，核载17.9吨）正面相撞，造成18人死亡、6人受伤。

12. 山东潍坊市潍城区"5·19"重大道路交通事故

2012年5月19日2时15分，湖北籍驾驶员程某驾驶鲁GKA068号小型普通客车，乘载12人（核载8人），沿山东省潍坊市潍城区宝通西街由西向东行驶至拥军路口西侧500米处时，因疲劳驾驶和超速，与前方同向行驶的悬挂厂内鲁GA3378号的重型自卸货车（实载26.2吨，核载19.4吨）追尾相撞，造成10人死亡、2人受伤。

13. 西藏林芝地区波密县"6·16"重大道路交通事故

2012年6月16日16时2分，西藏波密县驾驶员多吉某某驾驶西藏林芝地区客运有限责任公司藏GA5120号中型普通客车（核载15人，实载13人），由林芝驶往波密县，行至国道318线K4 099+500米上坡转弯时，遇前方藏DL0121号小型越野客车因坡陡路滑车辆后滑，多吉某某和后方藏GAC577号车辆驾驶员下车帮忙推车，藏DL0121号小型越野客车继续向后滑行碰撞藏GA5 120号中型普通客车，藏GA5120号中型普通客车被撞后，坠入道路右边76.5米深的帕隆藏布江中，造成藏GA5120中型普通客车上10人坠江失踪（2人跳车逃生）。经交警部门认定，本事故为自然灾害事故。

14. 福建沈海高速公路宁德段"6·20"重大道路交通事故

2012年6月20日1时45分，江西省南昌市驾驶员王某某驾驶福建省厦门市舫阳汽车运输有限公司闽DY5719号大型卧铺客车，乘载45人（含2名儿童，核载45人），由江苏无锡驶往福建厦门，行至沈海高速宁德市霞浦段A道K1 908+300米处，因车辆制动效能下降、车灯照明不良，车辆未控制行车速度并操作不当，车辆冲撞高架桥护栏后坠入高架桥下山涧，造成17人死亡、28人受伤。

15. 福建宁德市寿宁县"7·24"重大道路交通事故

2012年7月24日7时50分，福建省宁德市寿宁县驾驶员缪某某驾驶套挂"闽J52530"号牌的三轮汽车，非法搭载21人（其中3名幼儿），由寿宁县南阳镇山坑村驶往南阳镇，行至石板桥一下坡左转弯路段时，因空挡滑行、车辆制动系故障且无驻车制动装置，车辆进入坡底弯道时失控，向右驶离路面翻坠入9米深的坡底，造成14人死亡、8人受伤。

16. 重庆合川区"8·20"重大道路交通事故

2012年8月20日12时33分，重庆市渝北区驾驶员徐某某驾驶渝AEG122号小型普通客车，乘载亲友13人（其中5名儿童，核载8人），由渝北区驶往合川区，行至合川区清平镇省道110线K22+600米下坡右转弯处，因超速行驶，遇大雨天气右转弯时越过中心线，与对向行驶的渝BN7976号重型自卸货车（实载37吨，核载15.9吨）正面相撞，造成12人死亡、1人受伤。

17. 陕西包茂高速公路延安段"8·26"重大道路交通事故

2012年8月26日2时31分，内蒙古包头市驾驶员陈某驾驶呼和浩特市呼运（集团）有限责任公司蒙AK1475号大型卧铺客车，乘载39人（核载39人），由呼和浩特市驶往陕西省西安市，行至包茂高速公路陕西延安段K484+95米处，与河南省焦作孟州市驾驶员闪某某驾驶的豫 HD6962 号重型半挂牵引车(实载 35.22 吨甲醇,核载 33.5 吨)发生追尾碰撞,致罐式半挂车内甲醇泄漏并起火,造成 36 人死亡、3 人受伤。事故原因是大型卧铺客车驾驶员疲劳驾驶未采取安全措施,重型半挂货车驾驶员违法低速行驶。此事故是 2012 年一次死亡人数最多的道路交通事故。

18. 四川沪蓉高速公路广安段“8·26”重大道路交通事故

2012 年 8 月 26 日 13 时 30 分许,重庆市巫溪县驾驶员谭某某驾驶川 A68225 临时号牌小型普通客车,乘载 12 人(含 7 名未成年人,核载 7 人),由成都市郫县驶往重庆市巫溪县,行至沪蓉高速公路四川广安市岳池县境内 K1 714 +400 米处,因操作失误,与前方因故障停放在道路右侧维修的川 S39789 号重型仓栅式货车(实载 24.9 吨,核载 13.9 吨)相撞,造成 12 人死亡。

19. 河南连霍高速公路三门峡段“8·31”重大道路交通事故

2012 年 8 月 31 日 8 时 50 分,河南省灵宝市驾驶员郭某某驾驶灵宝市宝通汽车客运有限责任公司豫 M15260 号大型普通客车,乘载 27 人(核载 29 人),由灵宝市驶往洛阳市,行至连霍高速公路三门峡市境内 K784 +458 米处,因超速行驶,采取措施不当,车辆突然失控撞向道路左侧桥面中央护墙,然后又向右前撞向道路右侧护栏,并冲破护栏翻入 20 米深沟内,造成 11 人死亡、14 人受伤。

20. 宁夏固原市隆德县“9·15”重大道路交通事故

2012 年 9 月 15 日 20 时 3 分,甘肃省平凉市驾驶员任某某驾驶平凉市昌晖运业有限公司甘 L29940 重型半挂牵引车(空载),沿国道 312 线由东向西行驶至宁夏固原市隆德县境内六盘山路段 K1 865 +100 米下坡路段右转弯时,因未靠道路右侧通行和确保安全车速,与对向行驶的甘 L08859 大型普通客车(实载 17 人,核载 41 人)刮擦相撞,导致客车失控,冲出右侧护栏翻下路侧 120 米深的山沟,造成 11 人死亡、6 人受伤。

21. 山东青银高速公路淄博段“10·7”重大道路交通事故

2012 年 10 月 7 日 11 时 44 分,山东省高密市王某某(无驾驶证)驾驶鲁 GJ031B 号小型轿车,由高密驶往菏泽,行至青银高速公路淄博段 K228 +530 米处时,因从右侧违法超车,与左侧车道行驶的鲁 A96925 号大型普通客车(乘载 28 人,核载 39 人,驾驶员不具备大型客车驾驶资格)发生刮擦,鲁 A96925 号大型普通客车未采取有效措施,撞开中央活动护栏驶入对向车道,与对向行驶的鲁 A18526 号大型普通客车(乘载 53 人,核载 53 人)碰撞,致使鲁 A18526 号大型普通客车穿过路右侧护栏,仰翻于道路边沟,造成 14 人死亡、44 人受伤。

22. 新疆塔城地区前高公路“11·10”重大道路交通事故

2012 年 11 月 10 日 6 时 30 分许,新疆农七师 128 团 15 连驾驶员宋某某驾驶新疆天正旅游客运有限责任公司新 D07608 号大型普通客车,乘载 47 人(核载 35 人),沿通营公路由南向北行驶至前高公路 K4 十字路口处时,因未按交通标志让行且超速行驶,与由西向东行驶王某某驾驶的新 D05580 号中型普通客车(乘载 14 人,核载 14 人)侧面相撞,造成 11 人死亡、39 人受伤。此外,中型普通客车行驶至路口时未保持安全车速、减速慢行也是导致事故的原因。

23. 河南商丘市民权县“12·9”重大道路交通事故

2012 年 12 月 9 日 11 时许,河南省商丘市驾驶员于某某驾驶商丘运输集团公司汽运公司豫 NA3768 号大型普通客车,乘载 34 人(含 1 名儿童,核载 29 人),由商丘驶往郑州,行至国道 310 线商丘市民权县境内 K442 + 170 米处时,因超速行驶,为避让同向行驶向左转弯的一辆两轮电动车,采取紧急避险措施不当,车辆失控,撞断路南行道树后冲入公路南侧池塘内(水深约 3 米),造成 12 人死亡、23 人受伤。此外,两轮电动车进出道路时未让道路内的行人和正常行驶的车辆优先通行也是导致事故的原因。

24. 江西鹰潭贵溪市"12 · 24"重大道路交通事故

2012 年 12 月 24 日 8 时 45 分,江西鹰潭贵溪市滨江镇春蕾幼儿园园长周某某驾驶赣 LP2689 号小型普通客车,乘载 17 人(其中幼儿 15 人,核载 7 人),由滨江镇洪塘村接学生返回金沙村春蕾幼儿园途中,行至洪塘村合盘村小组村道处,因操作不当驶入左侧水塘中,造成 11 人死亡、4 人受伤。

25. 广西河池市大化县"12 · 28"重大道路交通事故

2012 年 12 月 28 日 6 时许,广西河池市大化县驾驶员蓝某某驾驶桂 M95899 号小型普通客车,乘载 20 人(含 10 名幼儿,核载 9 人),由南宁市驶往大化县板升乡,行至大化县县道 898 线 K68 + 200 米处,因严重疲劳驾驶,恰值浓雾能见度极低,车辆失控冲撞出路侧水泥墩后翻下山崖,造成 11 人死亡、9 人受伤。

三、舆情精选

1. 严管驾照

严管驾照，才能从源头减少伤亡

新京报社论　摘自：新京报(2012 年 10 月 10 日)

今年(指 2012 年，编者注)双节假期，尽管交通事故伤亡人数已有大幅降低，但还是有不少生命消逝在原本很喜庆的节日里，让人倍感遗憾。尤其是几起重大交通事故的发生，更促使人们思考，事故频发的情况是如何造成的，又该怎样扭转？

巧合的是，节后第一天，公安部发布机动车驾照管理新规，通过闯红灯扣 6 分、遮挡号牌扣 12 分、新手上高速须有“老手”陪同等细则，再念驾驶员头上的“紧箍咒”。

尽管其中的少数新规，引发一些人“过于严格”的抱怨，但如果参照当前的严峻现实和国际惯例，或许就能发现，这是一种必要的“源头管理”。

从现实来看，因交通事故死亡的人数虽有所下降，但整体情况仍不容乐观。去年全年交通事故死亡人数为 62 387 人，日均 171 人。道路交通安全“十二五”规划提出，到 2015 年力争实现道路交通事故万车死亡率不超过 2.2，但有数据显示，几年前日本万车死亡率为 0.77，英国为 1.1，美国为 1.77。

交通事故的成因固然很多，但显然，人为因素所占比重极大。国内外研究表明，道路交通事故成因中人的因素约占 90%，其中驾驶员的因素又占 70% 以上。从本次假期的一些报道来看，一些高速上的拥堵和事故，就和部分驾驶员超速、占道抢道、超车加塞等有关。提高驾驶员的整体素质，才能从源头上遏制事故发生。

提高驾驶员整体素质、培养驾驶员良好的规则意识，离不开科学、完善的制度。相比于西方国家，中国刚刚进入“汽车社会”，整体的汽车驾驶文明还处于“蒙昧期”，尤其需要相对严格的规则约束。事实上，这一次新规，只是一种必要的“和国际接轨”，并不比发达国家严苛。

以争议较多的“新手”上高速必须“老手”陪同来说，欧美等发达国家，也普遍对实习期驾驶员采取严格的管理措施。如英国规定领取驾驶证两年内被扣 6 分，将注销驾驶证，重新考试；日本规定实习期被扣3分，要到驾校重新学习7小时的交通法规和驾驶技能，否则将被注销驾驶证；德国规定17岁可以申请小型汽车驾驶证，但是在一年的实习期内也必须由有经验的老驾驶员陪同才能上路。

新驾驶员因经验、意识等方面的不足，相对来说确实存在更多安全隐患。今年国庆黄金周期间，驾龄不足1年的新驾驶员肇事导致的死亡人数，就占总量的16.2%。所以，对"新手"给予特殊"关照"，是对生命负责的应有举措。而且，"新手"如果养成良好的驾驶习惯，无论对其个人还是社会，都是"终身受益"。

当然，有人也会有疑虑，比如，"老手"陪驾如何监督落实，一旦发生事故，陪同人员的责任该如何区分认定等。的确，这些还需要在实践中进一步细化。驾照管理新规的成效，也要看今后的执行情况、配套措施能否跟进等。新规的出台，不仅是对驾驶员提出了更高的要求，对相关管理部门，同样是考验。

驾照管理新规明年开始施行，但愿我们的马路上，令人悲恸的事故更少一些。

为"车轮上的中国"系好安全带

作者：黄　星　摘自：人民日报（2012年10月10日）

我们正迎来"车轮上的中国"时代。这不仅在于交通基础设施已经通达大江南北、边疆高原，更在于2.33亿辆机动车、1.86亿名汽车驾驶员的出行诉求，使13亿人的交通环境发生巨变，每个人都成为他人的安全因子，公共安全的责任更加重大。为"车轮上的中国"系好安全带，非常迫切。

对以往事故追本溯源就会痛心地发现，不少数十人死亡的特大交通事故，往往只是因驾驶员的一些低级错误引发的，如疲劳驾驶、违规变道等。不容忽视的是，"马路杀手"、不文明驾驶引发的事故及交通"次生灾害"正在日益增多。刚刚过去的中秋国庆黄金周，全国因车祸死亡794人，其中由驾龄不足1年的新手肇事导致的，就占到16%之多。

显然，建设"汽车文明"，已经不是个人、家庭的自身安全问题，而是关系社会公共安全、涉及法治建设的时代大课题。从这个意义上说，公安部近日修订发布的新版《机动车驾驶证申领和使用规定》，严格驾驶员管理、调整驾驶证考核内容、提高惩戒力度等，正是在用新的"安全法则"来建设"汽车文明"，是维护公共交通安全、履行社会责任的重要举措。

与旧规相比，新规的一个变化就是"严"，尤其是对可能危及公共交通安全的因素采取了更严苛的预防和惩罚措施。如提高了大中型客货车驾驶门槛，对校车、大中型客货车、危险品运输车等驾驶员的交通违法行为提高了记分分值。

新规颁布也招来了不少"没必要"、"太严了"的质疑，这让我们想起了醉驾治理。去年，醉驾入刑的严规也一度引起争议，但事实表明，去年5月1日醉驾入刑以来的一年间，全国醉酒驾驶同比下降44.5%，去年因酒驾导致交通事故的数量和死亡人数，分别比上年下降18.8%和37.7%。对个人来说，提高驾驶门槛、加大惩罚力度，会造成一些不便、影响部分利益，但能因此减少公共交通安全事故的发生，为更多人消除安全风险，对社会来说岂非必要？对个人生命财产又何尝不是一种保护？

很多交通违规，与驾驶员未能养成正确行车习惯有关，其实质则是法律法规的惩戒力度和预防功效的缺失。在许多国家，交通领域的法律法规普遍采取严苛原则。英国规定领取驾驶证两年内被扣6分者，注销驾驶证重考；法国规定实习期为3年，3年内只要被扣3分就要参加学习，扣6分则要重考；加拿大安省地区规定在获得最低层级驾照后，要在教练或有4年以上驾龄人的陪同下才能上路，且车后排不能坐人；美国则对营运性质的大客车驾驶员每5年仅能记8分，记满8分则被吊销驾照……

有人说，饥荒的时候，哪还关心什么食品安全，有树皮吃就不错了。现在则不同了，人们对生命与健康有了更多的爱惜，需要更强的"安全法则"来为公共安全系上安全带，用更严的防治措施来为社会秩序划上安全线。如此，"车轮上的中国"才能行驶得顺利而安全。

2. 追责驾校

车祸追责驾校：谁更应该"躺着中枪"

作者：普沙岭　摘自：检察日报(2012年5月9日)

宁夏吴忠市公安局日前发布通报称，造成18死7伤的"4·30"特大交通事故肇事驾驶员毕业驾校同心县宏翔驾驶学校，应负连带责任，停业整顿，肇事学员驾照的责任考官也被调离原工作岗位(2012年5月7日《京华时报》)。这是国内少有的车祸追责追到驾校的案例，是否合适，是否具有示范意义，引起舆论强烈关注。

对此"连坐式"倒追思维，赞成者的理由很简单，驾校怎么可以一边培养了难以数计的半吊子"马路杀手"上路，另一边自己却躲在被窝里偷偷数钱？治理当前驾照培训中的种种乱象，唯有使用重典，才能让那些光收钱不负责的驾校心生敬畏。而反对者的思考似乎也挺深入，这样的"连坐"看起来很美，但驾校毕竟只是培训学员的机构，有些车祸是偶然性因素起到了重要作用，在一起车祸中怎样来评估培训者的责任，将肇事问题简单推给驾校，难道不是懒政思维吗？所以有人戏言，这种追责对驾校而言，难道就是传说中的"躺着也中枪吗"？

笔者以为，"连坐驾校"诚然是一种新举措，但解决驾照培训与发放的乱象，并不是一个很靠得住的手段。一来只有重特大事故才可能如此"倒追"，比如今年3月通过的《江苏省机动车驾驶员培训管理办法》，就是将事故溯源的门槛设为"死亡5人公布驾校名单、重大事故启动驾校是否规范调查"，这种偶然性倒逼的力度有限，很多唯利是图的驾校，在侥幸心理之下很难出于这种顾忌就乖乖严格地按规则来。二来由于责任难以廓清，而主动权又常常掌握在公安交管部门手里，驾校很容易扮演担负更多责任的"替罪羊"角色，比如本案中"肇事驾驶员马某在准驾车型与肇事客车车型不符的情况下，驾驶肇事依维柯客车运送施工人员，酿成特大交通事故"——这与"驾校教育培训不得力不得法"建立怎样的关联才合适？

责任倒追是有意义的，但打蛇要打七寸，考核合不合格、能不能发放驾照，权力并不在驾校手中，而是在交警队的考官手中；某些驾校可以为所欲为，给钱就"卖证"，症结也是因为他们通过各种手段和考官建立了利益同盟。所以最应该"躺着中枪"、实施严厉追责的是考核监管部门——正是没有钉是钉铆是铆的"考"，才造就了没有钉是钉铆是铆的"教"，从而生产了有胆子没技术的“马路杀手”,没有他们的纵容与“栽培”,驾校也不至于如此嚣张。在这起事故处理中,驾校停业整顿,而肇事学员驾照考官是“调离原工作岗位”,连停职查办都没有,孰轻孰重?“调离”是个怎样的处理?是不是民间理解的“换个地方发财”?真的能够在广大驾照考官中起到足够的警示作用吗?如果开驾校的中枪倒地,发驾照的轻描淡写,这种偏袒能减少更多杀手的批量生产吗?

试图将追究驾校责任视为抓手的尝试,出发点是好的,但也要认识到,不管是从逻辑上讲,还是从使用概率上讲,都不是很靠得住的,尤其需要警惕不要将交管部门的责任轻松地转嫁了出去。当下最需要做的工作,是在恶性车祸与驾照考官“饭碗”之间建立起更为常态的联系,把监管关口前移,让那些“睁只眼闭只眼躺着睡觉”的不负责考官们“躺着也中枪”,促使他们有足够的危机感,严格程序、规范制度,倒逼驾校好好管理,并为每一个你签发了“合格证”的学员负责。唯有权责利对应了、平衡了,重大事故的倒追溯源,才能对驾照乱象有根本性影响,逐步实现“良币驱逐劣币”的转变。

追责驾校不如改进驾考

作者:秦玉军　摘自:新闻晨报(2012 年 5 月 8 日)

宁夏回族自治区吴忠市“4·30”特大交通事故的处置日前有了新进展。吴忠市公安局通报称,吴忠市同心县宏翔驾驶学校因其培训的驾驶员丁某肇事造成重大伤亡,被连带追责并停业整顿。

吴忠市警方认为,肇事者引发事故与驾校教育培训不得力、不得法有关。根据《吴忠市驾驶员培训学校等级化管理办法(试行)》,培训肇事客车驾驶员的同心县宏翔驾驶学校应当受到连带追责,肇事学员驾照的责任考官也被调离工作岗位。此举引发了广泛的关注和争议。支持者认为,社会上“马路杀手”频现,客观上与驾校的培训质量不过关有直接关系,问责有利于督促培训机构提高培训质量。反对者则认为,吴忠市警方的做法有“连坐”之嫌,于法无据,于理有悖。

根据法律规定,驾校的职责是对学员进行道路交通安全法律、法规、驾驶技能等方面的培训,确保培训质量。理论上讲,驾校应否承担责任的关键在于其培训质量是否达标。在我国,公民要申领机动车驾驶证,在参加完强制培训后,还必须通过车辆管理部门的考试,而学员能否通过考试恰恰就是驾校培训是否合格的检验标准。换句话说,如果学员通过了考试并已取得了驾照,逻辑上就可以证明驾校的培训质量是合格的。本案中,既然丁某已经通过考试并取得了驾驶执照,客观上可以说明驾校的培训已经合格,显然不应再为丁某肇事的后果承担责任。

其实,驾照市场最大的乱源就是“驾考腐败”。现实中,驾考不仅存在着纪律松弛、走过场、送“人情”等失范行为,甚至还有个别考官公然收受贿赂。而这种行为又反过来影响了驾校的教学质量,最终向社会输出了不少“马路杀手”。如果能有效杜绝“驾考腐败”,驾校和学员就不会有空可钻,势必更加注重培训质量以便顺利通过考试。在这种情形下,有关部门不去严厉整治驾考失范行为,反而“深层次”问责驾校,未免有失公平。

抛开因果关系不论,吴忠市警方的行政处罚行为,在适用依据和执法程序上也存在不当之处。我国的《中华人民共和国行政处罚法》和《中华人民共和国道路交通安全法》及其实施条例均未规定"停业整顿"这一行政处罚种类,而《吴忠市驾驶员培训学校等级化管理办法(试行)》只是一份规范性文件,并不具备设置行政处罚的立法权限,当地警方的处罚行为显然于法无据。从程序上讲,如果当地警方在调查中确实发现宏翔驾驶学校存在办学质量不合格、培训不得力等现象,则应将相关情况通报其行政主管部门,并由主管部门依职权对责任方作出相应处罚。

有关部门专注于严厉打击交通违法行为,本身无可厚非。但是,在这一过程中,严格依法行政的主旨不能变,否则无异于饮鸩止渴。何况,不改变我国当前的驾驶培训机制,仅靠片面加重培训机构的行政责任,也难以从根本上解决问题。

当前,我国部分驾驶培训机构确实存在质量不过关的情况,其主要根源在于"驾考合一"制度。简单地说,这一制度就是没有参加驾校培训,不经驾校统一申请办理,公民个人无法直接参加申领驾驶资格考试。在这一模式下,某些驾校为了追逐利益,节约成本,不惜违规操作,从而影响了培训效果。

因此,要从根本上杜绝"马路杀手"之祸,一方面应考虑打破"驾考合一"制度,改变垄断格局——比如,不妨借鉴国外经验,尝试建立"直考模式",即公民可以不经驾校培训,只要能通过车管所严格把关的考试,即可申请驾驶资格。在这一模式下,可以使驾校面临市场的冲击,迫使其创新经营方式,提高服务质量。另一方面,相关部门还应切实履行职责,严把驾照考试关。主管机关应该严格控制现有的考试内容和操作程序,坚决杜绝一切腐败或者失职事件。另外,政府应当适时组织专家,不断研究驾照考试的内容和具体操作的改进空间,以期更加科学有效地提高每一本驾驶证的含金量。

3. 全国交通安全日

新闻分析:让"中国式"成为文明交通的代言词

作者:南　辰　摘自:新华网(2012 年 12 月 2 日)

今年(指 2012 年,编者注)12 月 2 日是首个"全国交通安全日"。记者认为,首个"全国交通安全日"贵在唤起全社会对交通安全的参与意识和责任意识。今年的主题,就是要通过各种活动和媒体的大力宣传,扭转"中国式过马路"等不文明、不守法、不安全的交通乱象,尽快使"中国式"成为文明交通的代言词,成为推动汽车社会走向文明和成熟的正能量。

十八大报告提出"要坚持依法治国和以德治国相结合",这正是当前破解交通安全难题的一把钥匙。如果说法治是交通安全管理工作的发动机,那么交通文明就是调动社会层面参与配合的润滑油,二者缺一不可。

对每一个交通参与者来说,道交法及其实施条例等交通安全法规是必须遵守的行为底线,是最低要求、刚性要求;但是交通文明却是更多来自于交通参与者内心修为和境界的社会体现,不便用管和罚的思路去解决,而更适宜用启迪、倡导的手段去推动。

要意识到交通文明是关系到交通安全的重要一环。尤其是中国爆发式进入汽车社会的门槛，这往往导致交通法规的进化速度滞后于汽车社会的发展速度。在这种背景下，更要利用好法规往往滞后而文明却可先行的规律，用交通参与者的文明意识再为汽车社会扣上一条安全带。

例如，截至目前，我国道交法对于适龄儿童坐乘用车没有做出硬性规定。但是从汽车发达国家的交通法规看，从汽车产业进行的大量模拟实验和交通事故分析来看，适龄儿童乘车应结合年龄、体重、身高的具体情况科学使用婴儿提篮、儿童安全座椅或儿童增高垫等安全约束装置。对此，道路交通管理部门、质检部门、相关协会组织和汽车厂家在近年的一系列交通安全活动中已经反复向公众进行了宣传。在立法工作的推进还需要时间的背景下，交通参与者不妨先以更高标准的交通文明水平把这项利于保护儿童生命的工作做起来。

再比如，提升道路交通安全当然离不开严格的依法管理，但是在警力有限的情况下，道路交通的安全与通畅往往更多要依靠交通文明、守法支撑下的自治。提升全体交通参与者的文明水平，可以有效对管理的不足形成“自治弥补”。例如，在不设红绿灯交替通行的路口，在没有监控探头的路段，在没有协警管理的斑马线前，在警力覆盖不到的城乡接合部混合路段，交通参与者的文明素质和自觉守法意识往往成为交通安全和通畅的决定性因素。

从前一阵网民热议的“中国式过马路”等现象更可以看出，交通文明水平是体现国民精神内涵的软实力，必须高度重视。也可以这样说，交通文明水平是体现国民素质的小窗口。

记者相信，只要毫不松懈地抓住交通文明问题，让抢行的焦虑少一些，礼让的淡定多一些，占小便宜的心态少一些，注重安全的心态强一些，“中国式”一定能够在不远的将来成为文明交通的代言词。

道路交通伤害成为中国人群第一位伤害死因

摘自：新华网（2012 年 12 月 2 日）

每年 21 万起道路交通事故，6 万余人死亡……中国疾控中心伤害防控室的监测数据显示，在各类伤害死因中道路交通伤害已经成为中国人群第一位伤害死因。

2012 年 12 月 2 日是首个全国交通安全日。如何构筑安全的交通系统，已经成为中国社会不得不面对的严峻课题。

“见缝插针、乱穿马路”的行人、“随意变道、鲜有礼让”的驾驶员，这是当前国内很多城市交通现状的真实写照。

公安部交管局的统计显示，近年来，80% 以上道路交通事故因交通违法导致，其中超过两成的违法行为是闯红灯、不按车道通行、违反禁令标志等“小节”。

“小节致命”触目惊心：（2012 年）1 ~ 10 月，全国因闯红灯肇事造成死亡 798 人；因违反道路标志线肇事造成死亡 26 154 人；因机动车未礼让行人肇事造成 429 人死亡；因违法占用应急车道肇事造成 161 人死亡。平均每天 2.6 人死于“闯灯”、86 人死于“越线”、1.4 人死于“不让”、0.5 人死于“强占”。

“我国从自行车王国向汽车王国骤然转变，虽然技能转变过来了，但汽车观念和文化却没有建立。”长期研究交通安全的东南大学交通学院刘攀教授认为，细节致命根本原因在于缺乏安全意识的人们对交通规则的群体性漠视，这让中国人看起来更像在“骑着汽车”。

公安部交管局相关调查显示，在造成交通秩序混乱原因的多重选择中，59%的人认为是“人车争行”，41.8%的人认为是“道路规划不合理”，31.4%的人认为是“城市功能区规划不合理”。

公安部交管局相关负责人表示，一些城市缺乏科学规划，道路建设滞后，公交分担率低，道路、停车供需矛盾突出。一些地方注重短期建设，忽视长期影响，新建、改建、扩建工程不进行交通影响评价，造成一些道路交通拥堵“瓶颈”和安全隐患路段。

不安全的路在农村更为突出。数据显示，截至2011年，全国公路通车总里程达410万公里，其中农村公路通车里程354万公里，占86%。由于道路标准低、安全设施不全等原因，2003年以来，一次性死亡10人以上的重特大交通事故超过半数发生在农村公路。

国家车辆驾驶安全工程技术研究中心主任金会庆教授指出，虽然近年来各地交管部门应对交通安全投入很大，招数层出不穷，但仍然存在诸多问题，关键在于缺乏科学的管理理念和手段。

受访的多位专家和管理人士指出，解决交通问题不能头痛医头、脚痛医脚，要从根本上解决城市定位不清、政策短视的问题。只有搞清楚城市发展方向，规划才能有长远眼光，交通安全政策才能保持稳定。

4. 特大道路交通事故

让客车成为“安全堡垒”

作者：希　仁　摘自：人民日报（2012年5月31日）

时下，“安全第一”、“宁等三分，不抢一秒”等标语随处可见。但旅游客车事故依旧频频发生，很多车毁人亡的惨剧让人难以忘怀。

悲剧屡屡上演，让人们不得不审视客车的安全防护性能。如今，部分客车存在“金玉其外败絮其中”的问题，表面看着越来越豪华，其实安全性能并没有显著提高：车辆重心偏高、倾斜角较小，容易发生侧翻；没有全承载式的钢架结构，车辆一撞就散；没有安全带，制动效果差，乘客很容易被甩出去……

客车的安全性能低，是造成旅游客车重大伤亡事故的重要原因之一。在这些已经发生的事故中，有的客车没有达到安全标准，也有的虽然符合现行标准，但仍难满足实际需要。目前我国现行机动车安全性能标准偏低，尤其是随着车型的更新，安全标准并没有及时改进，也缺乏必要的关于安全设备、安全测试的规定。

同时，由于国家对客车安全标准的规定缺乏强制性，各制造厂家为了经济利益，大多只在追求新颖造型、豪华内饰上花费心思，而在提升、保障客车安全性能上却不愿投入。

人的生命是脆弱的，载人的客车不该如此脆弱。为了人们的出行安全，客车的安全性急需提高，不能一碰就散、一撞就翻。目前由交通运输部牵头，公安部等其他部门参与，正在修改现有的机动车安全性能标准。希望新标准的出台能够促使客车制造商加大客车安全性能方面的投入，让客车成为“安全堡垒”。

特重大交通事故追究省政府可谓敲山震虎

作者:丁　琪　摘自:人民日报(2012年7月27日)

国务院日前下发了《关于加强道路交通安全工作的意见》,明确作出"对发生特别重大道路交通事故的,或者一年内发生3起及以上重大道路交通事故的,省级人民政府要向国务院作出书面检查"的规定。由此看来,交通事故的问题已不仅仅是肇事者的问题,以政府责任对其定性,是一种自上而下的警醒。(7月27日新华网)

交通事故猛于虎。每年我国因交通事故死伤者,其数字还在不断攀升。急匆匆的脚步总是慢不下来,对交通规则也是置若罔闻,在车轮下丧命者,常常是因为肇事者的麻痹、儿戏心态所害。一时的麻痹大意不仅为自身留下祸患,还伤及无辜,为社会带来一系列的麻烦。其实,形形色色的交通事故并非防不胜防,只是因为大意多于严谨、儿戏多于遵章,才酿出了生活中交通问题的恶果。既然可预防、可避免,却还是事故频发,只靠增强安全交通意识的倡导作用甚微,那么,便只有从制度、管理层面找因果了。

脱缰的野马主要是失去了控制,而安全交通的思想一旦"脱缰",行驶在道路上的车辆便成为一枚定时炸弹,行人也变成被命中的靶子,随之而来的便是血腥和灾祸,残缺和痛苦。脱缰的驾行意识之所以常置安全于不顾,交通规则在他们眼中形同虚设,一方面是因为现行条款在处罚上太轻,无以触动肇事者内心;另一方面就是监管不力、分责不细,引不起大家的重视。美国的交通秩序之所以比我国要好很多,并非美国人与生俱来的安全意识,主要得益于一套完善的法规和有效的处罚,并且这种对交通安全问题的处罚事态前移,对各种违章行为明确细分,未雨绸缪地警钟长鸣,高处罚和严管理促使民众逐渐形成了严谨的交通出行习惯。再者,美国的出行习惯是私家车,大街上车比人多,而我们国家目前的交通路况还是行人多于机动车辆,并且长期以来形成的交通习惯是机动车让行人,由此以来,便成了越让越堵、越堵越乱。目前,我们国家对驾车打手机、发短信等行为还未形成重罚机制,小打小闹、浅尝辄止地对驾驶违规行为处罚,无异于"挠痒痒"。手段不硬,意识不强,隐患便泛滥。

此次出台的《关于加强道路交通安全工作的意见》,不仅基于中国现实、客观的道路交通状况,还基于目前的政府职能。国家将交通风险与省级政府分摊的好处,便是在贯彻执行国家交通法规、政策的基础上,省级政府可以根据本省交通特点进一步细化管理措施,出台管理政策。

四、道路交通安全新技术

1. 利用类似 Wi-Fi 技术减少交通事故

美国密歇根州运输研究所(UMTRI)联合汽车厂家和各种机构,准备推出一个基于专用短程通信(DSRC)的云平台,利用类似 Wi-Fi 的技术连接车载电脑和远程交通安全管理平台,在汽车有可能发生事故前发出警告信息,提醒驾驶员注意安全驾驶,从而减少交通事故的发生。在这个项目中,每辆汽车将配备车载电脑、通信设备、若干传感器和多个摄像头,车载电脑会在车辆行驶时的各种实时信号传给交通安全管理平台。每当有危险情况发生,例如汽车超速行驶或逆向行驶,安全平台就会即刻察觉并通过车载电脑发出语音或震动警告。平台除了提供安全警告,还有其他应用,例如可以设置提醒功能、下班记得接孩子放学等,也支持开发者为其开发各种应用。目前已有福特、通用、本田、现代、奔驰、日产、丰田和大众八大汽车制造商加入了这个试验项目。

2. 谷歌自动驾驶汽车

谷歌自动驾驶汽车是谷歌工程师主导研制并安装汽车自动驾驶成熟技术设备的汽车,可以依靠人工智能、视觉计算、雷达、监控装置和全球定位系统协同合作,让电脑在没有任何人类主动的操作下,自动安全地操作机动车辆。谷歌自动驾驶汽车使用视频摄像头、雷达传感器,以及激光测距器来了解周围的交通状况,并通过一个详尽的地图(通过有人驾驶汽车采集的地图)对前方的道路进行导航。据谷歌说法,谷歌无人驾驶汽车已经测试行驶 48.3 万公里,没有发生一次车祸,其中最后 8 万公里在没有任何人为安全干预措施下完成。2012 年 9 月 25 日,美国加利福尼亚州州长杰里 · 布朗签署法案,允许无人驾驶汽车上路测试,与普通汽车一同行驶在公共道路上,但行驶时需要合法驾车员坐在驾驶座,在紧急情况时操纵汽车。新法案将推动谷歌自动驾驶汽车驶入公共道路。

五、国外道路交通安全经验

1. 美国研究发现降低葡萄酒成本可拯救生命

美国葡萄酒经济学协会研究发现降低葡萄酒成本将可以降低道路交通事故死亡率。一般情况下,降低葡萄酒的成本将降低葡萄酒的价格,进而葡萄酒消费量将会增加。此项研究表明在饮酒总量不变的前提下,饮用的葡萄酒越多交通事故死亡率就越低,而喝啤酒越多死亡率就越高;另外,烈酒饮用量与交通事故死亡率的联系比葡萄酒要强,但比啤酒要弱。

2. 美国 60 ~ 64 周岁年龄组事故率最低

美国公路安全保险协会(Insurance Institute for Highway Safety,简称 IIHS)一项研究发现:美国不同年龄段驾驶员发生道路交通事故的概率是不同的,15 ~ 19 周岁间的驾驶员事故率最高,而后随着年龄的增长而下降;60 ~ 64 周岁年龄组的事故率最低;从 65 周岁起,随着年龄的增大,事故率明显上升。

六、国际道路交通安全

1. 越南每年因交通事故造成经济损失近9亿美元

据越南《劳动报》2012年6月12日报道，亚洲开发银行估计，越南每年因交通事故造成经济损失约8.8亿美元，占GDP的2.45%，高于东盟各国平均水平(2.1%)，其中2007年，因公路交通事故造成经济损失占GDP的2.89%，相当于32.6万亿盾(约合18亿美元)。2012年上半年，越南大力推行"交通安全年"的各项措施收到明显成效。2012年一季度，越南全国共发生交通事故2 746起，死亡2 426人、伤2 029人。与2011年同期相比，事故次数及死、伤人数分别减少80起、578人和725人。

另据越南《投资报》2012年4月16日报道，越南交通运输部和国家交通安全委员会《关于至2020年、面向2030年国家陆路交通安全秩序保障战略》的最终报告完成。该报告由越南交通运输部主持编撰，最重要的目标是将每年因交通事故死亡的人数减少5%～10%。

2. 德国2011年道路交通事故死亡人数增加

德国联邦统计局(www. destatis. de)2012年7月6日发布，德国20年来交通事故死亡率连年下降的趋势至2011年被中断。2011年，在德国交通管理部门登记的交通事故共236万起，同比减少2.1%；交通事故死亡4 009人，平均每天死亡11人，同比增加361人和9.9%；交通事故重伤人数同比增加10.2%，轻伤人数增加4.8%。另据德国《商报》网站报道，德国联邦统计局称，造成2011年德国交通事故死亡人数增加的原因可能是天气，因为2011年的德国是暖冬、干春、雨夏、阳秋。

七、国际道路交通安全数据[1]

部分国家或地区道路交通事故万车死亡率见附表1,部分国家或地区道路交通事故10万人口死亡率见附表2,部分国家或地区道路交通事故亿车公里死亡率见附表3。

部分国家或地区道路交通事故万车死亡率

附表1

国家或地区	万车死亡率																				
	1975年	1980年	1985年	1990年	1995年	1996年	1997年	1998年	1999年	2000年	2001年	2002年	2003年	2004年	2005年	2006年	2007年	2008年	2009年	2010年	2011年
爱尔兰	8.6	6.2	4.5	4.5	3.5	3.4	3.3	3.0	2.6	2.5	2.3	2.0	1.7	1.8	1.9	1.6	1.4	1.1	1.0	0.9	0.8
奥地利	11.6	7.2	4.8	4.2	2.7	2.3	2.1	2.0	2.2	1.9	1.8	1.8	1.8	1.7	1.5	1.4	1.3	1.2	1.1	0.9	0.8
澳大利亚	5.8	4.3	3.2	2.3	1.8	1.7	1.5	1.5	1.4	1.4	1.4	1.3	1.2	1.2	1.2	1.1	1.1	0.9	1.0	0.8	0.8
比利时	7.5	6.4	4.5	4.3	2.8	2.6	2.6	2.8	2.5	2.6	2.5	2.3	2.0	1.9	1.8	1.7	1.7	1.5	1.4	1.2	—
冰岛	—	2.8	2.1	1.7	1.8	0.7	1.1	1.8	1.3	1.8	1.3	1.5	1.1	1.1	0.9	1.3	0.6	0.5	0.7	0.3	0.5
波兰	14.4	10.9	6.6	8.1	6.2	5.4	5.9	5.6	5.1	4.5	3.8	3.8	3.5	3.4	3.2	2.9	2.9	2.5	2.1	1.7	—
丹麦	5.0	3.7	4.1	3.1	2.7	2.3	2.2	2.1	2.2	2.1	1.8	1.9	1.7	1.5	1.3	1.2	1.5	1.4	1.1	0.9	—
德国	7.2	4.9	2.9	2.6	2.0	1.8	1.7	1.6	1.5	1.5	1.3	1.3	1.2	1.1	1.0	0.9	0.9	0.9	0.8	0.7	0.8

[1] 数据来源:经济合作与发展组织(OCED)道路安全年报2012、欧盟交通事故数据库(CARE)、IRTAD交通安全年报2012等。

续上表

国家或地区	万车死亡率																				
	1975 年	1980 年	1985 年	1990 年	1995 年	1996 年	1997 年	1998 年	1999 年	2000 年	2001 年	2002 年	2003 年	2004 年	2005 年	2006 年	2007 年	2008 年	2009 年	2010 年	2011 年
法国	8.1	6.2	4.6	4.2	3.1	3.0	2.9	2.7	2.5	2.4	2.3	2.1	1.7	1.5	1.4	1.3	1.2	1.2	1.1	1.0	1.0
芬兰	7.2	4.0	3.1	2.9	2.0	1.8	1.9	1.7	1.8	1.6	1.7	1.6	1.4	1.4	1.3	1.1	1.2	1.1	0.8	0.7	0.7
韩国	196.0	106.3	67.6	28.9	10.8	11.8	9.9	7.1	7.2	6.9	5.1	5.2	4.1	3.6	3.4	3.3	3.2	2.9	2.8	2.6	—
荷兰	6.3	4.3	2.8	2.3	2.0	1.7	1.7	1.5	1.5	1.4	1.2	1.2	1.2	0.9	0.9	0.8	0.8	0.7	0.7	0.6	0.5
加拿大	5.3	4.0	3.0	2.3	2.0	1.8	1.7	1.6	1.7	1.6	1.5	1.6	1.5	1.4	1.5	1.5	1.3	1.1	1.0	1.0	0.9
捷克	—	4.8	3.4	4.0	4.2	4.0	3.9	3.1	2.9	3.2	2.9	3.0	3.0	2.8	2.5	2.0	2.2	1.9	1.5	1.3	1.3
卢森堡	11.7	6.4	4.0	3.3	2.5	2.5	2.1	1.9	1.9	2.4	2.1	1.8	1.5	1.4	1.3	1.1	1.2	0.9	1.2	0.8	0.8
美国	3.2	3.2	2.6	2.4	2.1	2.1	2.1	2.0	2.0	1.9	1.9	1.9	1.9	1.8	1.8	1.7	1.6	1.5	1.3	1.3	1.3
挪威	3.6	2.4	2.2	1.5	1.3	1.1	1.3	1.4	1.2	1.3	1.0	1.1	1.0	0.9	0.8	0.8	0.7	0.8	0.7	0.6	—
葡萄牙	22.9	13.3	8.1	12.1	6.9	6.5	5.6	5.1	4.4	3.9	3.4	3.3	3.0	2.4	2.3	1.7	1.7	1.5	1.5	1.6	—
日本	4.3	2.7	2.4	2.4	1.8	1.6	1.5	1.4	1.3	1.3	1.3	1.2	1.1	1.0	1.0	0.9	0.8	0.7	0.6	0.6	0.6
瑞典	3.8	2.5	2.2	1.8	1.3	1.2	1.2	1.2	1.3	1.2	1.1	1.1	1.1	0.9	0.9	0.9	0.9	0.7	0.7	0.5	0.6
瑞士	5.8	4.5	2.7	2.4	1.7	1.5	1.4	1.4	1.3	1.3	1.2	1.1	1.1	1.0	0.8	0.7	0.7	0.7	0.7	0.6	0.6
斯洛伐克	—	—	—	—	4.5	4.0	5.1	5.2	4.2	4.1	4.0	3.9	3.5	—	—	—	—	—	—	—	—
斯洛文尼亚	—	—	—	6.9	5.1	4.6	4.0	3.3	3.4	3.1	2.7	2.6	2.3	2.5	2.2	2.3	2.4	1.7	1.3	1.0	1.1
西班牙	9.0	6.4	5.4	5.8	3.1	2.8	2.8	2.8	2.3	2.2	2.1	2.0	2.0	1.7	1.5	1.3	1.2	0.9	0.8	0.7	—
希腊	17.0	10.6	9.9	7.4	6.7	5.7	5.2	5.0	3.4	3.1	2.7	2.2	2.1	2.1	2.0	1.9	1.8	1.7	1.5	1.3	1.2
新西兰	4.3	3.5	3.9	3.3	2.5	2.2	2.3	2.1	2.0	1.8	1.7	1.5	1.6	1.5	1.3	1.3	1.3	1.1	1.2	1.2	0.9
匈牙利	12.6	9.0	9.0	11.2	6.0	5.0	5.0	4.9	4.9	4.4	4.4	4.8	4.2	3.9	3.8	3.8	3.5	2.7	2.2	2.0	—
以色列	—	—	—	4.2	3.8	3.4	3.3	3.3	2.8	2.5	2.8	2.7	2.3	2.4	2.1	1.9	1.8	1.7	1.3	1.4	1.3
意大利	6.0	4.7	3.1	2.3	1.9	1.8	1.8	1.8	1.7	1.8	1.7	1.7	1.5	1.4	1.3	1.0	1.1	0.9	0.8	0.8	0.8
英国	3.8	3.3	2.5	2.1	1.4	1.4	1.3	1.2	1.2	1.2	1.2	1.1	1.1	1.0	1.0	1.0	0.9	0.8	0.7	0.5	0.6

附表2

部分国家或地区道路交通事故10万人口死亡率

国家或地区	10万人口死亡率																				
	1975年	1980年	1985年	1990年	1995年	1996年	1997年	1998年	1999年	2000年	2001年	2002年	2003年	2004年	2005年	2006年	2007年	2008年	2009年	2010年	2011年
爱尔兰	18.4	16.6	11.6	13.6	12.1	12.5	12.9	12.4	11.0	11.0	10.7	9.6	8.4	8.8	9.7	8.6	7.8	6.3	5.4	2.5	4.2
奥地利	33.4	26.5	20.1	20.3	15.2	12.9	13.9	12.1	13.5	12.2	11.9	11.8	11.5	10.7	9.3	8.8	8.3	8.2	7.6	6.6	6.2
澳大利亚	26.6	22.3	18.6	13.7	11.2	10.8	9.5	9.4	9.3	9.5	8.9	8.7	8.1	7.9	8.0	7.7	7.6	6.8	6.8	6.1	5.7
比利时	24.0	24.3	18.3	19.9	14.3	13.4	13.4	14.7	13.7	14.4	14.5	13.1	11.7	11.2	10.4	10.2	10.1	8.9	8.8	7.8	7.8
冰岛	15.1	11.0	10.0	9.4	9.0	3.7	5.6	9.9	7.6	11.5	8.5	10.1	8.0	7.9	6.5	10.3	4.9	3.8	5.3	2.5	3.8
波兰	16.5	16.8	12.6	19.2	17.9	16.5	18.9	18.3	17.4	16.3	14.3	15.2	14.8	15.0	14.3	13.8	14.7	14.3	12.0	10.2	11.0
丹麦	16.4	13.5	15.1	12.3	11.2	9.8	9.3	9.4	9.7	9.3	8.1	8.6	8.0	6.8	6.1	5.6	7.5	7.4	5.5	4.6	4.0
德国	22.0	19.3	13.0	14.0	11.6	10.7	10.4	9.5	9.5	9.1	8.5	8.3	8.0	7.1	6.5	6.2	6.0	5.5	5.1	4.5	4.9
法国	27.3	25.1	20.6	19.8	15.3	14.7	14.4	15.2	14.4	13.6	13.8	12.9	10.2	9.3	8.8	7.7	7.5	6.9	6.8	6.4	6.1
芬兰	19.4	11.5	11.1	13.0	8.6	7.9	8.5	7.8	8.4	7.7	8.4	8.0	7.3	7.2	7.2	6.4	7.2	6.5	5.2	5.1	5.4
韩国	10.8	14.7	18.4	33.1	26.3	32.0	29.0	22.5	23.1	21.8	17.1	15.2	15.1	13.7	13.2	13.1	12.7	12.1	12.0	11.3	10.5
荷兰	17.1	14.2	9.9	9.2	8.6	7.6	7.5	6.8	6.9	6.8	6.2	6.1	6.3	4.9	4.6	4.5	4.3	4.1	3.9	3.2	3.3
加拿大	26.7	22.7	17.3	14.9	11.4	10.4	10.2	9.7	9.7	9.5	8.9	9.3	8.7	8.5	9.1	9.1	8.4	7.3	6.6.	6.5	5.9
捷克	16.3	12.2	9.6	12.5	15.4	15.2	15.5	13.2	14.1	14.5	13.0	14.0	14.2	13.5	12.6	10.4	11.9	10.4	8.6	7.6	7.3
卢森堡	34.7	27.0	21.6	18.8	17.0	17.2	14.4	13.4	13.5	17.5	15.9	14.0	11.8	11.0	10.2	7.7	9.0	7.2	9.5	6.4	6.5

续上表

国家或地区	10 万人口死亡率																				
	1975 年	1980 年	1985 年	1990 年	1995 年	1996 年	1997 年	1998 年	1999 年	2000 年	2001 年	2002 年	2003 年	2004 年	2005 年	2006 年	2007 年	2008 年	2009 年	2010 年	2011 年
美国	20.7	22.5	18.4	17.9	15.9	15.9	15.7	15.4	15.3	15.2	14.8	14.9	14.7	14.6	14.7	14.3	13.7	12.3	11.1	10.6	10.4
挪威	13.5	8.9	9.7	7.8	7.0	5.8	6.9	8.0	6.8	7.6	6.1	6.9	6.2	5.6	4.8	5.2	5.0	5.4	4.4	4.3	3.4
葡萄牙	34.7	27.7	22.1	28.2	25.2	25.4	23.4	22.4	23.2	20.0	17.9	17.8	16.3	13.6	13.0	10.6	10.6	9.2	8.7	8.8	8.4
日本	12.5	9.7	9.9	11.8	10.1	9.3	8.9	8.5	8.2	8.2	7.9	7.5	7.0	6.7	6.2	5.7	5.2	4.7	4.5	4.5	4.3
瑞典	14.3	10.2	9.7	9.1	6.5	6.1	6.1	6.0	6.6	6.7	6.2	6.0	5.9	5.3	4.9	4.9	5.2	4.3	3.9	2.9	3.4
瑞士	19.0	19.2	13.6	13.9	9.9	8.7	8.3	8.4	8.2	8.3	7.6	7.1	7.5	6.9	5.5	5.0	5.1	4.7	4.5	4.2	4.1
斯洛伐克	—	—	—	—	12.3	11.5	14.6	15.2	12.0	11.6	11.4	11.3	12.0	11.2	10.4	10.7	11.6	12.2	11.2	6.5	—
斯洛文尼亚	32.9	29.2	23.5	25.9	20.9	19.5	18.0	15.6	16.9	15.8	13.9	13.5	12.1	13.7	12.9	13.1	14.5	10.4	8.4	6.7	6.9
西班牙	16.6	17.6	16.6	23.2	14.7	14.0	14.3	15.1	14.5	14.5	13.8	12.9	12.8	11.0	10.2	9.3	8.6	6.9	5.9	5.4	4.5
希腊	13.8	15.0	20.2	20.2	23.1	20.6	20.0	20.7	20.1	18.7	17.2	14.9	14.6	15.1	15.0	14.9	14.4	13.9	12.9	11.1	10.1
新西兰	20.0	18.9	22.6	21.4	15.9	13.8	14.4	13.2	13.4	12.1	11.8	10.3	11.5	10.7	9.9	9.5	10.0	8.6	8.9	8.6	6.5
匈牙利	16.0	15.2	16.5	23.4	15.5	13.4	13.7	13.5	12.9	11.9	12.1	14.0	13.1	12.8	12.7	12.9	12.2	9.9	8.2	7.4	6.4
以色列	—	—	—	8.9	9.8	9.0	8.8	8.9	7.5	7.1	8.2	7.8	6.6	6.8	6.3	5.7	5.3	5.6	4.2	4.6	4.4
意大利	18.6	16.4	13.5	12.4	12.3	11.7	11.7	11.9	11.6	12.2	12.3	12.2	11.4	10.6	10.0	9.6	8.7	7.9	6.7	6.8	6.4
英国	11.6	10.9	9.4	9.4	6.4	6.4	6.4	6.0	6.0	6.0	6.0	6.0	6.1	5.5	5.5	5.4	5.0	4.3	3.8	3.1	3.1

附表 3

部分国家或地区道路交通事故亿车公里死亡率

国家或地区	亿车公里死亡率																				
	1975 年	1980 年	1985 年	1990 年	1995 年	1996 年	1997 年	1998 年	1999 年	2000 年	2001 年	2002 年	2003 年	2004 年	2005 年	2006 年	2007 年	2008 年	2009 年	2010 年	2011 年
爱尔兰	—	2.8	2.0	1.9	1.4	1.3	1.5	1.4	1.2	1.2	1.1	1.0	0.9	0.9	0.9	0.8	0.7	0.6	0.5	0.4	0.4
奥地利	8.3	5.6	3.8	2.8	1.9	1.5	1.6	1.4	1.5	1.5	1.4	1.4	1.3	1.3	1.1	1.0	0.9	0.9	0.8	0.7	—
澳大利亚	3.8	2.8	2.1	1.5	1.2	1.1	0.9	0.9	0.9	0.9	0.9	0.8	0.8	0.7	0.7	0.7	0.7	0.6	0.7	0.6	0.6
比利时	6.2	5.0	3.4	2.8	1.8	1.7	1.6	1.7	1.6	1.6	1.6	1.5	1.3	1.2	1.1	1.1	1.1	1.0	1.0	0.9	—
冰岛	—	2.1	1.8	1.5	1.3	0.5	0.8	1.4	0.9	1.4	1.0	1.2	0.9	0.9	0.7	1.0	0.5	0.4	0.5	0.3	0.4
丹麦	3.1	2.5	2.6	1.7	1.4	1.2	1.1	1.1	1.1	1.1	0.9	1.0	—	0.8	0.7	0.6	0.8	0.9	0.7	0.6	—
德国	—	3.7	2.4	2.0	1.5	1.4	1.3	1.2	1.2	1.1	1.0	1.0	1.0	0.8	0.8	0.7	0.7	0.6	0.6	0.5	0.6
法国	5.9	4.4	3.3	2.6	1.9	1.8	1.7	1.8	1.6	1.5	1.5	1.4	1.1	1.0	1.0	0.8	0.8	0.8	0.8	0.7	0.7
芬兰	3.7	2.1	1.7	1.6	1.0	1.0	1.0	0.9	0.9	0.8	0.9	0.9	0.8	0.7	0.7	0.6	0.7	0.6	0.5	0.5	0.5
韩国	—	—	—	—	—	—	—	—	—	4.9	3.3	2.8	2.6	2.3	1.8	1.9	1.9	2.0	2.0	1.9	1.8
荷兰	3.5	2.7	1.8	1.4	1.2	1.1	1.0	0.9	0.9	0.9	0.8	0.8	0.8	—	—	—	—	0.5	0.5	0.4	—
加拿大	—	—	—	—	—	—	—	—	—	0.9	0.9	0.9	0.9	0.9	0.9	0.9	0.8	0.7	0.6	0.6	0.6
捷克	—	5.4	4.2	4.8	4.7	4.5	4.4	3.5	3.6	3.7	3.2	3.3	3.2	2.9	2.6	2.1	2.3	1.9	1.6	1.6	—
美国	2.1	2.1	1.5	1.3	1.1	1.1	1.0	1.0	1.0	0.9	0.9	0.9	0.9	0.9	0.9	0.9	0.8	0.8	0.7	0.7	0.7
挪威	3.5	1.9	1.7	1.2	1.0	0.8	1.0	1.1	1.0	1.0	0.8	0.9	0.8	0.7	0.6	0.7	0.6	0.6	0.5	0.5	0.4
日本	4.9	2.9	2.8	2.3	1.8	1.6	1.5	1.4	1.4	1.3	1.3	1.2	1.1	1.1	1.0	1.0	0.9	0.8	0.8	—	—
瑞典	2.7	1.6	1.5	1.2	0.9	0.8	0.8	0.8	0.8	0.8	0.8	0.7	0.7	0.6	0.6	0.6	0.6	0.5	0.4	0.3	0.4
瑞士	3.6	3.1	2.0	1.9	1.3	1.2	1.1	1.1	1.0	1.0	0.9	0.9	0.9	0.8	0.7	0.6	0.6	0.6	0.6	0.5	—
斯洛文尼亚	10.9	9.6	8.2	6.5	4.4	3.8	3.3	2.8	2.9	2.7	2.3	2.2	1.7	1.8	1.7	1.6	1.7	1.2	1.0	0.8	0.8
新西兰	—	—	—	—	—	—	—	—	—	1.2	1.3	1.1	1.2	1.1	1.0	1.0	1.0	0.9	1.0	0.9	0.7
以色列	—	—	—	2.3	1.8	1.6	1.6	1.6	1.4	1.3	1.4	1.4	1.2	1.2	1.1	1.0	0.8	0.9	0.6	0.7	0.7
英国	2.7	2.2	1.7	1.3	0.8	0.8	0.8	0.7	0.7	0.7	0.7	0.7	0.7	0.6	0.6	0.6	0.6	—	0.5	0.4	—